U0523606

中国人权法学理论构建

刘志强 著

商务印书馆
The Commercial Press

目 录

前　言 ·· 1

第一章　中国人权法学"三个基本"重述 ·· 4
　第一节　现有人权法学"三个基本"的瑕疵 ································· 6
　第二节　中国人权法学的基本概念重构 ····································· 16
　第三节　中国人权法学的基本问题重构 ····································· 26
　第四节　中国人权法学的基本理论重构 ····································· 36
　小　结 ··· 44

第二章　中国人权法学的"人的存在"面相 ··································· 46
　第一节　"孤立的人"：人之主体性 ·· 49
　第二节　"关系的人"：人权之世界历史性 ································· 60
　第三节　"权利的人"：人权话语之全面自由发展 ······················· 69
　小　结 ··· 77

第三章　中国人权法学的基础论证范式 ·· 80
　第一节　两种人权基础论证范式的危机 ····································· 82
　第二节　共同价值范式及其体系结构 ·· 87
　第三节　共同价值范式之全球人权治理 ····································· 104

小　结 ……………………………………………………………… 112

第四章　中国人权法学的概念与话语关联互构 ……………… 114
第一节　关联论：人权概念与人权话语的内在勾连 ………… 116
第二节　构造论：人权概念与人权话语的双轴转换 ………… 120
第三节　语境论：人权概念与人权话语的本土模式 ………… 126
第四节　重构论：人权概念与人权话语的互构机制 ………… 131
小　结 ……………………………………………………………… 137

第五章　中国人权法学的三种法理 ……………………………… 139
第一节　人权法具体法理 ………………………………………… 142
第二节　人权法一般法理 ………………………………………… 147
第三节　人权法普遍法理 ………………………………………… 157
小　结 ……………………………………………………………… 166

第六章　中国人权法学的人权话语体系研究范式演进 ……… 168
第一节　新时代中国人权话语体系研究因何发生？ ………… 170
第二节　权力理论视域下的人权话语体系 …………………… 174
第三节　从权力对抗走向交往共识 ……………………………… 185
第四节　"对抗和理解"的双重维度审视 ……………………… 190
小　结 ……………………………………………………………… 198

第七章　中国人权法学的人权话语体系逻辑构成 …………… 200
第一节　新时代中国人权话语体系的背景 …………………… 200

第二节　新时代中国人权话语体系的理念 …………… 203

　　第三节　新时代中国人权话语体系的原则 …………… 206

　　第四节　新时代中国人权话语体系的构造 …………… 211

　　第五节　新时代中国人权话语体系的表达 …………… 218

　　第六节　新时代中国人权话语体系的功能 …………… 223

　　小　结 ……………………………………………………… 226

第八章　中国人权法学的人权话语体系表达 ……………… 228

　　第一节　国际人权主导话语的冲击 …………………… 230

　　第二节　新时代中国人权话语体系的构建 …………… 234

　　第三节　新时代中国人权话语体系表达 ……………… 241

　　小　结 ……………………………………………………… 249

第九章　中国人权法学的"以人民为中心"阐释 ………… 251

　　第一节　作为结构构成的三重法理 …………………… 252

　　第二节　作为道德法理的"人的繁荣" ……………… 255

　　第三节　作为规范法理的"人格尊严" ……………… 261

　　第四节　作为政治法理的"相互承认" ……………… 266

　　小　结 ……………………………………………………… 270

第十章　中国人权法学的合作权功能 ……………………… 272

　　第一节　人权合作权的历史逻辑 ……………………… 274

　　第二节　人权合作权的法理基础 ……………………… 279

　　第三节　人权合作权的逻辑展开 ……………………… 285

第四节　人权合作权的功能 …………………………… 294
　　小　结 …………………………………………………… 300

第十一章　中国人权法学的幸福生活权 …………………… 302
　　第一节　何为幸福生活 ………………………………… 303
　　第二节　幸福生活权为何是人权 ……………………… 305
　　第三节　幸福生活权是怎样的人权 …………………… 311
　　第四节　幸福生活权的基本架构 ……………………… 317
　　第五节　幸福生活权为何是最大人权 ………………… 320
　　小　结 …………………………………………………… 325

第十二章　中国人权法学"三大体系"构建 ………………… 327
　　第一节　人权法学现有问题及重构思路 ……………… 328
　　第二节　人权法学学科体系的独特构造 ……………… 331
　　第三节　人权法学学科体系的构筑方案 ……………… 337
　　第四节　人权法学学术体系的三个命题 ……………… 344
　　第五节　人权法学话语体系的类型及转换 …………… 352
　　小　结 …………………………………………………… 358

结　语 ………………………………………………………… 360

参考文献 ……………………………………………………… 366
后　记 ………………………………………………………… 383

前　言

　　回望我二十多年来的人权学术研究历程，我的学术路径始终是以人权为中轴、以问题为中心进行诸多学科包抄及交叉研究，从人权史论到人权观念论，从人权观念论再到人权规范论，从人权规范论再进人权话语论，从人权话语论再拓人权系统论，用理论来回应现实问题。我的学术想法就是把"人权"这一大词进行学术转换，并用理论进行处理，用学术理论来表达自己对人权的理解，试图以问题为切入点进行学术分析与论证，为学术界提供一个思考的框架与视角。

　　就学术方法而言，从问题意识，到找出存在什么问题，再到提出待证问题，这三个语境中的问题导向具有不同的学术价值。提出待证学术问题及其展开，在方法层面来说，至关重要。能否提出学术问题，既是对一个学者学术基本素养的考验，也是学术问题论证的起点。而待证学术问题的提出，则需要建立坐标围绕问题意识"前后左右"检索文献和梳理脉络，以便找出还存在什么样的问题（困境），只有梳理清楚后，才能提出待证学术问题。就此意义而言，学术创新是在前人基础上的创新，而非填补空白，也非自我认为的所谓"创新"。待证学术问题提出后，需要厘定概念，梳理结构和关系，进行内外维度的纵深论证。因此，提出问题固然重要，但论证问题及其展开，也非常重要，这不仅是实体意义上的"授之以鱼"，更是方法意义上的"授之以渔"。就此意义上，学术问题的提出及其论证，具有方法论意义。

就学术与思想的关联而言，两者关系值得省思。自梁启超在《中国近三百年学术史》中提出学术的四条规范以来，学术研究进路为之一变。但究竟什么是学术，各种界定可以说是众说纷纭。在对学术概念的诸多界定中，有学者认为，学术在传统意义上是指学说。但现代学术一般是指诸多的知识系统和方法系统。把学术作为思想来看，学术如果不融入思想的观照，就会易于板结和黏滞。社会科学研究，不可能是为学术而学术，学术需要通过转换性的论证和解释成为思想。如果把学术作为方法来看，方法是学术中一个非常重要的问题。学术的生命在于创新。所谓学术创新，其中方法创新当属应有之义。方法如果不与学术联结，学术就无法把握和论证，思想也易于琐碎和浅薄。思想与学术是学术研究中一体两面的问题，两者相互为用，相互转化，相互补充。学术与思想是双向互动的，不能把两者绝对割裂开来。换言之，为学术而学术，固然符合学术，但学术需要思想的观照与涵养，思想也需要学术来固定与宣示。因此，学术与思想存在互构关系，思想是学术的内在规定性，学术是思想的展示平台。学术乃天下公器，不论中外东西，也无关有用无用。学术在于反思，提出什么观点（思想）固然重要，但如何对这个观点（思想）进行符合逻辑、片面深刻、自圆其说的论证，则是最重要的。

中国人权法学的价值在法外，其规范又在法内。就其价值来说，我个人认为，中国人权法学不能仅仅局限于法学学科范围之内打转，学术是以问题为中心的，需要诸多学科进行交叉包抄与整合融贯性研究。就其规范而言，中国人权法学主要通过人权法教义学来解决法学客观性问题。两者如何融贯，则要做到规范上封闭运作，认知上价值开放，从而提炼出中国人权法学实践面向的法内和法外的法理。学术研究的高度与品位在于理论，任何一本专著，学者的理论论证和理论创新是最为核心的问题。如何把问题与理论交融，双线融贯论证，则考验了一个学者的学术底蕴。

本书的内容就是贯彻上述思路的体现。希望读者诸君通过本书能读懂中国人权法学。

刘志强

2022 年 12 月 17 日

第一章　中国人权法学"三个基本"重述

习近平总书记在中国共产党第二十次全国代表大会上的报告中指出,"坚持走中国人权发展道路,积极参与全球人权治理,推动人权事业全面发展","把马克思主义思想精髓同中华优秀传统文化精华贯通起来、同人民群众日用而不觉的共同价值观念融通起来,不断赋予科学理论鲜明的中国特色,不断夯实马克思主义中国化时代化的历史基础和群众基础,让马克思主义在中国牢牢扎根"。① 习近平总书记关于人权的重要论述以及"两个结合"新阐发,就是中国人权法学研究的方向与基本点。因此,要在坚持中国人权发展道路的前提下,把马克思主义思想同中国具体实际相结合,推动中国人权事业全面发展,不断回答中国之问、世界之问、人民之问、时代之问,做出符合实际和时代要求的正确回答,得出符合客观规律的科学认识,形成与时俱进的中国人权法学理论成果,以更好地指导中国人权实践。

在此语境下人权理论如何中国化,这是中国人权法学必须要思考与转向的重大问题。尊重和保障人权不仅作为治国理政的重要工作,同时也是人权法学研究的行动纲领。在现有我国人权法学的研究中,

---

① 习近平:《高举中国特色社会主义伟大旗帜　为全面建设社会主义现代化国家而团结奋斗——在中国共产党第二十次全国代表大会上的讲话》,《人民日报》2022年10月26日,第1版。

尽管不乏学科、学术、话语的持续关注和资源倾斜，却始终难逃"幼稚"的窠臼，难以形成独立的体系化知识创新，来回答世界和时代的人权诘问。如何适应中国式现代化和中华民族伟大复兴之需要，摆脱中国人权法学发展困境，在基本概念、基本问题和基本理论上完成知识建构，从被动的"功课补足"转变为主动的"智慧输出"，展示强大解释力、卓越创造力和鲜活生命力，将作为本章重点讨论的内容。

习近平总书记在中共中央政治局第三十七次集体学习时强调："要依托我国人权事业发展的生动实践，提炼原创性概念，发展我国人权学科体系、学术体系、话语体系。"① 这一命题为重构中国人权法学知识结构提供了正确指引。人权法学是一门充满理想主义的学问，其目标是以学术的方式解释并改造现实，塑造更加公平、正义的美好生活，培育品格健全的人，建构包容的社会、理性的国家。② 中国共产党自成立伊始，百年来始终坚守"为中国人民谋幸福、为中华民族谋复兴"的初心使命，在新民主主义革命时期、社会主义革命和建设时期、改革开放和社会主义现代化建设新时期，不断推进中国人权事业发展，全方位提升人权保障水平，充实人民的获得感、幸福感、安全感。中国人权法学必须扎根于中国人权的生动实践，立足中国国情、解决中国问题、贡献中国智慧，而不能纯粹地奉行"拿来主义"，盲目追捧西方人权标准，身陷"自我东方化"囹圄。本章拟从中国人权法学基本概念、基本问题与基本理论（下文简称"三个基本"）的视域出发，对中国现有人权法学一系列基本内容进行反思与重构，守正

---

① 《习近平在中共中央政治局第三十七次集体学习时强调 坚定不移走中国人权发展道路 更好推动我国人权事业发展》，《人民日报》2022年2月27日，第1版。
② 参见于文豪：《试论人权法学研究的定位、内容与方法》，《人权》2017年第6期，第58页。

创新，以揭示中国人权法学内在逻辑结构，从而构建出新时代中国人权法学"三个基本"知识体系。

第一节　现有人权法学"三个基本"的瑕疵

人权作为一门学问，在中国可以用"稚嫩"来形容。自1991年《中国的人权状况》的发表标志着人权解禁以来，中国人权法学至此也仅度过了三十多个春秋，以研究代际计算也不过两三代。传统人权法学基本内容大多集中在对西方人权观念的引介和批判两个维度："引介"反映在中国积极融入以西方为主导的国际大秩序，人权共识作为国际合作的基础必然需要被接纳和学习；"批判"则表现在中国并不依附于西方知识霸权，更多是独立地探讨文明多样化背景下普遍性与特殊性的统一。2004年，"国家尊重和保障人权"写入宪法，标志着中国人权法学内容的凝练度、体系的融贯性、学科的独立化、大众的认同感，特别是在制度层面对"作为人"的关怀的回应，得到人民群众广泛的支持。

现有人权法学在"三个基本"探讨中显示出独立有余而自主不足的整体特征。以往人权法学秉持宣传为纲、结果先行的路子，缺乏学术论争的过程，无力提炼人权法学的基本概念、基本问题和基本理论，原创力匮乏。党的十八大之前，人权法学极力批驳西方式人权的虚伪，拱卫道路独立，然而在知识惯性的作用下忽视了学术研究的"基础性"特点，难以建构基于中国本土实践的人权知识。关键在于现有人权法学未能克服"拿来式"学术"三个基本"原旨性的缺陷，削弱了中国人权法学的解释力、公信力和感召力。

一、基本概念的缺陷

关于现有人权法学基本概念的缺陷，大体可归纳为拼凑、虚置、片面三个方面。

1. 概念拼凑

多渠道的摄取、多样性的解读、多元化的发展导致基本概念未能确立，工具主义的概念拼凑大行其道。如众周知，汉语"人权"是一个舶来词汇，译介过程中难免存在误读。"人权"这一伟大名词，作为另一个高度理论化的术语即"自然权利"的后续，在术语的确定性上使用的标准是如此稀少，附加了地域主义、文化相对主义和发展阶段论所指出的差异等因素。① 除却翻译上的错位，中国传统思想观念中历来"有民无人"，政治意识形态上实行人权禁令，现代知识层面基本概念的明定和发展有很长一段真空期。1991年的"解禁"揭起了人权研究的热潮，然而，由于知识断代和政策惯性的影响，不论是学术积淀的厚度还是博采知识的广度，都难以支撑起中国现有人权法学的基础研究。这造就了人权法学研究在很长一段时间内被动的"拿来主义"模式。在基本概念上，包括但不限于对自由主义人权观、功利主义人权观、社群主义人权观等渠道的摄取，对儒家仁学、民本主义、血缘宗法等方式的解读以及生存权、发展权、和谐权等内容的发展。

中国人权法学界从来都是对人权概念采取拿来就用的态度，因此

---

① 参见孙笑侠：《汉语"人权"及其舶来后的最初三十年》，《法学》2022年第3期，第4页。

只能将中国特色社会主义人权概念体系奠基于政治话语之上，人权法学研究的工具主义色彩浓厚。这也就意味着某项权利是否成为人权以及成为含有什么内容的人权，都具有很大程度的偶然性。① 在概念更迭过程中，基本概念只能够不断膨胀，同时又未进行有效组织，拼凑痕迹明显。

2. 实践虚置

人权的先定性似乎无须演绎，现有人权实践被框定在人权伦理教义中，基本概念被虚置在假定前提之上。人权概念是从与人权实践无关的思考中被提取出来的，而且这种理论也并没有提出论据来证明为什么人权实践应受这些概念的统治。② 从《世界人权宣言》起草过程中"根据自然本性"（by nature）和"生而"（born）文本被删除来看，人权概念基于"赋有理性与良心"，而不是被强加某种倾向于西方文明的标准化思维方式。顽固的教条主义无力承载新时代中国人权法学解释与说理的功能，虚置在假设前提下的基本概念也无法回应受普遍关注的人权发展。事实的逻辑形象就是思想，③ 人权概念应是由现实的多重事实在逻辑空间内的总体筹划极度凝练而成，演绎过程重于表象结果。

不可否认，主流的人权概念具有独立的演迁史，但理论要做的是对世界的认识和改造，而不是试图将世界的变化囊括在理论的教义中。现有人权法学仅重视基本概念的形式取用，而忽视了根基上的思

---

① 参见黄金荣：《人权膨胀趋势下的人权概念重构——一种国际人权法的视角》，《浙江社会科学》2018年第10期，第31页。
② 参见约瑟夫·拉兹：《人权无需根基》，岳林、章永乐译，《中外法学》2010年第3期，第372页。
③ 参见张继成：《事实、命题与证据》，《中国社会科学》2001年第5期，第141页。

考，有事实归纳而无理论推演，由此构建中国特色社会主义人权体系无异于空中楼阁。

3. 片面描述

片面的概念描述与生俱来，人权被自私地主张，应当为这一秩序的维持所付出的贡献却从未被进一步讨论，国家被视为"假想敌"，个人自由挤压公共空间。现代人权概念能够在17世纪洛克的文字中找到可靠来源，被庄严宣誓在《独立宣言》和《人权和公民权宣言》之中，但奴隶制仍在美洲保留了80余年，民族歧视持续了近100年，《人权宣言》被空悬了150年，妇女和少数群体依旧声称遭到不公正对待。① 此外，对人权概念的理解中只字未提"行使这些权利需要承认他人的权利和所有人的福利"②，个人被困于持续不断地争取权利的怪圈中，私欲取代人性成为动因。国家被曲解放置在"人"这一概念的对立面，推崇个人自由的至上价值，变相压缩国家能够发挥的人权功用。而上述的这些片面的认识同样潜流在现有人权法学的研究之中，包括刻意将人民与国家区隔，分离个人与集体的关联，激化人权与主权概念对立，等等。恣意以偏概全，导致现有人权法学基本概念因片面解读而片面地发挥实际效用。

概括上述有关基本概念的缺陷，不外乎内容、前提和形式三个方面，根本上还是牵扯到我国人权法学过于"稚嫩"的发展：拿来的东

---

① 美国《独立宣言》1776年发表，而美国奴隶制的废除则在1863年亚伯拉罕·林肯发表的《解放黑奴宣言》以及1865年美国宪法第十三条修正案中得到批准，在黑奴被解放的一百年后，1963年马丁·路德·金发表演讲《我有一个梦想》争取黑人民权。法国《人权和公民权宣言》1789年颁布时，正值法国政治动乱，直到1946年《新人权宣言》的草案才正式被法兰西第四共和国宪法保留和肯定，具备规范的支撑。参见路易斯·亨金：《人权概念的普遍性》，《中外法学》1993年第4期，第38页。

② 参见1948年6月9日人权理事会第51次会议记录，E/CN.4/SR.51。

西未经甄别、僵化套用形式教义以及缺乏质疑概念问题本身的能力。基本概念上的缺陷凸显出传统人权法学整体上的不协调感，即理论与实践内容上的"双轨"，前提上的"脱轨"与形式上的"并轨"，虽然同在基本概念范畴中，却明显地表现出水土不服的迹象。笔者认为，概念的表述应力争准确与可靠，这样才能承载外界对内部自洽知识的整体认识。

二、 基本问题的短板

人权法学学科研究对象和研究方法均体现出独立性，端赖人权概念与法学研究的耦合，① 基本问题的短板也主要围绕两种主要研究方法进行探讨，即规范和价值分析。对两次世界大战的反思促进国际上对"人权概念"的普遍关注与深入研究，人权由此成为各学科研究的重要范畴，尤其是在法学领域中，各国默契地在其根本法中宣示"尊重和保障人权"以彰显自身的合法性。人权作为根本性内容规定于国家宪法之中，并经由宪法和部门法的价值沟通，作为基本原则规定于各部门法内部，使思想、观念范畴的基本人权转换为受法规范体系保护的基本权利及具体权利。② 换句话说，法律系统承担了人权概念的负重，连接理论与实践，然而在规范和价值的沟通过程中，基本问题却逐步走向封闭与静止。

从法规范层面而言，部门法中对人权的专门研究较少，规范体系中融贯方法粗糙。有学者曾指出，不仅理论法学在人权问题上的

---

① 参见刘志强：《中国人权法学"三大体系"论纲》，《中国法学》2022 年第 2 期，第 46 页。

② 同上。

阐述已经汗牛充栋，而且各个部门法在人权问题上也泼墨不惜。① 但需指出的是，数量庞杂的部门法人权研究迄今仍谈不上有着清晰的理解，多数讨论也集中在《刑事诉讼法》第 2 条以及《民法典》人格权编，鲜少涉及其他领域。人权法学关注的问题，既体现为人权原理这种具有哲学意味的理论问题，又体现为丰富的社会实践中不断出现的与人的尊严相关的各种现实问题。② 而所谓方法粗糙是指，在具体的部门法规范中，"尊重和保障人权"仅简单作为原则性条款陈列在前，而非真正作为人权精神指引条文的内部自洽。与刑法、行政法、民商法和诉讼法等部门法相似的是，人权法的法律渊源也具有纵向上的多位阶性与横向上多规范并列的特点，但与之不同的是，人权法是由宪法和各部门法中有关人权保障的法规范整合而成的一个法规范体系，它是一个围绕着"国家尊重和保障人权"这个主题展开，聚集着多样化的法律调整对象，并综合运用多种法律调整方法，由多部门法规范纵横交错而成的混合法体系。③ 这意味着，中国人权法学并没有形成融贯理论与实践的人权法规范体系，存在相关部门法中权利不匹配、手段不对等、规范不统一和结构不协调等封闭性问题。

从法价值层面而言，人权精神的宣誓大于维护，价值有效性受到多方面的侵袭。海因里希·胡伯曼认为，如果价值不仅对个人表现为有价值，而且也能为所有具有人性共同本质的人们带来满足感和成就

---

① 参见易延友：《刑事诉讼人权保障的基本立场》，《政法论坛》2015 年第 4 期，第 15 页。
② 参见齐延平、于文豪：《中国人权法学研究的多学科实践面向》，《山东大学学报（哲学社会科学版）》2012 年第 2 期，第 74 页。
③ 参见罗豪才、宋功德：《人权法的失衡与平衡》，《中国社会科学》2011 年第 3 期，第 12 页。

感,那么这些价值就是"客观的"。① 显然,在人权法学中代表着综合人权理念与文化、伦理等内容散见在各个部门法中,又统归于人权中的"客观的"价值判断之中。现实的急剧变化以及制度运行有效性的催促,使得人权精神在体系中的宣誓作用,往往大于其作为法治的价值判断标准这一基本作用的体现。一方面来说,这是法律制度应对突变现实不得已的便宜行事;另一方面来说,由此形成的制度惯性进一步给人权的融贯造成顽固瓶颈。长此以往,非人权等价值要素将不断蚕食人权精神的原初价值地位。但法的价值意义在于满足人的需要,换言之,法价值的存在是维系人之本性的客观的需要,这种需要"并非因为当前制定法已经与人们的需要相洽互适,而是在社会运行过程中不断发展变化的法,总是接近于这种相洽互适"②。而现有基本问题短板在闭口不谈人权对秩序的塑造,并刻意回避在法律系统中澄清人权的考量,使人权沦为近乎宗教般的认可与虚妄。在人权法学中则表现为人权法与其他法学学科的脱钩,人权价值由开放转为封闭,被束之高阁。

人权法学隶属法学大类的一个重要原因,在于其难以脱离法学研究的基本方法,人权法学的基本问题关怀,亦在于判断在规范与价值两个维度是否脱离"人的尊严"这一需要。结合前述,一个显著的特征在于,人权法学基本问题研究繁盛在道德权利的形而上分析,而缺乏在具体权利的精细化论证,多宏大叙事而少制度调衡,从而导致了人权法学所关涉的基本问题成为无本之木、无源之水,陷入自说自话的怪圈中。

---

① 参见卡尔·拉伦茨:《法学方法论》,黄家镇译,商务印书馆2020年版,第169页。
② 孙午生:《依法治国与法的人权价值》,《河北法学》2016年第9期,第90页。

三、基本理论的限度

在现代汉语之中，人权已经算得上是一个流行的词汇了，尽管在一些细小的问题上存在某种混乱和模糊，但大体逃不出历史和语境下人权基本理论的框架，至少在中国人权法学之中是这样的。在某种程度上，我们生活在一个人权鼎盛的时代。① 笔者曾参与提炼了中国特色社会主义人权理论体系论纲，包括人权的概念、属性、类别、实现机制和社会条件等，② 基本奠定了中国人权法学的基本理论，后继研究者的内容基本上是亦步亦趋。但伴随着"新纪元""新时代""新时期"的到来，特别是十八大以后的历史变革，中国的人权状况发生了根本性的变化，有学者就曾在此基础上通过人权法理为导引，提出了七条关于人权基本理论的逻辑主线。③ 虽然未能够重塑人权法学的基本理论，但其中部分灼见确实指引了后续人权的发展方向，同时也反映出旧有的一套基本理论与现实状况的不相适应，实有必要对此进行修正、增补。

第一，伴随着我国发展新的历史方位，人民对美好生活需要的主要矛盾突出表现在"不平衡不充分"的实践中，特别是对于一些新兴权利的期待和关注，始终难以脱离西方和以往话语的舒适区。人权理论不到位，滞后于党所领导的人权事业，一些人权话语甚至停留在社会契约论、天赋人权论的旧时代，仍然把资产阶级的人权学说奉为经

---

① 参见劳伦斯·M. 弗里德曼：《人权文化——一种历史和语境的研究》，郭晓明译，中国政法大学出版社2018年版，第1页。
② 参见广州大学人权理论研究课题组：《中国特色社会主义人权的理论体系论纲》，《法学研究》2015年第2期，第56—79页。
③ 参见张文显：《新时代的人权法理》，《人权》2019年第3期，第12—27页。

典,甚至用某些西方人权学说来框定我们的人权实践。① 将西方话语框架奉若圭臬,这是问题其一。其次,标准教材中的体例沿用,阶级斗争的权利话语表征,以及历史理论传承的脉络,导致理论研究始终战战兢兢地在重复以往的人权话语框架,对于一些明晰的基本问题反复咀嚼,相较于更新理论回应需要而言,人权研究似乎仍被圈地在无形的禁区之中。无法突破以往话语框架的枷锁,这是问题其二。当然,这并不意味着凡事都需要通过人权解决,甚至应当防范这种"泛人权"现象。动辄以某种权益用"人权"的名义来表达,其实这种权益,从严格意义上来说,根本不是人权法中的人权。② 人权区别于权利的概念,必定是针对公权力主体行为来界定的。因此,笔者认为,需要在人权的内容上完成两个超越,超越西方话语框架,超越以往话语框架,同时以人权概念加以框定人权范畴,既不能过于膨胀也不能过于狭窄。

第二,人权的普遍性与特殊性相统一是毋庸置疑的,但人权的普遍性是第一属性,中国人权法学基本理论应当提炼总结内蕴在中国人权实践中的普遍性理论,而非局限在特殊性解释的方向上。似乎有着这样的定式,在人权理论争锋过程中,自然权利式的人权理论,由于后工业时代中占据绝对社会生产力的西方社会组织形式在世界范围内被复制,可以说先天性地掌握了普遍性的话语地位,并且在舆论中刻意强化了这一印象。而即便中国人权实践取得了史无前例的伟大成就,仍会由于意识形态、民族文化、历史传承等因素受到指向性人权污蔑,生产力差距必然导致在一段时间内中国人权状况落后于西方社

---

① 参见张文显:《新时代的人权法理》,《人权》2019年第3期,第17页。
② 参见刘志强:《论"人权法学"的定位》,《广州大学学报(社会科学版)》2012年第11期,第22页。

会，被动陷入了特殊性的人权论证。新时代的历史定位下，中国不论是在经济发展还是人权保障方面，丝毫不逊色于甚至远远超出西方国家，这是否意味着，曾经被视为特殊性的人权保障道路存在着普遍性的合理因素。同时，我国目前完全有能力、有资源、有事实证成符合人民感情、人类直觉、人权特征的基本理论，以特殊性支撑普遍性。

第三，人权始终与政治存在着不可分割的联系，这种联系具有两面性。一方面，要警惕政治裹挟人权，以此为手段来谋求私利、挑动对立、绝对化人权立场或者搞双重标准。但另一方面，则要正视并坚定政治立场是构建人权基本理论的基石。人权的政治性是指人权这种社会关系和社会现象同政治存在着某种必然联系，它的存在及其实现必然受政治影响。[1] 国内人权法学研究却有意无意地"去政治化"和"去意识形态化"，甚至以贬义色彩批判，唯恐避之不及。须认识到，人权研究中所谓的意识形态是无须避开也无法避开的，包括西方式人权理论背后也带有资产阶级的政治立场。在人类思想史上，没有一种思想理论像马克思主义那样对人类产生了如此广泛而深刻的影响。[2] 因此，马列主义、党的领导、共同富裕、全过程人民民主，尤其是新时代习近平总书记关于人权的重要论述等当代中国人权观体现的中国人权智慧需要被牢牢把握，作为我国人权法学基本理论的根基。与此同时，还要警惕"泛政治化"的危险，以"左"或者"右"的倾向和标准搞人权对立和歧视，不提学术问题的逻辑论证，转而结果先行反推论据，一味堆砌事实和政治口号，也难以形成体系性的理

---

[1] 参见李步云主编：《人权法学》，高等教育出版社2005年版，第70页。
[2] 参见《在纪念马克思诞辰200周年大会上的讲话》，《人民日报》2018年5月5日，第2版。

论框架。概而言之,既然是中国的人权法学基本理论,就逃不出前提性的政治立场,但也不需要以政治话语替代学术话语。

以上三个方面的问题,可以归结在缺乏理论"自信"的点之上,由点到面:缺乏话语自信,导致基本理论总是依托于西方或传统的话语支撑;缺乏制度自信,导致基本理论始终围绕特殊性进行辩解;缺乏道路自信,导致基本理论同政治立场始终关联不清。而若要破解"不自信"的魔咒,就必须要对中国人权法学的基本概念、基本问题、基本理论"三个基本"的逻辑框架、体系关联以及实质内容进行重新建构。

第二节　中国人权法学的基本概念重构

有学者曾指出人权概念在实际运用过程中,有三种情形值得特别注意:第一种情形是偏颇和异化,第二种情形是空想和虚假,第三种情形是模糊和混乱。[①] 同前文中所提到的拼凑、虚置以及片面三个基本概念缺陷异曲同工,说明多年来人权法学的基本概念始终围绕着这三种情形原地打转,带有明显的政治的、地域的和文化的色彩,甚至会背离概念初衷。本章并不意图对基本概念进行推翻重来,况且从权利到人权的推演,人权思想的学说脉络以及近代人权文化的流行,这些早已被确信的内容无须重复赘述,而是应在人权基本概念形式下进行重构,并旨在对人权基本概念进行明定价值基础、梳理构造层级与打造话语表达。

[①] 参见夏勇:《人权概念起源——权利的历史哲学》,中国政法大学出版社2007年版,第181—184页。

一、基本概念的价值基础

尽管人权是目前最为流行的政治话语,也是人们评判国家行为的标准,更是一种文化潮流所在,但事实上人权基本概念始终是混沌的。据有关材料记载,为解决"人权"立法起草过程中诸多成员国对西方观念的抵触,从而技术性地采取了"一些能够形成基本权利条约的明智方法",模糊了其中的关键概念,取而代之的是笼统地强调"人类尊严",使人权概念在世界范围内取得普遍性共识。① 但作为一个实义名词、一个伦理准则、一个法律概念,人权概念又需要在混沌中确定一种基本的、客观的、现实的解释,尤其是在我国人权法学的语境下。这意味着这种阐释既要符合人权的基本理想、核心内容,同时还不能脱离历史、文化来割裂地谈论,而这就需要依托中国人权法学的背景证成价值基础。

人权概念源自西方进而"暗度陈仓"成为全人类的权利,代表着这一概念的包容性(也可以称之为"模糊性")保有一定的解释空间,并且各个文明能够在其中发现相兼容的交集。这些交集不尽相同,但围绕人权概念的共识基础在于作为同种属人类这一事实座架。那么,对于重构人权基本概念而言,此类冠以"人的尊严"的价值内容是不为多样性、阶级性以及政治性所撼动的基本概念中的固有构造。笔者认为,这类价值可以划分为三种:一种是个人出于同类共情感所不可突破的底线,一种是国家统御下稳定的客观秩序感,一种是社会运行

---

① 参见夏勇:《人权的推定与推行——米尔恩人权观点评述》,《中国法学》1992年第1期,第26—27页。

中大同共治的道德普遍关怀。首先，对于个人而言，人权价值首要功能是防御，其次是请求。人类恐惧因公权力行为而陷入类似情景中，从而造成无法愈合的伤害，包括生命的丧失、身体的损害、奴役的经历、人格的侮辱等等，附加由于不可抗拒因素被动陷入相似情景中而被积极救助的请求权。一般来说，这些要求是作为"人"这一生命与身份存在的必要条件。其次，对于国家而言，人权价值表现为辖域内平等赋权和权力来源。国家由独立的个体组成并处理群体间公共事务，不受歧视、无差别、同质化的人类特征是对国家秩序获得稳定信任的感情期许，国家亦借此获得公权力在秩序上的合法性。统御下的公民要求平等参加政治生活、不受民事义务监禁、享受公正裁判和程序正义、自由发表言论等，这些价值内容往往需要政府有所作为。最后，对于社会而言，人权价值描绘了一幅发展的浪漫图景，类似于马克思提出的"自由人的联合体"和康德提出的"永久和平"世界蓝图。对未来的憧憬可以被描述为人行为的动力，人权价值也应当是对将来开放的、浪漫的与不断争取的，人权被推定符合人类日益膨胀、复杂并且细化的基本需要，涵盖社会保障的建设、数据隐私的安全、幸福生活的实现等。颇具浪漫色彩的价值也更容易博得众数人群的接受，引出一条自主正确的概念道路，也就是无法反驳的价值。

除此以外，"人权是历史的、具体的、现实的，不能脱离不同国家的社会政治条件和历史文化传统空谈人权"[①]，重构中国人权法学基本概念，则需要以中国的实践与经验进行价值填充。而这部分价值构成主要可以从两个角度进行挖掘，一个角度来自悠久的中华历史及其

---

① 《习近平在中共中央政治局第三十七次集体学习时强调 坚定不移走中国人权发展道路 更好推动我国人权事业发展》，《人民日报》2022年2月27日，第1版。

哲学智慧，另一个角度来自马克思主义及其中国化的变革历程。其一，中国哲学的思辨总是带有兼济天下的宏愿，善于从整体上和宏观上权衡统筹。人权，或者任何此类抽象的概念，在中国人的价值体系中从不单单是孤立个人的得失计较，而是国家发展、民族复兴进程的有机组成。因此，在基本概念价值基础中，群体性利益的解读会时常出现也更易被认同，例如人民、贫困者、弱势群体等。另外，相较于西方文化注重契约精神的关联方式，中国传统文化中更注重伦理道德的作用，表现在民本、仁爱、良心等内容之中。其二，马克思主义的红色基因厚植在价值体系，强调具体的、革命的、辩证的人权，在马克思的观点中，"人是最名副其实的政治动物，不仅是一种合群的动物，而且是只有在社会中才能独立的动物"①。人的社会特质被放大，从而思考在社会中劳动者（非市民社会阶级的市民社会阶级）所要求的人权。这份价值导向了中国基本概念具备强烈的现实主义色彩和自我变革特征，概念的提炼往往来自经验归纳而非抽象证成。在马克思主义中国化历程中，伴随中国综合国力的崛起，同样思辨出了一些有意义的价值构成，包括生存与发展、可持续思维、人民中心理念、命运共同体框架等。

习近平总书记曾有言："我们发展人权事业，不是以西方所提的那个标准为圭臬。不论发展到什么阶段，我们的人权事业都要按照我国国情和人民要求来发展。"② 而基本概念的价值基础就是评价我国人权事业是否到位的重要指标。归纳而言，在普遍性维度上从个人、国家、社会三种方向进行人权价值的理论分析，在特殊性维度上又分别

---

① 《马克思恩格斯选集》（第2卷），人民出版社1995年版，第2页。
② 中共中央党史和文献研究院编：《习近平关于尊重和保障人权论述摘编》，中央文献出版社2021年版，第13页。

从传统文化和马克思主义两个角度进行人权价值的实践解读。这些价值要素共同构成了中国人权法学基本概念的价值基础。

二、基本概念的构造层次

基本概念的构造不是平面的，而是有层次的。人权概念是一个多位阶的概念系统，[①] 需要对人权概念展开从抽象到具体、从概括到细分的演绎推导。从人权概念诞生至今，法律学者主要从规范性层面进行概念分类研究，其中相当多的内容并未与事实性加以勾连。因此，人权概念的边界始终处在争论之中，导致无法列出一个关于人权的明确的权利清单。退一步讲，基本概念的层次性，或许并不一定表现为某种既有的文本权利清单，而只是辅助我们对价值基础进行符合逻辑的体系宣告。需指出的是，概念分解的过程不是一成不变的，甚至其中会存在着内涵的交叉，不同视角下基本概念可以被分类为多种构造形式。

基本概念的构造分类直接关涉人权的立法和制度，研究构造层次的意义在于明确主体在多大范围内可以享有和主张人权，基本概念又存在多少解释张力应对现实实践。托依布纳指明人权并不只是守护着政治沟通与个人的边界，相反，所有的问题归根结底都在于确认边界位置，以求识别出对人类完整性各具特点的侵犯。[②] 而这些边界位置在于各个子概念系统的特定语意涵括，一方面完成内部结构的语义

[①] 参见张永和：《全面正确理解人权概念、人权话语以及话语体系》，《红旗文稿》2017 年第 14 期，第 8 页。

[②] 参见贡塔·托依布纳：《宪法的碎片：全球社会宪治》，陆宇峰译，中央编译出版社 2016 年版，第 165 页。

沟通，另一方面成为同外部系统接洽的真实接触点回应各社会系统对人的剥削。在概念使用过程中，存在着被我们忽视的规则，这些规则主要源自基本概念的所指层面。每个人都在不自觉地复制存在于集体语库中与相同概念结合在一起的相同符号，并且默认这种规范秩序取得了公共认同，进而不自觉地服从这一秩序。人权概念的通约性就表现在介乎抽象与现实之间测定如何使用概念表达对人的关怀。

我国人权法学鲜有针对基本概念的位阶讨论，大多依附于宪法中的基本权利体系，再借由部门法进行拓展，最后将一些无法化约的内容通过"尊重和保障人权"兜底解释。这样粗糙的概念构造既受制于规范更新缓慢，也不利于每个子概念进一步分解。小林直树曾提出由组到类将人权作出划分，分别是基于人权原理的人权、基于自由的人权、基于经济的人权和基于参政（请求）的人权。① 在此方法论基础上，本章提出中国人权基本概念在一阶概念下可以划分为自由的人权、生存的人权、请求的人权。二阶概念下，自由的人权由精神自由、人身自由和财产自由三组构成；生存的人权由自然生存与社会生存两组构成；请求的人权由政治请求及受益请求两组构成。继续向下推演三阶乃至四阶概念，以自然生存为例，可以继续细分为生命权、健康权、环境权等子概念。就内部体系而言，第一，基本概念作为整体限定了每个人权子概念的功能范围，其发挥的作用与价值由它在整体中所处的地位决定。第二，体系内部各概念集虽然指涉有所交叉，但又相互制约于上位阶概念，彼此保持内涵和外延的相对独立。第

---

① 参见小林直树：《宪法讲义》（上），东京大学出版会1976年版，第261—262页；徐显明：《人权的体系与分类》，《中国社会科学》2000年第6期，第100—101页。

三,人权概念可以通过不断推演,增加部分内容的体量,从而达到膨胀整体权利的目的,最大限度地表达内容和意义。①

结合上述的讨论,人权法学基本概念以层次性的构造方式存在,在内外两个视角互动表意。外部视角下,基本概念接触社会系统测定对人完整性的侵害,依托人权立法和制度的规范秩序回应现实。内部视角下,基本概念遵循纵向分解的逻辑规律构建整体概念位阶,并在内部沟通中达成统一和完整。

三、 基本概念的话语表述

概念是话语的内容,话语是概念的实体,话语需要依托概念建构。人权话语最终反映的是在其主体认知结构中人权概念的知识。世界文化多元主义的发展改变了人们的传统认知,新的国家人权话语并非像过去那样从各种伦理、文化和宗教共同体那里获取力量,而是将重心从团体和共同体转向商谈和交往网络。② 承载基本概念的人权话语,得以在不同系统间呈现不同的表述面向。笔者认为,基于人权应有、法有和实有的三种形态,建构的路径可以从政治法学、规范法学以及社会法学三重意义上加以重述。

其一,政治法学意义上的人权话语,侧重与政治相关联的一系列概念,也可以理解为公法哲学意味的问题讨论,人权作为一组话语概念,是对中国政治社会内在本质的观察和憧憬。所谓政治法学,孟德

---

① 参见刘志强:《论人权概念与人权话语的关联互构》,《政法论坛》2020年第6期,第85页。
② 参见贡塔·托依布纳:《魔阵·剥削·异化——托依布纳法律社会学文集》,泮伟江、高鸿钧等译,清华大学出版社2012年版,第32页。

斯鸠有过这样的定义："作为必须予以正常维护之社会成员，人类拥有统治者与被统治者相关之法，此乃政治法。"① 中国的民族国家建构历程是螺旋式上升型，少有英美国家那样的民族幸运，能够仰赖自发的自由经济秩序。理论上有着三种政治道路的选择，而第三种道路在现时代的中国存在着某种高度或然的合理性。② 这种选择代表了我国人权基本概念的话语表述同西方传统的人权话语有所不同，存在着不同于自由宪治的理论自洽。陈独秀、毛泽东、李大钊等革命先辈更是有意识地将人权基本概念同中国共产主义运动相联系。毛泽东在《大公报》中首谈生存权论调，"规定于宪法，求得宪法的保障"③，传承至1991年《中国的人权状况》将生存权置于中国人权概念的首要位置。李大钊在《自由与秩序》一文中表达了人权由个人本位向社会本位的转变，"个人与社会并不冲突，而个人主义与社会主义亦决非矛盾"④，我国也始终重视人权的积极面向，强调保障劳动者的权利。类似的话语表述同样可以从现有的一些执政方针中找到，包括以人民为中心的人权理念、幸福生活就是最大人权、实现全体人民共同富裕等。此类话语承载的是我国政体结构下对于人权的理解和期许，既是对我国人民的一种政治承诺，也是对我们能够享有人权的应有状态的描述。

其二，规范法学意义上的人权话语，将法律系统从政治系统中析出，取法于法教义学，人权概念在其中扮演着偶联性公式的角色。"法教义学的核心任务就是为解决现行法中的法律问题提供方案。法

---

① 孟德斯鸠：《论法的精神》，钟书峰译，法律出版社2020年版，第7—8页。
② 参见高全喜：《论宪法政治——关于法治主义理论的另一个视角》，《北大法律评论》第6卷第2辑，北京大学出版社2005年版，第499—502页。
③ 《毛泽东年谱（1893—1949）》（上卷），中央文献出版社1993年版，第83页。
④ 《李大钊全集（第3卷）》（最新注释本），人民出版社2006年版，第253页。

教义学是法解释，但不局限于法解释，还有体系化的功能。"① 引介到话语表述的研究之中，规范研究则可以理解为在现有秩序体系内寻求人权话语的个性化方案，同时为人权运行提供体系化的功能。贮藏在法律条文之间的话语表述，主要集中在国际人权规范和国内宪法规则范围内，其余则以原则或者精神贯彻在各部门法之中，也就引出了两对话语互动体系关系。一是直接以人权条款为中心，提炼、分析、阐释人权概念的基本原理，形成在"尊重和保障人权"原理下的具体权利体系，打通价值层与规范层的壁垒；二是结合某一具体的人权概念原理和部门法的行动落实，通过部门法的规范研究创新实现人权保障，融贯知识面与实践面的障碍。这类话语表述的突出特征是运用了"法律权利"的形式赋予人权概念以国家强制力，意味着这些人权概念得到了国家意志的肯定，对一个国家内全体公民具有普遍的约束力，是人权的法有状态。举一实例来讲，我国宪法中，公民基本权利是对人权的宪法化表述，归属在《宪法》第33条规范下，其中个别权利又同部门法相融贯，例如第38条"人格尊严不受侵犯"直接衍生出了我国《民法典》人格权编的内容，涉及姓名、肖像、名誉、荣誉、隐私等内容。特别是在部门法之中，对有悖于人权话语表述的内容规定了具体的惩戒措施和补救方式。

其三，社会法学的研究范式，是从社会视角来看待法律在其中扮演的角色，从而观察其定位与功能。在更宏观的社会发展层面，人类需要不仅成为社会正义理论、社会权利理论等诸多理论展开的起点，也已经成为测量生活质量、人类安全、可持续发展等社会发展目标的

---

① 卜元石：《法教义学的显性化与作为方法的法教义学》，《南大法学》2020年第1期，第77页。

重要维度,彰显出社会科学通过推动一系列社会目标的达成来不断改善人类生存境况的现实旨趣。① 关于人权话语对社会系统的重要性,卢曼曾做出过这样的回答:"从分层分化向功能分化的社会变迁,摧毁了等级、教会、社团、家族等中间制度。在此背景下,只有通过人权保护创造出自由行动的空间,'无根之人'才能相对稳定地'自我呈现',为社会沟通的持续展开提供基本条件。"② 这一视角下的人权概念极大程度地体现了社会福利国家的温情,特别强调劳动权、社会保障权、受教育权等内容,帮助被社会系统所抛弃的客体的人重新回归。并且社会法学意义上人权话语并不执拗于形而上逻辑推演,反而高度重视社会系统的观察。比如,互联网的高速发展对个人身心是一种慢性侵蚀,不论是无规则状态下的数字社会对现实的控制,还是个人对数字化的过分崇拜,都需要基于"数字人权"③ 这一概念进行调整从而适应社会变革。相对而言,这类型或新或旧被提炼的人权概念表述,都实际起到了抵御对人的侵害的作用,是人们能够触及并且需要国家协同合作的实有状态,维系整个社会系统的有序运作。

当然,不论是应有、法有还是实有状态下,人权概念既然能够以话语的形式被表述出来,就代表了背后基于"人之尊严"的客观需

---

① 参见吴越菲、文军:《回到"好社会":重建"需要为本"的规范社会学传统》,《学术月刊》2022年第2期,第114页。
② Michael King and Chris Thornhill (eds.), *Luhmann on Law and Politics*, Oxford-Portland Oregon, 2006, p. 104. 参见陆宇峰:《系统论宪法学新思维的七个命题》,《中国法学》2019年第1期,第95页。
③ 2019年5月,张文显提出"数字人权"概念,并将其初步界定为"在价值上申言数字科技必须以人为本,必须把人的权利及尊严作为其最高目的"。后续围绕数字人权是否构成"第四代人权",马长山与笔者展开了具体论争。2020年,"数字人权"被全国科学技术名词审定委员会纳入第一批发布试用的大数据新词名录之中。参见张文显:《新时代的人权法理》,《人权》2019年第3期;马长山:《智慧社会背景下的"第四代人权"及其保障》,《中国法学》2019年第5期;刘志强:《论"数字人权"不构成第四代人权》,《法学研究》2021年第1期。

要，而且是有迹可循的，不论是来自政治、法律还是社会视角。我们需要做的，不是一味否认和批判话语之中夹杂的"异质"因素，追求纯粹的人权概念表述，而是探究相关话语表述背后的合理性以及其能否与现有人权概念化约，打造中国人权法学话语体系。

第三节　中国人权法学的基本问题重构

承续前文内容，关于中国人权法学的基本问题，同样不至于讨论人权的本质、人权的起源、人权的特征或人权未来的发展等充满哲思、过于厚重的内容，而仅仅针对现有中国人权法学在规范与价值方法上所突出表现的封闭与单一。换言之，这里基本问题所重构的范畴集中在对"人权法学"这一学科体系的构筑之上。具体而言，在规范层面上融贯学科内部相对独立的知识构成，整合相对粗糙的人权实践机制，打破各学科内部的封闭桎梏，在价值层面上深化法治与人权的勾连，并注入中国视角下的人权保障内容，打通理论与实践相对静止的局面。基本问题重构的目标在于将充满活力的人权理念，承载在法学多层次、多范畴、多维度的立体纵深体系之上，将中国人权法学打造成为一个能够处理各类流变不息的人权需求并加以实现的融贯命题，在规范和价值两个基本层面上力求体现出对"人的尊严"的应有关怀。

一、人权体系融贯问题

现实中，法学往往是论题取向的，而不是公理取向的，完美的逻辑演绎所构筑的概念体系是不存在的，这种思考方式必然会导向体系的多元化,并且也不尝试由更广泛的体系去证实各论题体系的相容性,反而成为法学规范性的背反因素。① 人权法学的现状亦是如此,针对某一热点人权概念的论题纠结形成一套内部自洽的体系,却不自觉导致了整个人权法学体系的混乱与臃肿,丧失了法学方法的概念精确性与体系严密性。从体系建构来看,融贯理论认为,我们的知识不是建立在坚固砖块上的房屋,它们更像是漂浮在海上的木筏,它们彼此连接在一起以相互支撑。② 这意味着,散乱的人权体系并不以逻辑演绎上的一致性作为前提或基础,而是一个陈述集合的证立关系。体系间的融贯程度越满意,则反映体系间概念彼此证立的程度越紧密。证立结构的完美性(融贯性的程度取决于此)依据融贯性的标准被满足的程度来确定。③ 融贯性对于人权法学具有重要意义,能够避免人权成为孤立的权利的堆砌,使整个体系具备内在的可理解性,保持了形式上同其他知识的分离。举例来说,"工商业与人权"这一新兴人权议题切中垄断企业、平台方以及处于绝对优势地位的资方所拥有的异种公权力对人权的侵蚀。劳动关系与人权,包括公权力在其中所处位置之间的关系,需要重新梳理才能够应对人权所面临的威胁。如何调节这类新兴人权与传统人权理论间的张力,如何透过类型化的人权现象观察到社会发展中隐藏的人权挑战,如何在学科知识的侵扰中完成人权内容的甄别与安置,都是人权的体系融贯所需要解决的问题。

---

① 参见方新军:《融贯民法典外在体系和内在体系的编纂技术》,《法制与社会发展》2019年第2期,第23页。
② 参见 Paul Thagard, *Coherence in Thought and Action*, The MIT Press, 2002, p.5;方新军:《融贯民法典外在体系和内在体系的编纂技术》,《法制与社会发展》2019年第2期,第29页。
③ 参见罗伯特·阿列克西:《法:作为理性的制度化》,雷磊编译,中国法制出版社2012年版,第114页。

人权法学需整合为一个全面、系统、科学的创新型学科体系,并在"元学科——一般学科—具体学科"的基础框架下完成对自身和相关学科知识的融贯。① 元学科的功能在于奠定人权理念和发现人权挑战,汇集如同"毛细血管"般分布于社会历史语境下散见的人权现象中的"主动脉",回应人的尊严某些不容置疑的"客观的"需求。一般学科定位在提供人权体系的基本框架与一般性理论解释,使各类型人权概念(体系)在相互交织的逻辑关系下被安置在适当的位置上,并使法外人权以合乎人权法学秩序的方式进入规范之中,中继于人权内外部融贯。具体学科则充当具体分析领域内人权保障的机制化问题及实效性问题,运用法学的方法释放人权在具体范畴内的活力。统括来说,这一体系在规范运行上是封闭的,具备自我生产的能力,无须借助外力干预,同时在认知上又是开放的,借由人权价值与通用学科原则实现。之于内部体系而言,以法律效力秩序为基础,宪法条款统御人权元价值,并在实体法与程序法中融贯人权具体规范。譬如,共同富裕是一个极具中国特色的人权表达,可被解读为"以促进有尊严的人类生活为目标的社会平衡"②,依托"社会主义原则"为要义整合法律体系,包括社会保障法上的更多扶助弱势群体、税法上的再分配以调节社会财富、劳动法上的维系良好劳动关系等等。

中国的人权法体系是多层次、多部门、多类型纵横交错的综合性规范体系,繁盛却散乱,而另一重要的理论整合体系融贯,则不得不

---

① 参见刘志强:《中国人权法学"三大体系"论纲》,《中国法学》2022年第2期,第51—55页。
② 张翔:《"共同富裕"作为宪法社会主义原则的规范内涵》,《法律科学》2021年第6期,第25页。

提及鲁道夫·斯门德的"整合理论"。① 在克服宪法规范与政治现实之间的对立性问题上，斯门德整合二者，强调两者之间不可分割的关联，使政治现实成为宪法规范的意义背景、宪法规范成为政治现实的构成性要素，在"人、功能和质"三个维度完成了整合体系的统一性。化约到人权法学之中，同样可以借此完成对融贯体系的理解。个体与体系之间的关联可视为一种辩证关系，单个人权内容或权利请求与他者关联，形成具有通约性质的群体性精神体验；作为体系的人权法学，又为单独人权的实现提供了必要的支撑，并且在个体与体系的交互过程中，人权法学整个体系经由个体体验不断被完善。换言之，人权法学实际上是一种整合的过程，一种实现内部协调以及回应人权挑战的领域，目的和意义就是维系这一体系的融贯性，而提供的法秩序、价值引导乃至生存资料，只不过是其中的技术性功能。或许前述有着些许现实虚无的意味，但从整合角度能够较为清晰地认识到体系融贯的重要性，克服现有学科封闭的问题，尤其是部门法中的人权缺位问题。

二、人权法学的实施机制问题

在规范层面，除却体系的融贯问题，实施方法的粗糙则是基本问题中的又一顽疾。法律的生命在于实施，人权法学的活力亦在于精细的实施机制。而现实是，尊重和保障人权条款的规范性效力还难以完全实现。换言之，人权保障的力度不在于人权本身的权利效果，而在

---

① 参见鲁道夫·斯门德:《宪法与实在宪法》，曾韬译，商务印书馆2020年版，第26—84页。

于其关联领域的受重视程度。当然,造成这样的局面可以归结到人权概念模糊不清、人权本身不可诉或是人权体系的散乱等问题上,但不可否认的是,针对人权的规范实施,目前中国人权法学甚至没有一套有效用的惯例。不难推断,毫无效力可言的规范,谈何发展与前景。

人权法学的实施机制要求有精细的测定指标。人权不能仅仅留在规范层面,更需要其中一项项具体权利为权利主体所真实享有。对于人权进行量化监测与评价可以追溯至 20 世纪 70 年代建立的评分机制,[①] 而在联合国体系内也进行着人权量化的积极努力,包括 20 世纪 90 年代达尼洛·特克所讨论的关于经济、社会和文化权利指标的事项,1993 年《维也纳宣言和行动纲领》中强调了对人权指数的肯定,人权高专办 2008 年发布了《关于促进和监督人权的执行情况的指标的报告》,更是在 2012 年出版了《人权指标:测定和实施指南》。[②] 我国也曾推出过譬如阳光司法指数、法治指数等方面的人权评估。可见,缜密量化的人权实施机制不仅可以有效督促人权落地,而且对于特定问题的监测与提升公众对于人权诉请的认知能够起到积极效果。当然,这些指标不能照搬浸染了西方文化和价值的标准,成为霸权主义的"代言人"。中国作为世界上最大的发展中国家,具备着不同于西方价值的东方人权保障特色,有着自身历史承载的现实需要,并且已然构建起一套中国特色的人权话语体系。因而,依据基本概念层级构造,进行人权测定指标的构筑具有一定可行性,不仅融入了中国特色的人权理念,并且各人权指标之间体系清晰、逻辑协调。以环境人权

[①] 参见唐颖侠、史虹生:《人权指数研究:人权量化监督的现状与实践意义》,《人权》2014 年第 6 期,第 26 页。

[②] 参见唐颖侠、白冰:《人权指数的类型化研究》,《人权研究》2021 年第 1 期,第 31—32 页。

为例，三阶以下的具体人权或可以成为实施标准，类似于居民水体要求需达到四类以上，其中具体测定数值包括化学需氧量、总氮、总磷、悬浮物①等。将具体实施测定与人权挂钩，既可以提升人权法学规范效力，还可以使人权保障有据可循，增加话语说服力。

不可否认，法律是体现和实现人权最强有力的方式，如果一项获得立法认可的人权十分重要，那么最好的办法就是将其纳入法律体系之中，成为一项明确的法定权利。但同时，勾连人权规范与具体实施机制不意味着混淆人权宣示，作为原则或宣示目的的人权规范仍应保持应然标准，继续发挥人权有效性和正当性标准，避免成为人权滥用的借口和依凭。特别是对新兴人权内容，需要审慎地将之纳入人权法学规范的范畴下，在某些无须依赖立法方式就能够有效规制与带来变化的内容上，保有宽容和尊重是有必要的。

三、人权与法律的关系问题

从词汇构成上看，人权法学是"人权"与"法学"的组合，一方面意味着人权由价值倡导走向了制度保障，从形而上的哲学思辨式的人权理念，走向形而下的法治保障的人权实践；另一方面意味着法律的制定和实施都融入了人权的精神理念和原理原则，体现出尊重和保障人权的价值导向。② 重构人权法学基本问题需要以明晰人权法学的

---

① 化学需氧量（Chemical Oxygen Demand，COD）是以化学方法测定水样中需要被氧化的还原性物质的量，是一个快速测定有机物污染的参数。总氮（Total Nitrogen，TN）和总磷（Total Phosphorus，TP）是地表水体富营养化的重要指标。悬浮物（Suspended Solids，SS）是悬浮在水中的固体物质，是衡量水污染的指标之一。

② 参见于文豪：《试论人权法学研究的定位、内容与方法》，《人权》2017年第6期，第58页。

独特构造为依凭，特别是从人权与法律的关系入手，分析中国人权法学的基本构造。就拆解构词而言，又可以分别从"人""权""法""学"四个层面揭示人权法学所蕴含的四层价值勾连。"人"代表了人权法学推崇人的主体地位，维护人的尊严，是一门关于如何认识人、成为人、享受人的学问。"权"代表了人权法学主要运用"权力—权利"作为手段设定与人权内容相匹配权属关系，在防御与合作的哲学思索中理解人权的构造和逻辑。"法"代表了人权法学是法律体系的一部分，具备法属性，尤其是具备强制约束力的规范性论证的价值，使应然价值得以巩固和加强。"学"代表了人权法学是一门具有普遍意义的学问，试图诉诸最为一般的理性，确立一种能够跨越历史、地域、伦理、性别等事实的重叠共识。

习近平法治思想具有鲜明的实践逻辑、科学的理论逻辑和深厚的历史逻辑，[①] 他将法治作为人权保障的最有效方式，并且将全面依法治国与全面推进人权事业发展紧密联系起来，强调法治建设与人权保障息息相关、有机关联。他提及："要加强人权法治保障，深化法治领域改革，健全人权法治保障机制，实现尊重和保障人权在立法、执法、司法、守法全链条、全过程、全方位覆盖，让人民群众在每一项法律制度、每一个执法决定、每一宗司法案件中都感受到公平正义。"[②] 公民要作为（法律的）承受者而出现，仅仅是在享受着这些保护他们人的尊严的权利的时候，在他们共同致力于创立和保持一种基

[①] 参见张文显：《习近平法治思想实践逻辑、理论逻辑和历史逻辑》，《中国社会科学》2021年第3期，第5页。
[②] 《习近平在中共中央政治局第三十七次集体学习时强调 坚定不移走中国人权发展道路 更好推动我国人权事业发展》，《人民日报》2022年2月27日，第1版。

于人权的政治秩序的时候。① 公民身份在人权法律制度中得到承认，而公民的尊严则在人权法律秩序中得到维护。② 质言之，人权的价值在法律中得到实现，法律的秩序在人权中获取基础。

除了相关关联，人权与法律还存在着相互约束的关系。法律既然作为人权价值的现实映射，那么意味着法律就不能够以反人权的手段或利益去维护人权价值，异化人权的目的。而一项内容能否进入规范体系之内，则需要以人权作为客观的价值判断标准。换句话说，是法律在适应人权价值的变化，而非解释人权的内涵去适应法律的变更。相应地，人权价值由于法律的介入从原本应然层面的道德属性，变为法定层面的法律属性，也就增加了实践可能性的测定问题，人权价值能够被规范涵盖的范畴会有一定程度的缩水和让步。因而，人权法学的意义在于调和折中人权的无限内容与法律的有限秩序、人权的道德评判与法律的规范衡量、人权的理想与法律的现实之间的矛盾间隙，既不让人权与法律脱钩导致法律沦为统治工具、人权成为宗教信仰，也不能让人权与法律混淆造成效率低下和体系混乱。这中间的尺度需要既保证人权价值随着社会发展变化持续在法律中得到回应，同时也体现出维持法律秩序所需的安定性要求。

四、 人权保障的中国道路问题

中国有自己特有的历史文化传统和自然、人口、民族、宗教以及

---

① 参见尤尔根·哈贝马斯：《人的尊严的观念和现实主义的乌托邦》，鲍永玲译，《哲学分析》2010 年第 3 期，第 9 页。
② 参见刘志强：《论人权法的三种法理》，《法制与社会发展》2019 年第 6 期，第 63 页。

社会情况,有完全不同于西方的现实社会发展模式,政治经济体制的设计及其运行独具特点,对人权的理解、面临的人权问题和人权建设的方式与西方有很大不同,这就决定了中国在人权保障发展方面一定要从中国的实际出发,要走中国自己的路子。① 笔者认为,这条路子就是实践的路子。回首1949年以来,特别是"人权入宪"之后,我国在人权保障方面的成绩是有目共睹的。旧中国,在帝国主义、封建主义和官僚资本主义三座大山的压迫下,争取生存权和发展权成为中国人民首要解决的人权问题。1949年后,国家高度重视人权问题,自1991年后每年发布人权白皮书向国际国内社会提供权威人权资料与信息,2004年"尊重和保障人权"被写入国家根本大法之中,并且从2009年起制定、发布了四期以"人权"为主题的国家人权行动计划。时至今日,我国先后达成了人民温饱问题的解决、全面脱贫的历史成就以及小康社会的历史跨越等人权事业的新篇章,更加能够体现出不同于西方人权道路的特点。习近平总书记强调,我国走出了一条顺应时代潮流、适应本国国情的人权发展道路,一是坚持中国共产党领导,二是坚持尊重人民主体地位,三是坚持从我国实际出发,四是坚持以生存权、发展权为首要的基本人权,五是坚持依法保障人权,六是坚持积极参与全球人权治理。② 这一路走来,最突出的特点就是中国人权事业发展的重心始终在人民最迫切、最需要、最实际的诉求之上,思索的总是如何能够让人民生活更加富足安康、和谐幸福,并从实践中汲取人权保障的养分,探索人权事业前进的方向。必须承认,

---

① 参见董和平:《关于中国人权保障问题的若干思考》,《法学》2012年第9期,第96页。

② 参见《习近平在中共中央政治局第三十七次集体学习时强调 坚定不移走中国人权发展道路 更好推动我国人权事业发展》,《人民日报》2022年2月27日,第1版。

很多人权问题依然存在,人权状况相较于一些西方国家还有差距,这些是不可回避的。但公允而言,现阶段中国人权保障亦是空前的,幸福程度在中国几千年历史演进中也是最高的,作为世界上最大的发展中国家,在经济发展不平衡、民族宗教问题复杂、专制历史漫长等基本国情的前提下,当前所实践的人权道路被证明是可行的。

人权保障的中国道路中蕴含着中国价值的因素。《中国的人权状况》中曾提及中国人权所具有的三个显著特点,分别是广泛性、公平性以及真实性。其中反映了中国特有的人权价值构成,包括人民主体论、共同富裕论与生存发展论。首先,人民主体论表达了享受人权的主体不是少数人,也不是某些阶层和阶级的一部分人,而是最广大的人民群众。人民的概念以群像概念替代了原子化个体的表述,吻合"对人的全面关怀",可以更加全面地表述人的形象,更加全面地表达人的全面发展的各项诉求,突破"个人—集体"抽象对立的思维桎梏。[①] 其次,共同富裕论表达了人权保障"不是少数人富起来、大多数人穷"[②],而是"消灭剥削、消除两极分化"[③],社会财富由全社会公民公平地享有,共同富裕旨在解决社会转型过程中由于权利上的贫困、机会上的失衡、利益上的倾斜和心态上的滋长所出现的贫富差距加大的问题,追求和实现社会主义的内在要求——公正正义。最后,生存发展论表达了国家为首要人权的实现从制度上、法律上、物质上给予的保障同人民所享有的权利是一致的。生存权和发展权是首要人权,是被压迫民族求生存求发展在权利形态上的集中表现,是人们能

---

① 参见李超群:《"以人民为中心"何以作为人权主体话语——基于马克思主义语境中"人民"概念之证成》,《人权》2021年第1期,第70页。
② 《邓小平文选》(第3卷),人民出版社2009年版,第364页。
③ 同上书,第373页。

够创造历史的第一前提。从温饱到小康至富裕,中国人民切实享受着能够反映在现实中的人权保障,从生产总值、平均寿命、贫困人口各个方面努力改善着生存与发展的人权状况。

事实上,人权法学的基本问题首先应当是人权怎样从理念落实到规范,换言之,就是如何把口号中的人权保障落实到具体的实践之中。人权与法学的耦合尽管在形式意义上达成了整合,但不论是规范层面还是价值层面上,人权法学却处于封闭和静止的状态。而重构这一基本问题在于争取人权法学对中国现实发展的积极回应,将人权价值落在法律秩序之中,同时将人权法学落在人权实践的基础上,使中国人权法学有立身之本、活水之源。

第四节 中国人权法学的基本理论重构

不论是基本概念还是基本问题,最终目的是形成一套体系自洽的人权基本理论。针对基本理论在话语、制度和道路方面的自信缺失,本章将围绕本体理论、经验理论和治理理论,重构中国人权法学的基本理论,科学地回答人权是什么的问题,而且站在历史与现实的交汇处揭示中国人权事业发展从哪里来、到哪里去的内在逻辑,并结合现实国情尝试指明人权在治国理政中的实现之道,试图回应近年来我国跨越发展所面临的人权挑战,重述中国人权法学基本理论。

一、中国人权法学的本体理论

一个不争的事实是,中国人权法学基本理论的底色从来也只能够是马克思主义人权理论。在马克思的理解中，人权的本质在于"把人的世界和人的关系还给人自己"①。马克思主义反对资本主宰下的机器生产和经济制度，在社会大分工面前"肢解"人、"异化"人、"割裂"人，而呼唤在所欲建设的新的理想社会中塑造完整的人，把人的本质真正回归到人的身上。② 以此为基础，根植于历史斗争与传统文化之中加以丰富，完成了中国化的人权法学本体理论。可以说，中国特色社会主义人权体系论纲很好地总结概括了中国彼时立场下的人权认知，将人权概念服帖在中国特有的政治、经济和文化背景下。然而，随着新时代主要矛盾立场的转变、人权保障起点的进一步提升、人权体系在社会运行过程中的不断丰富，新时代中国人权法学的基本理论亟须根据此时的状况深度优化，以指导人权事业。而这一过程中，重要的是完成两个超越：一个是对西方人权理论的祛魅，另一个是对以往人权理论的突破。

人权法学想要完成对西方人权理论的祛魅，重点在于揭开其虚伪的人权构成。很多国内有关人权的研究，使用的是西方国家的人权观念和人权标准，运用的是西方的人权研究思路和研究方法，以西方的人权价值作为衡量人权研究成果和状况的标准尺度，只要西方人说的就认为是正确的，只要西方国家有的就是必须的，只有获得西方的喝彩，研究才是有价值的。③ 殊不知西方这套人权理论背后所掩盖的是极度不平等，注定了只有少数人才能够享有权利，这种人权是非真实性的。一种切身感受表现为现代性的个人无意义感。现代工业的高速

---

① 《马克思恩格斯全集》(第 1 卷)，人民出版社 1956 年版，第 443 页。
② 参见汪习根：《马克思主义人权理论中国化及其发展》，《法制与社会发展》2019 年第 2 期，第 60 页。
③ 参见董和平：《关于中国人权保障问题的若干思考》，《法学》2012 年第 9 期，第 96 页。

发展解构了人类对世界的认识，事物被拆解为步骤、要素或流程进行改造，消解了人对于"意义"感知的神秘感、神圣感和模糊感。在沟通如此畅通及交通如此便利的情况下，甚至于社会中充斥着被包装着的各种"意义"，我们却时常感到无聊和匮乏。原因在于缺少人对于自身和自然意义的一种建构，人自身不再创造意义。过渡到人权的概念体系中，就是对社会属性与自然属性的区隔。用马克思的话讲，这叫作"人的异化"。只有将人的抽象本质复归到人自己身上，才能享有真实的人权。另外一点同中国人权法学的不兼容表现为人权理论中狭隘的对抗模式，这种模型下的市民社会与政治国家天然保有对抗性、斗争性甚至是革命性。而中国人权基本理论来自中国革命、建设和改革的实践，人权的功能除了防御性质，更多表现在同国家的互动合作中。现代社会关系日益复杂化，在人民追求"幸福生活权"的过程中，更加依赖国家的积极行动，国家亦需要主体配合才能更有效率地承担社会治理任务，从而使国家与社会、公权力与私权利、权利主体与义务主体之间出现合作的空间。从脱贫攻坚的伟大胜利到全面建成小康社会，再到稳步推进共同富裕，中国人权发展道路充分彰显了这种合作的关系与氛围。

以往人权理论形塑了中国人权法学基本理论，然而又画地为牢限制了对自身的突破与更新，想要完成第二个超越需要用一种以现实和未来为中心的关注视角来替代历史回溯的认识方法理解人权的动态革新。过往人权理论善于从历史中总结人权某些不可转移的特性，并且基于历史的确定性和人权研究的敏感性，传统人权理论研究趋于保守，小心试探着人权范围。那么显然当下一系列围绕中国鲜明特色、时代特征、战略部署以及现实关怀的人权新理念、新思想、新命题都无法证立，仅仅被视为既有人权体系下的具体表现形式罢了。特别是一些二元割裂的认识根深蒂固，纠结在主权还是人权、普遍性还是特殊性、个体还是集体等争论，阻碍人权革新。人是目的而非手段，人权的意义在于帮助人成为他自己，那么中国人权法学的本体应在意义的脉络中找寻。一些新兴人权概念着眼于现实发展以及未来可能，创见性地把握人权的客观意义构造，紧随社会发展去讨论如何将抽象提炼后的人重新还给现实自由，解决人权研究中的疑难问题。如今，这些新兴理论被高度凝练在习近平总书记关于尊重和保障人权的重要论述之中，在更宽广和恢宏的视角下揭示人权实践的机理，理性分析了如何在社会主要矛盾发生变化的情形下深入定位人权是什么的问题，并以此为出发点完善基本理论。

二、中国人权法学的经验理论

人权的根源发乎人性，人性的形成有赖生活，而生活的意义在于经验。现代人权运动产生于"二战"之后的绝望之中，这是一次找寻一种世界信仰以填补精神空缺的郑重尝试，这是一次从基督教传统和启蒙运动这些基本要素中，收获一个新信仰和新法律以重整社会秩序的尝试。[①] 在中国特色社会主义制度探索过程中，我们已经形成了一整套被证实行之有效的人权发展路径，既没有照搬也没有拒斥，而是基于实用、功能、工具的视角涵摄吸收，实践上如此，理论上亦如此。[②] 百年以来，中国共产党带领人民从帝国主义、封建地主阶级、

---

① 参见约翰·维特：《权利的变革：早期加尔文教中的法律、宗教和人权》，苗文龙、袁瑜琤、刘莉译，中国法制出版社2011年版，第411页。
② 参见齐延平：《论回归生活世界的人权文化》，《人权法学》2022年第2期，第8页。

反动军阀、官僚资本家手中争来了作为人的资格,又从日本侵略者、国民党反动派手中争来了国家独立和民族自由,还从国家工业化的艰难历程中争来了生存资料,更从经济封锁、积弱不堪的改革中争来了发展机会。所以中国人权基本理论无比珍视这些宝贵经验:强调人的双重属性,坚持主权的完整性,重视生存权与发展权。当然,这并不是定论人权基本理论的经验属性,而是指明中国人权法学的经验特征。经验绝不简单地是"阅读"或者被动的记录,它总是被主体同化到他自己的结构图式之中。① 我们能够接受"人权"的能指形式而不另造词汇替换,是因为我们承认并接受人权的开放性,并且有意识地从生活现实、经验实践而非概念上、理念上构筑基本理论,进而结合中国特色的人权"所指"。②

中国作为一个现代化后起之秀,注定不可能走西方人权之路,然后寻求公共善的制衡路径,中国的实践逻辑格外注重平衡、和谐的价值内核。有学者提出,人的存在不是一种自在存在,而是互动存在,人的互动是创造性的,互动关系创造了一个仅仅属于人的世界,一个存在于互动关系之中的世界,一个不同于物的世界的事的世界。③ 在中国的生活文化背景下,天赋人权的论调或者说先验的人权观,或许能够在逻辑上讲得通,但却根本不能在现实中发挥应有的作用,甚至还会激起一定的排拒和抵触。那么能否引出这样一种假设,即所谓人

---

① 参见皮亚杰:《皮亚杰教育论著选》,卢濬译,人民教育出版社 2015 年版,第 16 页。
② 在索绪尔的语用学理论中,语言符号连接的不是事物和名称,而是概念和音响形象,并且分别用所指和能指两个术语替代。参见费尔迪南·德·索绪尔:《普通语言学教程》,高名凯译,商务印书馆 1980 年版,第 101—102 页。
③ 参见赵汀阳:《共在存在论:人际与心际》,《哲学研究》2009 年第 8 期,第 22 页。

权"普遍性"只是西方基于自身生活经验所拟制的一种假想可能性，而中国人权基本理论同样可以通过所谓"特殊性"存在的人权实践达到"幸福生活"的状态，取代那种普遍的特质。也就是说，以特殊性支撑普遍性。1949年以来，中国人民不断总结人类社会发展的经验和规律，推动经济发展，消灭绝对贫困，增进人民福祉，促进公平正义，协调发展公民政治权利和经济社会文化权利，满足人民日益增长的美好生活向往。这些实践成就既是过去人权理论的经验总结，又是未来人权理论的创新遵循。

人权是一种人为构造物，既然是人为构造物，就必然带有人类的局限性，当我们宣传人权的普世价值时，我们实际上也是在放纵人类的缺点。[1] 或许人权在世界地图上为我们营造了一个"乌托邦"国度，使一些制度与现象不再面目可憎，但它也遗漏了人所一直生活的现实境况，忽视了世俗生活对人的意义，疏离了理论与实践的关联。

三、中国人权法学的治理理论

以实际政治的眼光去看，"人"在政治运用上的重要性不言而喻，许多治国理政的主张往往都是对于"人"所持的不同看法。从治理动力而言，治理意志的形成是由"人"所决定的，治理的计划或法度也是围绕保障"人"所划定的，既是动态的，也可以说是历史的。从治理运作而言，"人"是国家机构中的着力部分及有效部分，是一切组织机构中的连锁，良善美意也必须依靠"人"去执行。在一个科学有

---

[1] 参见伍德志:《论人权的自我正当化及其负面后果》，《法律科学》2016年第4期，第44页。

序和谐的国家治理和社会治理秩序中，民主、法治和人权三种治理价值和手段相辅相成，互为补充，不可偏废，必须在国家治理和社会治理过程中统筹民主、法治和人权三者的治理优势，形成治理合力，构建和谐稳定的国家治理和社会治理秩序。① 其中，民主与法治自不必说，然而过度抽象的理论与制度建构极易忽视"人"的意义。因而，在2013年"国家治理现代化"命题提出伊始便内蕴了人权思维的价值，并且在国家治理现代化进程中自觉或不自觉地将人权作为目的与方式。所谓人权治理，即把人权纳入国家治理的理念、保障、实践及话语之中，充分运用人权的思维方式来安排国家治理的制度内容和手段措施。② 缘于理性的凝结、历史的淬炼、经验的升华，中国人权治理先后取得了全面脱贫和小康社会的伟大成就，并坚定不移地向共同富裕迈进，集中体现了中国人权法学"以人民为中心"的核心理念。

将"人民"作为逻辑起点进行理论预设和制度建构，构筑起现代中国政治革命和人权事业发展的合法性的坚实基础。习近平总书记在党的十九大报告中指出，人民是历史的创造者，是决定党和国家前途命运的根本力量。③ 奉行以人民为中心的人权理念是中国人权法学最鲜明的品格。不同于西方人权理论所构筑的原子化个人关切自下而上的博弈，人民将个人作为"城邦的动物"以其社会身份构成自我内化于群体之间。质言之，共同体描述的，不只是他们作为公民拥有什

---

① 参见莫纪宏：《习近平关于国家尊重和保障人权论述的核心人权理念》，《求是学刊》2022年第2期，第23页。
② 参见侯健：《试论人权治理》，《学术界》2020年第10期，第105页。
③ 参见习近平：《高举中国特色社会主义伟大旗帜 为全面建设社会主义现代化国家而团结奋斗——在中国共产党第二十次全国代表大会上的讲话》，《人民日报》2022年10月26日，第1版。

么，还有他们是什么；不是他们所选择的一种关系，而是他们发现的依附；不只是一种属性，还是他们身份的构成成分。① 人民是中国人权事业发展的主体，既非西方抽象个人的虚伪崇拜，也非传统君民理念下的统治工具，人民主体论是基于马克思主义与我国现实国情所总结而得出的科学论断。② 巧合的是，人民这一主体概念同样在政治框架中占据着重要位置，《中华人民共和国宪法》第2条规定，"中华人民共和国的一切权力属于人民"。说明以"人民"为出发点，国家治理与人权事业至少在主体范畴上高度重合，所牵引出的是中国特色社会主义理论的逻辑一致性、命运一体性。另外，衡量一国或世界人权事业是否发展进步了，就是要看广大人民群众的权利是否得到了尊重、保障和发展。③ 因此，人权治理不论是在形式特征抑或是在实质特征上，都具备不可撼动的合法性，同中国所特有的国情紧密联系。结合以上内容，"以人民为中心"作为国家治理现代化与人权事业发展的共同价值指向，其科学内涵经由人权思维有机植入国家治理之中，为中国法学基本理论注入了更具主体性的灵魂。④

需强调的是，在人权治理的体系中政治性是不可回避的，反而应当旗帜鲜明地坚持党的领导、马克思主义、群众路线等由政治系统中所渗透而来的观念。基本理论之中自由主义的影子仍然根深蒂固，受官僚主义惰性及资本支配的影响，难以自发地革新人权基本理论。所

---

① 参见迈克尔·J. 桑德尔：《自由主义与正义的局限》，万俊人等译，译林出版社2001年版，第181—182页。
② 参见刘志强：《论全面脱贫与人权治理》，《法律科学》2022年第5期，第5页。
③ 参见鲁广锦：《当代中国人权话语的构建维度与价值取向》，《人权》2020年第4期，第9页。
④ 参见王韶兴：《现代化国家与强大政党建设逻辑》，《中国社会科学》2021年第3期，第27页。

以我们需要牢牢建立起人民对党的主流理论和中国道路的认同,我们要有一种能够为世界提供规则、方案甚至立法的追求。纯粹干净的环境只能是一种幻想,我们不回避任何问题,外部存在的竞争、斗争乃至妖魔化,内部存在的不满、批评以至谩骂,这都是人权基本理论更新所需面临的困难。笔者认为,在人权法学领域内需要的是同意识形态、政治概念的平等对话,而不是高高在上的教训或无原则的迎合;不再盲目接轨西方,而是回归到本土立场、人民立场和实践立场。

小　结

综上,中国人权法学"三个基本"重构内容可以归纳为:(1)基本概念存在拼凑、虚置和片面问题,可以通过价值基础、构造层次和话语表述进行完善。(2)基本问题在规范与价值层面出现封闭与静止,既需从规范层面融贯知识构成、整合实施机制,还需从价值层面深化人权与法治的联系,突出中国道路的特征。(3)基本理论针对话语、制度、道路上的自信缺失,需在本体理论中完成两个超越,在经验理论中以特殊支撑普遍,在治理理论中正视并坚定立场。

就中国人权法学"三个基本"的逻辑结构而言,不论是基本概念、基本问题,还是基本理论,它们都围绕"人权"这一中心而展开。"三个基本"的逻辑结构大体是这样的:(1)重塑概念,导入问题,升华理论。(2)具体的人权被抽象为一个个人权基本概念,对基本概念进行归纳,梳理特征,总结出人权基本问题,进而构建出体系化的人权基本理论。(3)如果将基本概念视为"点",作为人权现象的突破口,那么基本问题就可以被视为"线";将这些散点串联形成层级关系，那么基本理论就可以被视为"体"；将基本问题在空间维度上展开，就可以更全面地观察思考人权现象。

就中国人权法学"三个基本"关系而言，在因果关系上，"三个基本"是从原因到结果的循环链条；在论证方法上，"三个基本"是从归纳到演绎的方法转换；在知识体系上，"三个基本"是从核心到系统的视角展开。

回望"第一个一百年"，在中国共产党的领导下，中国人民抓住历史机遇，实现了中华民族从站起来、富起来到强起来的历史性飞跃，人权事业完成了举世壮举，人权理论取得长足进步，为世界人权发展增添了特有的"中国要素"，呈现出在道路、理论、制度、文化上的自信。面向"第二个一百年"，习近平总书记在党的二十大报告中的"两个结合"新阐发，就是中国人权法学"三个基本"知识体系重构的主要内容，笔者试图以此为中国人权法学提供中国智慧、中国方案与中国力量。

第二章　中国人权法学的"人的存在"面相

在福柯的权力话语体系中,话语模式与其说是假设和观察,或理论与实践之间进行自主交流过程中所形成的产物,不如说是在一定时期内决定哪些理论和实践占上风的基础。[①] 人权话语的地位亦是如此。西方人权话语利用先发优势及宪制沉淀,通过自身霸权在国际人权机构中建构优势地位,打造出一个西方强势话语环境下的国际人权话语体系。不可否认其中固然有促进人权进步的意义,但政治的裹挟使得人权话语成为意识形态的抓手,一些西方国家无视民族和历史的特殊性推行普世化西方价值观,甚者以人权的旗号干涉他国内政,在国际舆论中肆意诋毁他国人权。中国以其悠久的历史积淀和道德文化屹立于世界舞台,尽管在近代遭受了诸多冲击使之影响力大幅下降,但近年来的高速稳定发展再一次证明了东方文化中生生不息的顽强活力,对于国际话语中的人权诋毁也不再选择一味回避,而是更为积极主动地在国际人权舆论舞台上发出中国人权声音,提供中国人权治理经验。

就人权话语而言,学术界对此业已有所回应。有学者在认识论和方法论上提出应警惕西方普世人权标准,需实现对"西方中心主

---

① 参见约翰·斯特罗克:《结构主义以来:从列维-斯特劳斯到德里达》,渠东、李康、李猛译,辽宁教育出版社1998年版,第83—128页。

义"及"自我东方化"的双重超越,以中国的经验作为方法和立场进行探究。① 亦有学者从符号学、语用学角度切入,通过历史性、体系性的方式阐明人权概念及人权话语之间的关系,并曾借此多次探讨中国人权话语体系的内容。② 又有部分学者运用资料梳理、历史比对进行数据分析,对一段时期内中国人权话语变迁进行考略并提出相关有益建议。③ 不少学者也从诸如疫情背景、价值取向、马哲理论、核心要义等方向挖掘中国人权话语的深层次内容,④ 但却鲜有从法哲学入手进行论述的论著。当代中国法理话语正逐步转型,论证方式正由有限的西法移植模式逐步向实践自主创新模式过渡。⑤ 伴随着"新时代"的历史变革,在既有的人权治理成就、理论和经验的基础上,亟须在理论层面为中国人权话语的新突破新发展新飞跃提供有力、科学和厚重的法理支撑,以此回应我国党诞百年来的人权事业发展。习近

---

① 参见王理万:《以中国为方法的人权话语体系》,《人权研究》2021年第1期,第52—61页。

② 参见刘志强:《论人权概念与人权话语的关联互构》,《政法论坛》2020年第6期,第82—91页;刘志强、林栎:《中国人权话语体系研究范式的演进》,《中国社会科学评价》2020年第2期,第53—68页;刘志强:《论中国特色人权话语体系逻辑构成》,《现代法学》2019年第3期,第23—34页。

③ 参见康华茹:《"前白皮书时代"中国国际人权话语考略——以中国政府在联合国人权委员会的法谚和立场文件为中心》,《人权研究》2021年第2期,第65—85页;韩大元:《中国共产党建党初期的人权话语及其变迁:1921—1927》,《人权》2021年第2期,第59—72页;毛俊响、王欣怡:《新中国成立以来中国共产党人权话语的变迁逻辑》,《人权》2020年第1期,第1—18页。

④ 参见殷浩哲:《突发重大疫情中国家人权话语的功能》,载齐延平主编:《人权研究》第23卷,社会科学文献出版社2020年版,第60—64页;鲁广锦:《当代中国人权话语的构建维度与价值取向》,《人权》2020年第4期,第1—14页;李超群:《马克思的"人的形象"理论及其对构建中国人权话语体系的启示》,《人权》2020年第1期,第19—42页;李超群:《以"普罗米修斯精神"超越启蒙人权话语——马克思人权思想的范式与逻辑》;张晓玲:《论中国特色社会主义人权话语体系的核心要义》,《人权》2019年第1期,第19—28页。

⑤ 参见郭忠:《当代中国法理话语的生产机制》,《武汉科技大学学报(社会科学版)》2021年第3期,第315—323页。

平总书记在中共中央政治局第三十七次集体学习时强调:"要依托我国人权事业发展的生动实践,提炼原创性概念,发展我国人权学科体系、学术体系、话语体系。"① 而中国人权话语始终面临解释力、公信力、感召力不足的问题,难以为"三大体系"贡献应有的知识聚合力。简言之,话语命题言说出中国人权事业的生动实践,但所提炼的原创性概念未能提供较为稳定的诠释思路和表意方法,导致话语与理论之间出现滑动的现象。

基于此,欲为中国人权话语提炼法理并阐发其法哲学基础是本章的总领要义。因而,由人权话语回溯法哲学基础,首要问题便是需要提炼"人的存在"概念,作为本章论证的支点。何谓"人的存在"?概言之,就是回答人如何作为人的问题。"人的存在"如何定位,昭示了人权概念的不同面相,是人权话语法哲学阐释的底座。通常而言,若是直接回答如何作为人的问题,则难以直接寻觅答复;而从其对立面进行逆向理解,不失为可取路径。因此,本章拟从解读"人的存在"这一命题切入,分别对照自然、他者及共同体三个参照系来探究"孤立的人""关系的人""权利的人"三重人权面相,以及厘清在不同语境下"人的存在"的哲学理解及演进路径,并诠释中国人权话语命题的法理依据。其中论证逻辑递进次序如下:三种参照标准分别对应三种观察"人的存在"的人称视角,试图由此提炼出一种体系构造。先言,"孤立的人"是人之主体性觉醒的起点,不同语境下基本人权的分野代表了哲学视域下主体观的认知侧重;次言,"关系的人"是人权之世界历史性的外化,应当坚持原则与实际相结合

---

① 《习近平在中共中央政治局第三十七次集体学习时强调 坚定不移走中国人权发展道路 更好推动我国人权事业发展》,《人民日报》2022年2月27日,第1版。

的时空观人权建构；再言，"权利的人"是人权话语之全面自由发展的归宿，自由人联合体下人民幸福生活为人权话语合作观提供实践支撑。

第一节 "孤立的人"：人之主体性

追求规则与秩序是人的本能，前者促使人类好奇地窥探大自然的秘密，后者推动人类不断思考如何构建完满的共同体。对于前者的理解使人类从自然困境中摆脱，对于后者的深化使人类从混乱失序中解放。两者的高度相似不免使人类将自我理解的目光投射到自然的先在秩序上。自然镜面下的"人的存在"可被视为"孤立的人"，集中表现了人较之于自然而彰显的主体性特征。西式语境下的主体性建立于区别万物，遵从理性规制之上；中式语境下的主体性塑造在和谐共生，信仰道德成长之上。人之主体性意味着人对于命运的自主掌握，是脱离于外在事物，仅因存在而存在的基础。主体性的觉醒开启了人独立认识自我的路径，亦作为人之为人而享有权利的根源，为基本人权位阶秩序奠定了理论基础。

一、人之主体性思想史回望

人之主体性萌芽于对传统教会控制的摆脱。宗教改革后，人仅凭借良知而得以面对神，对于神的信仰不再依赖教会作为媒介，信仰生活与世俗生活二元分化。"上帝的归上帝，恺撒的归恺撒。"马丁·路德"因信称义"的教义结束了罗马教廷的至高统治，灵魂与肉体的二分论述割裂了世俗与信仰，基督徒们摆脱外在控制而仅因信仰就能够获得自由，肯定了个人的权利、财富与地位，为近代人之主体性的觉醒准备了条件。但路德所诉诸的自由并非真正意义上的自由，正如马克思所言："他破除了对权威的信仰，却恢复了信仰的权威。他把僧侣变成了俗人，但又把俗人变成了僧侣。他把人从外在宗教解放出来，但又把宗教变成了人的内在世界。他把肉体从锁链中解放出来，但又给人的心灵套上了锁链。"① 宗教改革只是对传统教会以及信仰结构产生了巨大的冲击，却未对现世的人产生实质性的影响，人照例服从于内心的神与外在的权威。

人之主体性觉醒于对世界的普遍怀疑。当笛卡尔道出"我思故我在"（cogito ergo sum）这一著名的哲学命题时，人格在大地上普遍地取代神格成为知识的掌握者。他从感官的欺骗性、梦境与现实的不可分辨性入手，幻想出一只强大的恶魔创造了世界的谎言，从而表达思维的一切内容均可以被怀疑，但是正在思维的思维本身却是无法被怀疑的。笛卡尔的沉思使经验世界成为可被怀疑的世界，从而凸显了正在沉思的"人"之于普遍怀疑对象的例外。进一步而言，"我思"所赋予的并非简单的"我在"的客观实相，而是对于"我思"本身理性的确认。黑格尔说："从笛卡尔起，我们踏进了一种独立的哲学，这种哲学明白：它自己是独立地从理性而来的，自我意识是真理的主要环节。"② 尽管笛卡尔自身仍是神的忠实信徒，但其启蒙了对于人自身的哲学思索，拉开了近代哲学的帷幕。

人之主体性成熟于理性批判与体系构建。主体性哲学时代，人之

---

① 《马克思恩格斯全集》（第 1 卷），人民出版社 1956 年版，第 461 页。
② 黑格尔：《哲学史讲演录》（第 4 卷），贺麟、王太庆译，商务印书馆 1978 年版，第 63 页。

主体性的关注聚焦于自由的获取，自由被视为作为主体的人的基础。康德则突破以往的哲学沉思，在批判与构建中转而向内寻求自律下的自由。"人"被康德界定为这样一种存在者：首先，他"被表现为一种独立于物理学规定的人格性"，亦即作为本体的人（homo noumenon）；其次，他"被表现为受制于物理学规定的人"，亦即作为现象的人（homo phaenomenon）。① 正是基于人的此种二元性，法将必然存在以规范超脱于理性之外的欲求。从这个角度来说，法既是自由之自我立法的产物，同时也是约束自由从而使自由的秩序得以被普遍组织起来的一种手段。② 因此也就演绎出康德著名的人性公式——"人是目的而非手段"③，自由使人获得尊严，使人摆脱蒙昧状态成为人，赋予人之为人所不可剥夺的权利。在康德的笔下，完成了自由与人的和解，使人超越经验性限制成为规范性来源的主体，从此人之主体性高居于尘世一切事物之上，被极大凸显，开启了实践哲学领域的"哥白尼式革命"。④

人之主体性发展于政治的公平正义观。一个现实是，人能够参与社会生活并在其中扮演某种角色，履行和遵守各种权利义务，从而终身从事互利互惠的社会合作。这意味着，人之主体性是按照社会结构而被设计出来的，是规范的和政治的，而不是形而上学的或心理学的。而这样的"自由和平等的人"被罗尔斯认为拥有"两种道德能

---

① 参见李秋零主编：《康德著作全集》（第6卷），中国人民大学出版社2013年版，第249—250页。
② 参见吴彦：《法、自由与强制力——康德法哲学导论》，商务印书馆2016年版，第159页。
③ 康德：《实践理性批判》，韩水法译，商务印书馆2009年版，第95页。
④ 参见康德：《康德三大批判合集（上）》，邓晓芒译，杨祖陶校，人民出版社2017年版，第12—13页。

力",一种是拥有正义感(sense of justice)的能力,另一种是拥有善观念(conception of good)的能力。① 当我们将人之主体性以这样一种方式被建构,描述人的特征已然被加上用于表述理性、推断等能力的概念,它是由道德思想和政治思想及其实践加以确定的。在罗尔斯的观念中,原初状态下无知的幕布遮蔽了人的标签,但同时也将公民从人类之中剥离,人之主体性需要以"基本善"作为顺利发展和充分使用两种道德能力的手段或条件,而这些同政治规范关联密切。因此,如何构建正义的基本权利分配制度成为人之主体性的显性表达,去个性化的抽象个人假定占据主流话语。

二、人之主体性概念的批判认识

毋庸置疑,人之主体性的发掘对于人类思索"人的存在"这一命题是至关重要的,是人权演绎的出发点。通过上述的思想史回望不难发现,此类概念对于"人的存在"的理解构成了西方人权话语的基础,自由、理性等词汇的运用也显示出了话语背后哲学沉思的支撑。但此类对于"人的存在"的解读是否切实解释了人的主体性本质有待商榷,中西方人权话语上的分离所折射出的是对"孤立的人"的理解分歧。这促使我们进一步批判认识往昔哲学家们对于人之主体性的解读,将"人的存在"置于不同的文化语境下进行阐释。

1. 关于"形式"与"质料"

"质料形式理论"(Hylomorphism)发迹于亚里士多德,是其形而上

---

① 参见约翰·罗尔斯:《作为公平的正义——正义新论》,姚大志译,上海三联书店2002年版,第31页。

学思想的代表内容，此路径下的二元论解读几乎覆盖了现如今西方哲学关于"孤立的人"的基本认识。亚里士多德认为，质料就是一个实体从之而来的东西，而形式是一个实体的生成所遵循的原则和逻各斯，可感实体被它产生。① 从这个意义上来讲，形式与质料并非可感实体的构成性要素，而是生成性要素，任何可感实体都以一个特殊的形式在一个特殊的质料之中。康德沿用了"形式"与"质料"的名称，却改变了使用方法，将它们看成是人类经验活动所具备的要素。其中，形式被认为是人类所先在的一些构成性原则，质料被看作人类意识应当组织的混乱的杂多。但无论如何比附使用"质料形式"的词汇，这一原则是无可争辩的，即承认形式与质料的二分，并且形式优先于质料。这种理解体现在对于"人的存在"的认识上就表现为"身心二元论"。不仅笛卡尔持有人的心理属性属于灵魂所有、物理属性属于身体所有的观点，而且康德也将规范划分为内在的自由领域与外在的自然领域以对应伦理及法权的约束。

这一现象是普遍存在着的，即哲学家们总是在自觉或不自觉地比照自然向内省察"人的存在"。从生物存在的角度来看，人类知识最初往往仅涉及其所赖以生存的自然环境，如果不能使自己适应周遭的环境，人就不可能生存下去。但是在人类文明的发展历程中，一种内省式的自我观察总是伴生并补充着外向式的自然观察，且随着文明的发展，这种内省愈发显著。先贤看似在探求自然本源的问题，却又无不洞悉"人的存在"。自然一方面成为人认识自我的方法论来源，另一方面又成为与人有所区分的参考坐标。自然中的形式是恒定的，而

---

① 参见曹青云：《亚里士多德"质料形式理论"探源》，《哲学动态》2016年第10期，第69页。

质料是混沌的，对于"人的存在"来说，肉体（质料）受制于自然，但灵魂（形式）是不受拘束的、绝对自由的。在这样的哲学脉络思考下的"人的存在"是概念性的人，即将人放置于概念性绝对静止的世界而非现实性绝对变化的世界中，我们并不把实体与变化看作是不同的存在领域，而是看作不同的范畴——看作我们知识下不同预设及条件的组合。① 基于这种语境，"个人"这一存在论单位与"个人权利"这一伦理学价值的结合，完成了西方以人之主体性为基本原则的现代性结构，个人虽孤零零却升格为绝对价值，这正是西方人权的必要假设和根本意义。②

然而，如此基调下"人的存在"认识论在中国的语境中显然是格格不入的。个人看似被自然秩序规制了肉体存在，却营造出灵魂上权利绝对性及无条件性的假象，个人将会被贪欲、傲慢、恐惧所操纵而单向度的予取予夺，甚至对立化人与自然的关系。过分张扬的孤立个人在私人与公民的双重身份中，在自利、封闭的市民生活中，丧失了本质力量，沦为异己力量的仆役。③ 在中国的文化背景下，天人合一作为"人的存在"的至高追求，自然中所蕴含的"理"需通过"格物致知"的方式为人所理解掌握。也就是说，人无论是在物质抑或是意识上都应寻求与自然的和谐统一，并在经验生活中理解实践理性的存在。换言之，人是实践的人，是生活于绝对变化世界中的人，人必须通过质料因的经验理解自然秩序，包括自身的存在。因此，在中国"孤立的人"与自然的关系更多的是融入与和谐，肉体与灵魂的界限

---

① 参见恩斯特·卡西尔：《人论》，甘阳译，上海译文出版社 2013 年版，第 295 页。
② 参见赵汀阳：《论可能生活》，中国人民大学出版社 2010 年版，第 323 页。
③ 参见韩振文：《中国特色人权理论的法理重述——从自然权利到马克思主义"类本质"权利》，《法治现代化研究》2021 年第 1 期，第 113 页。

从未泾渭分明,"个人"被看作是间续不断的生命存在。因此,存续的意义往往大于权利的争执。概言之,西方对于人之主体的理解侧重于对"人"异于非人事物的强调,而中国对于人之主体的解读更倾向于对人之独立"存在"的重视。

2. 关于"理性"与"道德"

另一有关差异理解"人的存在"的因素在于主体性的标准不一。《世界人权宣言》第 1 条宣誓:"人人生而自由,在尊严及权利上一律平等。他们赋有理性和良心……"① 可以看到,宣言的起草者们在内容中杂糅了东西方的人权理论基础,最大程度地寻求和延展国际人权理念中的价值公约数。② 同时,"理性"与"良心"的分野从反面印证了东西方价值体系中对于人权根基的不同认识、不同标准。较为戏剧化的是,在西方语境下人权作为反抗神权的产物却又始终与宗教藕断丝连,这就造成了西方的人权理论始终留有信仰的自留地。其中,最具代表性的就是关于人性的论述,即基督教义中的原罪文化,这种原罪的理论使得哲学家产生了这样的预设:人性的恶,并对于任何事情随时准备提防那无所不在的恶。例如在康德的人类学预设中,人被认为具有根本的恶劣,以至于不能将道德法则纳入自身准则的脆弱,不是出于纯粹义务而是还需要辅之以其他动机才可为善的不纯正,以及将道德动机置于其他动机之后的人心的颠倒。③ 为应对此种对于人性的不信任,哲学家们不得不将目光流转于客观的理性之上。不论是

---

① 《世界人权宣言》,《人权》2008 年第 5 期,第 17—19 页。
② 参见化国宇:《人权需要统一根基吗——〈世界人权宣言〉起草过程中的宗教和哲学论争》,《政法论坛》2020 年第 5 期,第 11 页。
③ 参见李秋零主编:《康德著作全集》(第 6 卷),中国人民大学出版社 2013 年版,第 28—29 页。

自然理性、工具理性抑或是纯粹理性,西方学者总是在探寻或预设那唯一的"正确"。理性主义人权观认为,从理性主义出发,理性演绎的知识是本质的、普遍的、必然的,因而,只要推理的前提是真的,就可以回答包括人权形而上学在内的一切知识问题。① 与之相对的,中国人权理论的基础在于"良心",或者说是"仁"② 的理念,其赋予了人较之于地球上其他存在更为庄重的伦理道德义务。在中国的哲学话语中,源自血脉的伦理道德是"人的存在"的显著特征。"仁"不是自然状态孕育出的自由主义个人的内心的道德法庭,而是生活在具体社会关系中人与人相处的道德原则,它产生并来源于人生而为"善"的同情心,并在社会协作共处中得到进一步升华和具体化。③ 仁者理念下人性预设是善良的,并且时时"克己""推己及人",从而达到成圣的道德超越。在此语境下,人权并非一个静态的终极目标,而是随着人的德性成长而不断发展的动态过程,人也因而脱离抽象走向社会。质言之,中西方人性预设的区别造成了人权理论基础的分野,"理性"与"道德"分别营造出东西方对于"人的存在"的不同主体性标准。

概括来说,尽管近代人之主体性的觉醒源自西方,但将"人的存在"放置于中西方不同的哲学语境下仍存在理解上的分歧。仅就"孤

---

① 参见周晓亮:《西方近代认识论论纲:理性主义与经验主义》,《哲学研究》2003年第10期,第49页。

② 在张彭春建议《世界人权宣言》起草过程中,所表现与强调的是关于儒家孔子"仁"的观点,字面翻译为"two-man-mindedness",但这种新创词不宜直接写入《宣言》,而"仁"又很难找到英文中的对应词,最终文本被译为"conscience",即良心。参见化国宇:《人权普遍性的仁学基础:从〈世界人权宣言〉第一条出发》,《西南政法大学学报》2019年第2期,第55—56页。

③ 参见化国宇:《人权普遍性的仁学基础:从〈世界人权宣言〉第一条出发》,《西南政法大学学报》2019年第2期,第56页。

立的人"参照自然来看,西方哲学观念中极力凸显人的特殊性,将人设想为完全理性的抽象个体;而东方哲学观念却强调人与自然的和谐统一,将人的伦理道德具象化在实践中、身份中、社会中。以历史的眼光来看,西方"人的存在"在神的阴影中被遮蔽良久,矫枉过正的情形下对于人之主体性的理解便倾向于对个体权利的索求,为自己的存在筑起权利的围墙,人权话语就表现得更具攻击性;中方得益于地大物博的自然条件,小农经济下"人的存在"更多是在伦理道德意义上被讨论,个人自始便认识到与圣人之间的差距,故而对于人之主体性的阐发侧重于道德上对内的自我克制,人权话语也倾向于防御性。

三、"首要人权"的主体观论证

"孤立的人"欲脱离自然外物而以主体形式独立存在,则必然需要权利上的承认。首要人权,质言之,就是人权序列中权重分配优先侧重的权利。"生存权与发展权是首要的基本人权"是中国人权话语中具有代表性的人权命题,较生动地体现了东方哲学在"孤立的人"面相下主体观的理解。基本权利的权重序列展示了不同语境下的主体观,或是尊崇自由理性至上,抑或强调生存发展优先。此外,"首要"的含义大致可以从两个维度进行解读,其一在于其"基础性"的内容,另一在于其"目的性"的内容。生存与发展是我国对"孤立的人"面相的理解,集中表达了悖驳西方人权序列的主体观思考。

生存权,顾名思义是保存生命的权利,是人性中最为原始、最为本能与最为强烈的意识。霍布斯曾界定,"著作家们一般称之为自然权利的,就是每一个人按照自己所愿意的方式运用自己的力量保全自己的天性——也就是保全自己的生命——的自由"①。相对之，庄子亦曾言，"两臂重于天下也，身亦重于两臂"②，强调个人生存的重要性。墨子认为民众所面临的无非三种难题，即"民有三患：饥者不得食，寒者不得衣，劳者不得息"③。可见，不论是在何种哲学框架内，对于生命的尊重从未逃逸出人权的范畴。但基于对"孤立的人"的侧重不同，防御性的主体观认识更为重视生命的保全，因而生存权被中国人权理论置于首要的位置无可厚非。可以说，新中国七十余年，就是一部维系基本生存权的历史。1991年，我国发布的《中国的人权状况》首次指出"生存权是中国人民长期争取的首要人权"④。2020年新冠肺炎疫情爆发，保障每个人的生命健康成为第一目标。2021年2月25日，习近平总书记在人民大会堂庄严宣告"我国脱贫攻坚战取得了全面胜利"⑤，中国完成全面脱贫。2021年7月，习近平总书记在庆祝中国共产党成立100周年大会上讲道："我们实现了第一个百年奋斗目标，在中华大地上全面建成了小康社会。"⑥ 较于自由权优先的西方主体观认识，中国将生存权作为首要人权加以保障并一以贯之，不仅契合传统东方哲学中对于"孤立的人"的理解，同时也符合中国的现实国情的历史考量。此外，生存权所表现的是人在现实中的自然存在属性，是"人之主体性"的物质前提，因而是一切基本人权的基础。

---

① 霍布斯：《利维坦》，黎思复、黎廷弼译，商务印书馆1985年版，第97页。
② 安继民、高秀昌注译：《庄子·杂篇·让王第二八》，中州古籍出版社2006年版，第393页。
③ 李渔叔注译：《墨子今注今译》，天津古籍出版社1988年版，第243页。
④ 《中国的人权状况》，《中华人民共和国国务院公报》1991年第39期，第1348—1392页。
⑤ 习近平：《在全国脱贫攻坚总结表彰大会上的讲话》，《人民日报》2021年2月26日，第2版。
⑥ 习近平：《在庆祝中国共产党成立100周年大会上的讲话》，《求是》2021年第14期，第1页。

但"人的存在"不仅在于其自然属性上,也在于其社会属性上,并且后者是人的本质属性。因此,生存权在这个意义上只是"基础性"的首要人权而绝非"目的性"的首要人权。①

发展权作为首要人权意在强调其"目的性"的进路选择,既将发展作为一种手段,也将发展视为一项人权。在对"孤立的人"的理解中,伦理道德伴随人的成圣之路而不断发展,维系生命是内自省察的基础,而忠恕克己则是人权发展的动因。从社会结构层面理解,作为一种上层建筑,人权始终立足于社会的经济基础,因而既要注意人权之于发展的意义,同时也不能以低发展水平作为否定人权的托词,只有经济社会文化的发展,才能够为人权筑牢根基。② 中国深谙传统哲学中道德成长的理念及当代的时代精神,坚持发展是硬道理,既努力通过发展增进人民福祉,实现人民的发展权,又努力通过保障人民的发展权,实现更高水平的发展。党的十九大报告指出,经过多年的不懈努力,我国经济实力、科技实力、国防实力、综合国力进入世界前列,久经磨难的中华民族迎来了从站起来、富起来到强起来的伟大飞跃,必须坚定不移地贯彻创新、协调、绿色、开放、共享的发展理念,相继提出了"两个一百年"奋斗目标。③ 人的发展是人的潜能不断转化为现实的过程,也是"孤立的人"不断成长的过程。将发展权作为"目的性"首要人权可以说是对于人之成长能力的肯定,也从反面证成了作为现实的而非抽象的、实践的而非概念的"人的存在",

---

① 参见杨鑫:《生存权的基本内涵及其在人权体系中的地位》,《武汉科技大学学报(社会科学版)》2014年第2期,第170页。
② 参见汪习根:《习近平法治思想的人权价值》,《东方法学》2021年第1期,第42页。
③ 参见习近平:《决胜全面建成小康社会 夺取新时代中国特色社会主义伟大胜利》,《人民日报》2017年10月28日,第1版。

是我国法哲学语境下人权理论的必然选择。再者,此种基于发展的人权视角不同于西方人权话语中局限于权利的分毫得失,而是始终抱有开放的姿态为人权增添时代发展的要素。发展权的内容更是与五大发展理念、社会主要矛盾、社会主义理论之间构成相互关联的系统,强调社会机制与"人的存在"间互动价值,克服了以往人权法学的理论"贫瘠","增强其科学性、人民性、时代性、国际性,逐步构建中国特色的人权话语体系"①。

第二节 "关系的人":人权之世界历史性

简单而言,人的自我包含"主我"与"客我"两种认识视角,人权正是观察者视角下主我和客我之间的相互承认,即主我的权利诉求与社会普遍化客我的承认达成一致。② 此时"人的存在"可被理解为"关系的人",自我是参照于客我的一种相对存在,反之亦然。时空视域下,人的世界性反映了空间维度下人权的延伸,人的历史性反映了时间维度下人权的压缩。③ 因而时空观下人权的认识不仅需要考虑主体性价值所带来的人权普遍性标准,更需要认识到在主体间性中人与人的特殊性差异。

---

① 张文显:《在新的历史起点上推进中国特色法学体系构建》,《中国社会科学》2019年第10期,第39—42页。
② 参见于尔根·哈贝马斯:《现代性的哲学话语》,曹卫东译,译林出版社2011年版,第348页。
③ 参见刘志强:《论时空建构下的两对人权范畴》,《法学评论》2017年第1期,第46页。

一、时空建构下的世界历史性

人的世界历史性强调作为社会关系集合的人的时空定位,因而主张从理论走向现实、从抽象走向具体、从地域走向世界的建构过程。人的世界历史性散见于马克思多本著作之中,是马克思哲学理论的核心命题之一,全面阐述了"关系的人"的问题。以下将从三个方面逐一论述有关人的世界历史性认识。

首先,在马克思的辩证法理解中,"人的世界历史性存在"在"市民社会""私有制"等多重"座架"的制约作用下,实际上是"人的'非'世界历史性存在",它作为"人的世界历史性存在"的异化和外化,部分真实地反映了人的现实存在状态,但这种"人的'非'世界历史性存在"绝不是狭隘的地域性存在,而是"人的世界历史性存在"的现实形式。[①] 由此而言,在市民社会的前提下,现实中既存事物受到私有化的影响对人来说便成为异己的内容,因此,回归到对"人的存在"本身的关涉才符合客观历史的规律。在马克思看来,任何社会机制(也即权利结构)都是用以调和公共利益与私人利益之间矛盾的产物,而高度膨胀的生产力必然会压缩公共利益的空间,"关系的人"被视为权利主体而应然拥有内化外部生活的能力。因此,任何排除个人而存在的社会机制都是对于人之世界历史性的否定,亦是对人权的否定,在此"'非'世界历史性"环境下生活是对人之尊严的一种否定。

---

① 参见董晋骞:《"人的世界历史性存在"的实践辩证法内容与人类解放维度——与顾智明先生商榷》,《社会科学辑刊》2010年第4期,第33页。

其次，人的世界历史性构建在"从事实际生活的人"基础之上，不是"某个形而上学的怪影的某种纯粹的抽象行动，而是完全物质的、可以通过经验证明的行动，每一个过着实际生活的、需要吃喝穿的个人都可以证明这种行动"①。先验抑或超验意义上的形式研究忽略了时间维度上人的历史能动特征，将社会机制视为原子式个人的重复堆叠，理性将作为不变的真理穿插其间。而在马克思的视角下，"人的存在"在历史长河中具有双重角色，一方面作为历史的参与者，另一方面作为历史的主笔者，决定了我们在认识人的世界历史性时，只能将之理解为隐含在我们意志与行动中，既作为普遍的人随历史奔腾，又作为特殊的人随自我行动。现代大工业时代将每个人都牵涉在世界的需求中，私有财产作为人的异己存在通过最为普遍的形式成为支配"人的存在"的力量，这种力量使得个人越来越具备世界历史的意义，同时也越来越脱离主体性的价值。因此，认识人的世界历史性必然要求我们主张从抽象走向具体，发掘人作为"世界历史"主体的能动特征。

最后，人的世界历史性的对立面是狭隘地域性，现实场景下民族国家的存在确有相对合理性，但历史的规律告诉我们，共同体的边界将不再受制于地域与民族，人类将因普遍命运的联系而形成世界范围的共同体。人的世界历史性是马克思基于唯物史观深刻思考的巨大突破，纵向上力求揭示人类社会的发展规律，横向上揭示狭隘地域的民族历史转向联系统一的世界历史的过程。② 与之类似的，康德指出由于"人类生活于地球有限的表面这个事实"便决定了突破狭隘地域性

---

① 《马克思恩格斯选集》(第1卷)，人民出版社1972年版，第51页。
② 参见顾智明：《"人的世界历史性存在"与人的实践自觉》，《中国社会科学》2009年第2期，第40页。

的必要，为追求永久和平的状态，每个人内在地作为"世界公民"而存在。可见，一味局限于狭隘的民族认知来解读"人的存在"是不可取的，唯有站在世界历史的角度，从主体间性中寻求人权内容的普遍性。

二、人权的外化：普遍性与特殊性

人的世界历史性是对间性之间"关系的人"的法哲学观点，回应了作为"孤立的人"状态下对人权认识的片面性，也为人权外化显现的不同特征提供了基本的理论支撑。人权的外化，简单来说就是基于对"人的存在"的认知，外显于具体的人权保障中的人权理念、人权制度、人权规范等内容，这种外化行为是一国或一定区域内对于"人的存在"的认知的核心理解的体现。换而言之，人权外化的过程即人权从应然层面到实然层面的过渡。人权虽然在世界范围内达成了一定的价值共识与通行标准，但并不排除各国结合自己的特殊情况在既有人权规范上探索可取的路径与方法，也就产生了人权外化的不同面相，最为直观的体现就是国际人权体系中 A、B 两公约的各自独立签署。[①] 若把人的世界历史性拆分来看，可以简单看作在两个维度上对于"人的存在"在关系中的特征表述，即横向空间维度上表述人的世界性，纵向时间维度上表述人的历史性。

从人的世界性维度来看，人权是一种空间维度上的延伸，即普遍性的权利。自人权概念诞生伊始，普遍性便内蕴其中。不论是《人权

---

① 联合国大会 1966 年 12 月 16 日分别通过《公民权利和政治权利国际公约》(简称"A 约")及《经济、社会及文化权利国际公约》(简称"B 约")，两者与《世界人权宣言》共同构成了国际人权宪章体系的框架。

宣言》《独立宣言》抑或是《世界人权宣言》的文本中,"人人"的表述模式都意在构建一种普遍化的权利。1993年《维也纳宣言和行动纲领》中更是重申了人权的普遍性原则:"世界人权会议重申,所有国家庄严承诺依照……履行其促进普遍尊重、遵守和保护所有人的一切人权和基本自由的义务。这些权利和自由的普遍性质不容置疑。"① 人权普遍性的根源表现在人们对于人权价值的普遍认同,这种价值根植于人性的表达,是人为了有尊严地生活所需要的基本原则。② 经历了血与火的洗礼后,战争的苦痛使人类深刻意识到作为人本身存在的宝贵,这种感情源于每个人对于他者同等经历的移情表达,从而演化为不因地域、身份、民族等因素而被剥夺基本权利的认同,每个人作为世界公民的一分子自觉地尊重他者的存在并恪守最为基本的权利界限。也就是说,人权的普遍性并不在于人权本身具有普遍效力这一事实,而在于间性中"人的存在"所刻画的形象具有世界性维度的这一内容。需要澄清的一个误区是,普遍的人权不等同于均等的人权。功利政治家热衷将人权加以粉饰,并以一个看似"绝对正确"的高标准要求他国人权政策,美其名曰"普遍性"。实则,普遍性所代表的是人们仅凭其作为人就享有这些权利,是在空间维度上拉平自我与客我之间的高度,而这些权利的现实享受仍需受制于客观条件。历史上,西方所极力鼓吹的"普遍人权"也不过是男人、白人的权利,即便在近现代,黑人、穷人也尚未能够完整享受名义上的人权保障。

---

① 中国人权研究会编:《〈世界人权宣言〉与中国人权》,四川人民出版社1998年版,第226页。
② 参见张立伟:《人权的普遍性与特殊性析论》,《西部法学评论》2008年第3期,第124页。

从人的历史性维度来看，人权是一种时间维度上的压缩，是特殊性的权利。人权的特殊性一般被理解为不同国家和地区由于历史传统、宗教文化、价值理念等因素的差别，在追求人权的充分实现过程中，其具体的手段方法和操作模式可以是多元化的，只要不违背保障人权的基本原则，就不该强求一致。① 人权是历史的产物，它的实现同当时的社会发展水平息息相关。人的历史性生发出现实的"人的存在"无往而不在实现人的"世界历史性"的途中，而现实中"'非'世界历史性"因素附着历史、文化、地理等而呈现不同的特征，这恰是人的世界历史性的现实样态。《曼谷宣言》中亦显示了对人权特殊性的理解，"认为尽管人权具有普遍性，但应铭记各国和各区域的情况各有特点，并有不同的历史、文化和宗教背景，应根据国际准则不断重订的过程来看待人权"②。进一步说，也许正是人权的特殊性赋予了人权生生不息的活力，使人在对现实的不满与反抗中不断推演出新兴人权，赋予人权内容以开放性。当今世界，凡能够伫立于一方的族群无不有其自身存在的合理性，正是人权特殊性，"人的存在"才能够享有更为全面的保障。试想若是仅由"公民与政治权利"的话语独霸，那么"经济、社会及文化权利"将成为资本制度性迫害人权的最好工具，保障人之尊严只会沦为一纸空文。因而，特殊性所表现的是时间维度上对"人的存在"认识的高度凝练，并不存在高下之分，应坚持在人权发展过程中独立自主地基于现实状况构建人权保障，而不偏听话语，盲从盲信所谓"普世"标准。

人的世界历史性是人权的基本特征，观照了处于时空视域下主我

---

① 参见徐显明：《对人权的普遍性与人权文化之解析》，《法学评论》1999年第6期，第18页。
② 中国人权发展基金会编：《人权与主权》，新世界出版社2002年版，第227页。

与客我间对"关系的人"的法哲学沉思,也是当代人权话语多样性的理论支撑。为更清晰地说明人权外化的过程,势必需要将人权普遍性与特殊性间的关系厘清。就此而论,两者间的关系或可从两个方面进行理解。其一,普遍性与特殊性是本质与内容的关系。人权外化的过程即人权从应然层面到实然层面的过渡,不难得出人权的普遍性所代表的就是人权的应然层面,人权的特殊性所代表的就是人权实然层面。人权普遍性的支撑在于对人权价值的普遍认同,从另一角度来看这种人权价值本就是人权所追求的应然状态。与之相对的,人权的特殊性是由人的历史性所衍生而出的多元化样态,是基于共同人权普遍价值和现实状况所形成的"未完成"状态的人权,相对于存在于价值层面的应然人权,人权的特殊性所包含的内容正是人权的实然状态。其二,普遍性与特殊性之间不是相互排斥而是共荣共生的关系。普遍与特殊看似是相互对立的关系,其实二者并不在同一层面发挥作用。普遍是价值理念的普遍,特殊是内容形式的特殊,人权的构建离不开二者任一。特殊性代表了主我的自我认知,而普遍性代表了客我的共识认知,人权的外化就是主我与客我之间的相互承认,也即普遍性与特殊性的共荣共生。概言之,通行的国际人权标准与多样的世界人权话语并行是人权外化的必然路径,也是置于时空视域下"关系的人"认识的合理存在。

三、"原则与实际相结合"的时空观论证

时空观下的人权具备世界历史性特征,由此"关系的人"既作为主我亦作为客我,秉持辩证的视角看待人权发展。"坚持人权的普遍性原则与中国实际相结合"是中国人权话语的基本立场,突出反映了

人权之世界历史性的属性,是中国人权理论与人权实践发展的立足点和着眼点。整体来看,空间维度上人权的延伸与时间维度上人权的压缩,二者实际上是时空建构中的两个动态侧面,这也决定了两者间并存保持统一与适度张力的可能性。① 因而,就其中的可能性,大致可基于两点来阐述其合理性。

首先,"坚持人权的普遍性原则与中国实际相结合"是对"人的存在"在时空维度的精确把握,弥补了西方人权观中理论与实践的脱节。该命题的实质在于调和普遍性(空间)与特殊性(时间)之间的矛盾,普遍性被视为原则般的存在,或者说作为最低限度的标准,特殊性则作为实际的操作确保人权的效果,普遍性与特殊性分别对应人权的应然与实然、理论与实践。而在西方的话语内容中却透露出明显的脱节,人权的普遍性不仅涵盖理论并且涉足实践,这恰恰是混淆了"孤立的人"与"关系的人"的存在,或者说在其话语体系中从未有目的性地将二者加以区分。将"孤立的人"高度抽象化的"人的存在"生硬套用在实践的"关系的人"的人权保障中,忽略了人的世界历史性特征,进而没有认识到人权在时空观的视角下不仅存在普遍性亦存在特殊性。也正是这种单一"孤立的人"的认知使得西方语境下"人的存在"仅能局限于政治领域,这种认知当然是高度理想化的、具有浪漫主义色彩的,为"人的存在"描绘了触不可及的乌托邦,注定了其仅是空中楼阁,"关系的人"一如往昔未能够享受到人权甘露的滋润。部分西方国家也意识到现实中人与人的间性差异,并且出台相关福利政策再分配社会财富以维系基本人权,这也就造成了现实与

---

① 参见刘志强:《论时空建构下的两对人权范畴》,《法学评论》2017年第1期,第50页。

理论倒挂的局面。相对地,中国语境下的人权命题不仅将"人的存在"在"孤立的人"视角下凸显主体性,并且在"关系的人"视角下认识世界历史性。但中国的人权观念并非对政治领域的人权持有否定的态度,而是相较于"政治人"所享有的机会平等,更重视"社会人"应当享有的参与平等(也可以说是"机会公正")。显然,这是两个层次的追求,参与的基本平等尚未保障,机会平等的辞藻也不过是光鲜的蜃影。

其次,"坚持人权的普遍性原则与中国实际相结合"与中国传统哲学中的主体观认识一脉相承,并且借助"关系的人"中的镜像机制不断推动人权的发展。在中国传统哲学的思考中,"孤立的人"凭借格物认识自然秩序、反思自我存在,从而达至圣人境界;在对于"关系的人"的认识中将之进一步推演至社会层面,从不曾自诩臻至完满,始终秉持发展的观点认识人权。然则,对于特殊性的强调并非是对于普遍性的否认,而是反映在两者共荣共生的关系之内。特殊性是主我的人权认识,需要对照普遍性客我的视角进行调试,同样,普遍性也需要特殊性的承认来完善普遍性原则,两者互为镜像、反思订正。就此看来,以自身人权标准作为普遍人权法则来苛责他者,显然是陷入了主观主义的陷阱中。实践中,我国坚持人权的普遍性原则,并基于此提出跨越空间维度的人类命运共同体的倡议,同时强调人权的特殊性,鼓励发展中国家积聚时间维度发展经济基础,这些措施均体现了充分理解"关系的人"存在的世界历史性特征,在时空观的视角下诠释人权的发展历程。

第三节 "权利的人":人权话语之全面自由发展

人权话语是"人的存在"对人之尊严的价值借由人权概念进行整合,并通过语言、符号及解释等手段表达自身人权理解的方式。由此,话语的表达已然高度抽象对于人权的理解,并更多地集中于对人与共同体(人之聚合体)关系的阐述。在共同体内,对人之尊严的承认被概括于权利的形式中,人从而可被解读为"权利的人"。每个人不仅是人权的承载者,而且同时也是她或他的权利的(共同)制定者。[①] 西方对抗性的话语模式尽管为个人权利划出"不可侵犯的领地",但潜意识里却工具化了"共同体"的存在,反而禁锢了"权利的人"。我国秉持合作性话语模式,将人的全面自由发展作为话语核心,共同体完成由现实态到理念态的转变,自由人联合体被视为人权的最终归宿。

一、从"共同体异化"到"作为理念的共同体"

在共同体中对于个人权利的绝对推崇将必然导致"共同体的异化"。早期主导西方政治思想的是亚里士多德所言"人自然是趋向于城邦生活的动物"[②] 的政治观念,并认为城邦是"自然的产物",个人与城邦合乎自然的生长便达到了至善。而在近代史上,霍布斯首次明确地挑战了亚里士多德的理想模型,并提出了一种基于个体自然权

[①] 参见格奥尔格·罗曼:《论人权》,李鸿昀、周爱民译,上海人民出版社2018年版,第66—67页。

[②] 亚里士多德:《政治学》,吴寿彭译,商务印书馆1965年版,第7页。

利让渡而建立起来的社会契约论的共同体观点，这个共同体被称为"利维坦"。利维坦的面世割裂了个人与共同体之间的相互关系，并在现世中营造了市民社会与政治国家二元分离的政治逻辑。这就好比上帝既无情地将人舍弃在充满恐惧的尘世间，同时又赋予了人予以防御的至上权利，人权如同戏谑营造般而存在。洛克则在与之对立的层面构建自然状态，并提出了个人相对于共同体的优先性，成为日后西方主流的政治观念。在此观念下，国家被视为个人为满足自身利益和需要、充分实现自身权利，从而根据其意志、愿望而理智地协商和创造的产物。① 这样语境下的共同体仅成为保障安全及满足利益的工具，失去了古典政治中维系善的"生命力"。诚然，对于个人权利的承认是现代政治理念的一大进步，黑格尔曾言，"如果主体性和人权的自主领域不被承认，那么伦理实体和最坚实的公民共同体就注定会灭亡"②，而如果没有某种"神性"的调节和平衡自由之个人的特殊利益和承认关系，这种个人权利的绝对推崇又将导致共同体自身出现"物化"，共同体不免陷入"异化悖论"之中。

复归到理念意义上的共同体，个体与共同体重新达成和谐关系。共同体的"异化悖论"使得哲学家们不得不重新反思个体与共同体之间的关系，不仅需要将个体视为目的，也要将共同体视为目的，既要使权利成为共同体发展过程中积极的而非消极的要素，也要使共同体成为权利实现过程中积极的而非消极的要素。③ 德国观念论法学家选

---

① 参见黄涛：《自由、权利与共同体——德国观念论的法权演绎学说》，商务印书馆 2020 年版，第 305 页。
② 洛苏尔多：《黑格尔与现代人的自由》，丁三东等译，吉林出版集团有限责任公司 2008 年版，第 225 页。
③ 参见黄涛：《自由、权利与共同体——德国观念论的法权演绎学说》，商务印书馆 2020 年版，第 313 页。

择将社会契约论改造成一种理念,从而将共同体重新复归于亚里士多德的政治学传统中。这里的理念所阐明的不仅是个体的自由,而且是所有人的自由,亦即"一部按照使得每一个人的自由能够与其他人的自由共存的法律而具有最大的人类自由的宪法"①。只是此处"人作为城邦的动物"不再是本初意义上的自然属性,而是理念上的"自然"属性,共同体也借助理念意义上的存在而重新复归于权利关系的构建。经过演绎,权利与政治逻辑内部之间存在同一性,权利不仅建立在个人的理性之上,同时也奠定在共同体的理性之上,即个人之间的相互承认和对理念上共同体的承认。人权所关涉的主要问题是解决个人权利与国家权力的紧张关系,理念意义上的共同体与个人达成一致,实现了双方的和谐。共同体单方面的沉默无益于进步,甚至阻滞人权直面丰富的现实世界所应当保有的开放性。总而言之,对共同体的重新理解克服了传统人权理念下个人权利极具膨胀及对于责任的近乎缄默的态势,为合作性话语模式提供了基本交流平台。

另外,作为理念的共同体最大程度上反映了个体同共同体间共识性的"共同价值"基础,人权话语不止于孤立的、主体的利益,不阻于关系的、间性的猜忌,而是追求权利的、整体的幸福。作为应有权利,合作权是公民与国家基于人权义务共同保障的核心权利;作为法定权利,合作权是宪法规范的规定,通过国家与公民之间达成共识而作为法定权利存在;作为实有权利,合作权是公民与国家之间就人权进行交流与妥协的实际权利。② 相较于"共同体异化",复归到共同

---

① 康德:《纯粹理性批判(注释本)》,李秋零译注,中国人民大学出版社 2011 年版,第 256 页。
② 参见刘志强:《论共同价值作为人权基础论证范式》,《学术论坛》2022 年第 4 期,第 11 页。

价值范式中的合作关系氛围，尤其在多主体的参与下，可以包容差异、分歧的世界观或价值观，甚至容纳质疑与反对的声音，更加能够表现出现代人权话语丰富的内涵。

二、人权的归宿：自由人联合体

马克思在《共产党宣言》中宣称，人类社会发展的终极目的是构建"自由人联合体"——代替那存在着阶级和阶级对立的资产阶级旧社会的，将是这样一个联合体，在那里，每个人的自由发展是一切人的自由发展的条件。[①] 在其中，蕴含着这样的逻辑构成：个体的自我完善和发展不只是停留在个体需要及其满足和不受他人及政府权力侵害和妨碍的范围内，只有在"自由人联合体"的范畴中，个体的自由与社会的自由达成高度统一，个体的人格、创造、独立等特质才能实现其最高和最完善的发展，既承认个体自由的高度开放，又不妨碍正常的社会秩序。需指出，"自由人联合体"并非契约下诞生的"共同体"实体，而是个人与共同体统一的真正共同体。在"权利的人"的面相下，为解决个人与共同体之间的尖锐矛盾，西方哲学家大多选择以原初契约的形式对公域及私域作出了严格的界分，描绘出"有限政府"的现代政治雏形。但在西式语境下"孤立的人"是抽象的、绝对的、趋恶的，自私逐利的个人通过契约将共同体演变为利益交换的平台，共同体反而成为人全面自由发展的阻碍。马克思摒弃了个人优先的解决路径，批判性地提出"每个人的自由发展是一切人的自由发展的条件"[②]，解

---

① 参见马克思、恩格斯：《共产党宣言》，人民出版社 2017 年版，第 51 页。
② 《马克思恩格斯文集》(第 2 卷)，人民出版社 2009 年版，第 53 页。

除了个人与共同体天然对立的固化认知。虚假的共同体是资本主义社会的政治形式，为缓和日益激烈的个人利益与普遍利益的冲突，采取国家这种与实际个体利益及全体利益相分离的形式，其所代表的仅是统治阶级的共同利益而非普遍的"人的存在"的公共利益。① 自由人联合体的基础在于每个"孤立的人"的现实性，个人扬弃"强制劳动"而真正按照自我意志自由行动，共同体普遍利益与"权利的人"特殊利益、个人权利与集体权利达成统一，从而联合形成真正的共同体。

在"自由人联合体"中，人的全面自由发展在一定程度上意味着个人能力的全面发展，抑或言之，与之相联系的社会关系不仅是其自我的关系，也是服从于自我的关系。个人能力的全面发展有赖于权利的保障，因此在"自由人联合体"中，个人的权利被视为个体自我完善及发展的固有资格与能力，国家在现有生产力的基础上应当尽可能为人的全面自由发展的权利营造可能。质言之，"人的存在"从未能够逃离共同体而孤立存在，那些将人与共同体割裂看待的人权理论恰恰忽略了人权的归宿。在全面自由发展的人权话语中，"人的存在"最大程度上被尊重，人不为任何存在所役使从而回归人之主体性本身。实现人的全面自由发展是从人类社会发展的终极意义和价值取向上来界定的，这种话语的构建对于当今普遍为物所异化的阶段而言是有必要的。次之，自由人联合体强调人的全面自由发展由人的社会实践活动所推动，人的发展史就是社会发展史。因而，人的发展状况是社会发展的重要标志，顺应历史客观规律实现人权话语的自由全面发

---

① 参见解丽霞、梁曙光：《阶级解放、劳动主体与共产主义——〈共产党宣言〉的政治哲学阐释》，《哲学研究》2020年第8期，第33页。

展是社会发展的必然要求,也是马克思主义对于"人的存在"的根本价值追求。① 概言之,人权的归宿就在于构建"自由人联合体",在于实现人的全面自由发展。

三、"人民幸福生活"的合作观论证

幸福生活象征人对于未来的美好憧憬,表现在"权利的人"对于自由人联合体内每个人的全面自由发展的期盼。2018 年 12 月 10 日,习近平总书记首次提出"人民幸福生活是最大的人权"这一中国人权话语的最新成果,并指出"中国发展成就归结到一点,就是亿万中国人民生活日益改善"②。拆解来看,该命题中包含了人民主体论、幸福生活权以及最大涵盖性三个方面的观点陈述,集中表述了"权利的人"面相下的合作性话语,从主体话语、内容话语、体系话语反映了对全面自由发展价值的追求。

首先,"人民幸福生活是最大的人权"所秉持的主体话语构成"人民主体论"。人民作为类存在的特征契合"权利的人"面相,即人在共同体中不仅作为个人而存在并且作为共同体的一分子而存在。在"作为理念的共同体"内,"权利的人"与共同体之间重新达成调和,也即弱化了人权的防御性机制,将"人的存在"视为共同体发展的一部分,合作的成分逐步超过对抗的内容。进一步来说,西方语境下攻击我国人权以集体泯灭个人的存在,实则是对于"人的存在"的

---

① 参见朱荣英:《马克思人的全面发展理论的逻辑理路及其价值旨归——兼论促进人的全面发展是中国特色社会主义的最高命题》,《河南大学学报(社会科学版)》2018 年第 2 期,第 13 页。
② 《习近平致信纪念〈世界人权宣言〉发表 70 周年座谈会强调 坚持走符合国情的人权发展道路 促进人的全面发展》,《人民日报》2018 年 12 月 11 日,第 1 版。

狭隘解读。在与共同体的合作机制中，孤立的个人受特殊性的制约，往往并不能够完整反映"权利的人"的全面诉求而沦为统治阶级篡夺利益的工具，很难与共同体在合作中保持均势，追求全面自由发展。"人民"不仅能够很好地统合共同体内的共同诉求，而且群体的力量能够最大程度地与共同体权力形成均势进行合作。唯物史观下，人民是历史的创造者，代表了历史的发展方向，以人民作为主体话语的构成是符合客观历史秩序的。习近平总书记曾说："广大人民群众共享改革发展成果，是社会主义的本质要求，是我们党坚持全心全意为人民服务根本宗旨的重要体现。我们追求的发展是造福人民的发展，我们追求的富裕是全体人民共同富裕。"① 因此，人民的全面自由发展代表的是所有人的解放，是每个人向"自由人"实现的历史发展路径，是社会主义路径下人权话语的必然选择。

其次，"人民幸福生活是最大的人权"所秉持的内容话语构成"幸福生活权"。幸福生活权是既有权与期待权的复合、政治权与经济权的复合、法定权与道德权的复合，② 是一项综合性、开放性的权利。而西方话语内共同体仍维持现实态认知，人为割裂了共同体与个体间的关系，将人权视为战利品或是恩赐物。质言之，源于人之尊严的权利不应简单以正面列举的方式进行权利体系的梳理，此种模式选择会固化人权的范围，限缩人权解释空间，相对之，与其列举为可为权利，不如表述为应为权利，保持人权内容的开放性与扩大人权解释的范围。幸福生活权在目的上亦代表一种个体与共同体之间的和谐氛

---

① 《中共中央召开党外人士座谈会 征求关于制定"十三五"规划的建议的意见》，载新华网，http://www.xinhuanet.com/politics/2015-10/30/c_1116995911.htm，2021年8月8日访问。

② 参见刘志强、闫乃鑫：《论作为人权的幸福生活权》，《人权》2020年第6期，第123页。

围，共同体作为理念态与人权诉求相统一，这种和谐的氛围建立在双方的相互信任与合作之上，是"权利的人"全面自由发展走向自由人联合体的基础。相对之，西方不仅在抗击疫情中践踏基本人权，罔顾生命流逝，更是将国家贱卖于资本势力，彻底沦为制度性剥削人权的手段。可见，"人的存在"只有与共同体处于合作关系并相互促进方能够达成自由人的联合体，实现自身的、充分的、不受限的自主活动。

最后，"人民幸福生活是最大的人权"所秉持的体系话语构成"最大涵盖性"。何谓"最大人权"，西方传统人权语境下人权只有诉求内容不一，但权利的权能却几乎未曾区分高低大小。同样，此处的最大修饰也并非是对于人权权能的划分，而仅就"包容性"特征所作的描述，主要体现在三个方面：主体的广泛性、内容的丰富性以及体系的综合性。其一，幸福生活权的主体为人民，具体到我国语境下所代表的是全体劳动者。马克思曾言："生产者阶级的解放是不分性别和种族的全人类的解放。"① 换言之，人民所涵盖的范围甚至可以扩展为全人类中向往全面自由发展的人，而"权利的人"作为天然的政治生物与共同体并存，最终的归宿就在于自由人联合体。这个意义上而言，人民的主体广泛性比以往任何时代的人权享有者都要接近人权的本质。其二，幸福生活权的内容不单是可为权利的简单相加，更是对于应为权利的"束集"表达，使权利主体"幼有所育、学有所教、劳有所得、病有所医、老有所养、住有所居、弱有所扶"②。因而，幸福生活权不仅是独立的人权概念，也是现有人权体系下诸项权利的集

---

① 《马克思恩格斯文集》（第3卷），人民出版社2009年版，第568页。
② 习近平：《决胜全面建成小康社会 夺取新时代中国特色社会主义伟大胜利》，《人民日报》2017年10月28日，第1版。

合，其内容的丰富性超越以往任何人权的保障范围。其三，就"人的存在"解读来看，幸福生活权寄托于"权利的人"的面相，是"孤立的人""关系的人"逐层认知下的人权建构的归宿。就价值追求而言，幸福生活追求的是人的全面自由发展，对应我国共同富裕理想的实现，其项下特定人权分别寓示全面小康的建成（免于贫困的权利）或温饱状态的达成（生存权）。就话语模式入手，幸福生活代表了合作性话语，是对传统对抗性话语的超越与升级，凸显了全面自由发展的核心。概言之，最大的人权集中体现在其最大涵盖性上，幸福生活权以其独有的价值阐释了东方哲学语境下对于"权利的人"的理解，体现了中国人权治理过程中的智慧结晶。

小　结

综上，我们可以从上述论证中提炼出一个"人的存在"体系构造，旨在解读中国人权事业的生动实践，为中国人权话语提供法理支撑。这个体系构造，如图2-1所示，即以"人的存在"概念作为概念支点和体系原点，以自然、他者、共同体作为参考系，分别延展出第一、第二、第三人称视角下的人权面相。在横向上，可发散至四个阶级。第一阶级讨论以人为中心比照三种参考系的不同视角，明确体系发展方向。第二阶级讨论在人的存在中孵化，衍生出三个平台认知形象，概括特征为孤立的、关系的与权利的。第三阶级讨论将这一理解演进至人权体系内，突出表现为三个面相：人—人权—人权话语。第四阶级进一步讨论至更深层次的价值基础与话语表征，从主体到时空至合作的递进观念，诠释中国三个特色人权命题。在纵向上，从上

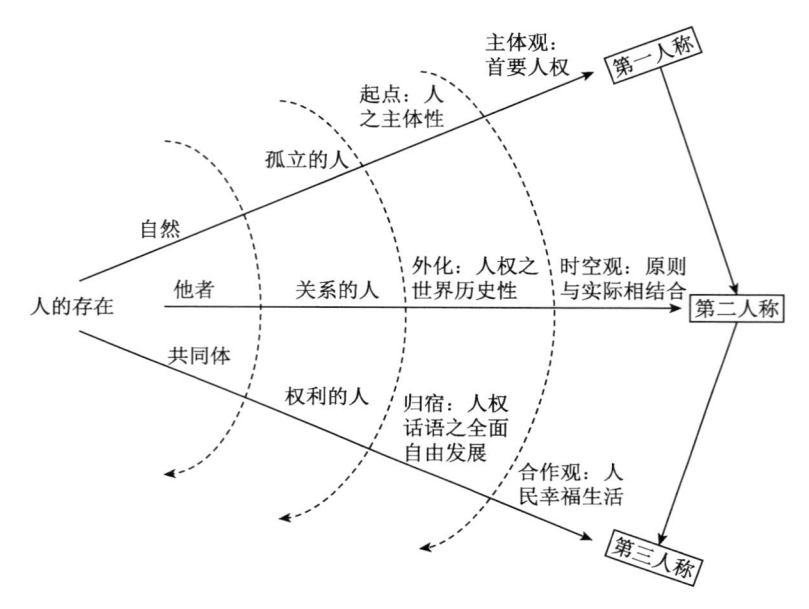

```
                                   主体观:
                                   首要人权
                         起点: 人          ┌──────┐
                         之主体性         │第一人称│
                孤立的人                  └──────┘
         自然                                    │
                   关系的人    外化: 人权之   时空观: 原则
           他者              世界历史性    与实际相结合
人的存在                                        ┌──────┐
                                              │第二人称│
           共同体                              └──────┘
                   权利的人    归宿: 人权
                              话语之全面
                              自由发展
                                   合作观: 人
                                   民幸福生活
                                              ┌──────┐
                                              │第三人称│
                                              └──────┘
```

图 2-1 "人的存在"体系构造

至下可以在三个层面上进行理解：一个层面在于视角的变换使得对"人的存在"认知视野逐渐扩大化、客观化；另一层面在于递进关系，往往上层内容是下层内容的前提与支撑，外显在人权的不同阶段（起点、外化、归宿）；再一层面在于观念的承继发展，从要求"生存发展"保障到"应然实然"转化再到"幸福生活"追求，反映出不同路径下对人权发展的有效思考。

举其要而言，"人的存在"这一概念，分别对照自然、他者及共同体递进演绎出人之主体性、人权之世界历史性和人权话语之全面自由发展。"孤立的人""关系的人"和"权利的人"三重面相的递进式表达一方面代表了"人—人权—人权话语"的演绎进路，另一方面也观照了不同人称视角下对于人权话语的理解："孤立的人"是对照自然而凸显主体性的人，作为第一人称视角是人权概念的起点，主体观话语表述了人权权重序列；"关系的人"是比对他者而反映世界历史性的人，作为第二人称视角是人权外化的统一，时空观话语阐明了人权发展模式；"权利的人"是参照共同体而强调全面自由发展的人，作为第三人称视角是人权话语的归宿，合作观话语陈言了人权建构基础。三种面相下"人的存在"分别为我国人权话语的命题提供了法理上的支撑，"生存权与发展权是首要的基本人权"表达了东方哲学中对于"孤立的人"的权利位阶判断；"坚持人权的普遍性原则与中国实际相结合"映射了"关系的人"为何使人权外化呈现出多元化现状；"人民幸福生活是最大的人权"描绘了"权利的人"怎样在自由人联合体中才能达成幸福生活。

第三章 中国人权法学的基础论证范式

2015年9月28日,习近平主席在第70届联合国大会一般性辩论发表的演讲中首次提出:"和平、发展、公平、正义、民主、自由,是全人类的共同价值。"① 人类"共同价值"是习近平法治思想的重要概念,也是新时代中国人权话语体系的理论基础。在学理上,价值作为人权的论证依据是人权的实质基础;规范作为人权的论证依据是人权的形式基础。在构建人类命运共同体的语境中,两种基础在共同价值的涵摄视域下相互转化,有助于缩小应然与实然的差距、促进全人类人权事业的发展和进步。

从习近平总书记提出共同价值这一重大命题以来,学术界就此问题主要围绕共同价值与"普世价值"的区别进行了学术辨析。② 举要

---

① 从2015年到2021年,习近平总书记在联合国大会、致纪念《世界人权宣言》发表70周年座谈会的贺信、庆祝中国共产党成立100周年大会等重大场合,多次谈到全人类共同价值。参见习近平:《坚持和弘扬全人类共同价值》,载求是网,http://www.qstheory.cn/zhuanqu/2021-07/08/c_1127635829.htm,2021年9月19日访问。

② 关于共同价值与"普世价值"的辨析,参见汪庭友:《"共同价值"不是西方所谓"普世价值"》,《红旗文稿》2016年第4期;林柏海、杨伟宾:《习近平"共同价值"思想与西方"普世价值"论辨析》,《思想理论教育导刊》2016年第8期;张夏、雷骥:《全人类"共同价值"的基本内涵和时代价值——兼论与西方"普世价值"的区别》,《思想教育研究》2016年第7期;任帅军:《"普世价值"还是共同价值:关于人权价值的辨析》,《南昌大学学报(人文社会科学版)》2016年第6期;鲁品越、王永章:《从"普世价值"到"共同价值":国际话语权的历史转换——兼论两种经济全球化》,《马克思主义研究》2017年第10期。

言之,"普世价值"与共同价值,是抽象人性论与价值共识论、价值一元论与价值多元论的区别。严海良认为,"普世性"既包含了普遍性,也包括了永恒性。① 由此可见,"普世价值论"混淆了人权的"普世性"与普遍性。从人权的普遍性来说,法国学者诺伯特·鲁兰教授指出每一个国家对人权问题都会有结合自己国家文化背景的理解、描述、调整和适用方法。② 就共同价值与人类命运共同体关联来说,张文显认为"人类命运共同体是利益共同体、价值共同体,也必然是人权共同体","人类共同价值是人权共同体的法理根基"。③ 我们认为,这一判断切中肯綮。但学术界对共同价值作为人权价值基础、论证范式,并没有进行充分的学术梳理和理论证成。为了突破"普世价值论"藩篱,论证共同价值作为人权基础的支撑,重建具有包容性、融贯性、共通性人权论证理论的框架,本章拟按以下思路进行论证:首先,对人权基础理论论证范式的危机进行梳理,通过回溯性建构普世价值范式、差异价值范式两个理念类型概念来整理、诠释两种理论模型,进而寻绎人权论证理论的发展轨迹和转换规律,以便重构超越二者的共同价值范式。其次,对人权论证范式转换与共同价值体系的理论关联进行建构,在共同价值的阶层体系上重构更具包容性的共同价值范式。最后,对共同价值范式以及人权共同体治理进行理

---

① "universal"既可以译为"普世性",也可以译为"普遍性",但"普世性"与"普遍性"的差别是,"普世性"既包含了普遍性,也包括了永恒性。参见严海良:《作为独特权利的人权》,《人权》2021年第2期,第168页。

② 法国学者诺伯特·鲁兰教授在中国人权研究会举办的"中国第四期国家人权行动计划:回应与举措"云上边会上,做了《关于人权的普遍性问题》的发言。参见《中外专家共话中国第四期〈国家人权行动计划〉》,载中国日报网,https://tj.chinadaily.com.cn/a/202109/29/WS61546840a3107be4979f0a25.html,2021年10月1日访问。

③ 张文显:《新时代的人权法理》,《人权》2019年第3期,第24—25页。齐延平教授也认为共同价值是人权文化的正当性根基,参见齐延平:《中国人权文化的正当性根基》,《法制与社会发展》2018年第2期,第161页。

论阐释,共同价值范式需要人权共同体的制度性支持,秉持共商共建共享的全球治理观,以消解人权理念的分歧,凝聚共识性人权法理。

第一节　两种人权基础论证范式的危机

托马斯·库恩提出的"范式"概念是科学共同体共享的一套世界观和解释体系。① 在特定时期内,范式为研究者提供诠释信息的框架以及定义真假的方法。范式危机是旧范式面对新情况、新问题所遭遇的质疑和挑战。范式转换是由于旧有的世界观难以包容异常事态(anomalies),进而导致科学发生革命性、根本性的范式变革,即新范式取代旧范式的过程。范式理论的内在逻辑和科学本质不仅适用于自然科学,也可以用来解释社会科学,比如哈贝马斯使用"法律范式"指涉内涵于法律体系之内的"社会图景""社会理想""社会模式"。② 人权论证范式则主要是从本体论的角度对人权的来源和哲学基础进行解读和阐释。国内学者根据人权正当性之理论证成的基础、路径、模式对人权论证范式进行归纳,分类方法主要有三种:"两分法""三分法"与"四分法",并且分别主张向"关系性范式""中国特色先验人权观"或"尊重范式"转向。③ 我们认为,如果说"合法性危

---

① 参见托马斯·库恩:《科学革命的结构》,金吾伦、胡新和译,北京大学出版社2012年版,第40—47页。
② 参见尤尔根·哈贝马斯:《在事实与规范之间——关于法律和民主法治国的商谈理论》,童世骏译,生活·读书·新知三联书店2014年版,第486—487页。
③ "两分法"主张"主体性范式"向"关系性范式"转向。参见严海良:《人权论证范式的变革——从主体性到关系性》,社会科学文献出版社2008年版,第24—36页。"三分法"包括"超验人权观""经验人权观"与"先验人权观"。参见周刚志:《论人权论证的三种范式》,《中南大学学报(社会科学版)》2020年第1期,第65—74页。"四分法"认为存在过"自然法范式""功利主义范式""尊严范式"和"关系范式"四种人权来源的证成模式。参见管华:《人权证成范式批判》,《人权》2016年第1期,第16—31页。

机常常是价值体系的危机",那么人权论证的范式危机也常常是价值基础的危机。① 因此,有必要回到作为人权论证理论起点的价值观念来考察人权论证范式的危机,进而寻绎范式转换的规律所在。

一、普世价值范式的危机

普世价值在西方一般被认为是永恒不变、绝对正确的价值。虽然在哲学上这种价值是否存在值得怀疑,但并不妨碍我们检讨以普世价值论、普世价值观为基础建构的人权论证理论。② 陈先达指出:"普世价值论的哲学基础有二:一是抽象人性论,它是由人性共同性推论出价值的普世性;二是形而上学的价值不变论,它是由人性的永恒性断定存在一种永恒不变的价值。"③ 西方普世价值论的发展历程经过"从宗教的普世主义到神学家和宗教伦理学家倡导的普世伦理,再到现在成为西方强势话语的所谓普世价值"④。当代西方中心论的普世价值观以资本主义私有制为基础、以个人主义为核心,把资产阶级的自由、平等、人权奉为绝对永恒的价值观念。

普世价值范式基于抽象的"人性"、先验预设的道德共性或者个人主义的"个体"来论证"人权至上"。⑤ 自霍布斯以降,滥觞于17、

---

① 参见奥利斯·阿尔尼奥:《作为合理性的理性:论法律证成》,宋旭光译,中国法制出版社2020年版,第330页。
② 关于"普世价值"的概念辨析文献极多,在此仅就是否存在的正反观点各举一例。参见李德顺:《怎样看"普世价值"?》,《哲学研究》2011年第1期,第3—10页;陈先达:《论普世价值与价值共识》,《哲学研究》2009年第4期,第3—9页。
③ 参见陈先达:《论普世价值与价值共识》,《哲学研究》2009年第4期,第3页。
④ 同上。
⑤ 个人主义的核心主张是个人对于任何社会集体之要求都具有道德优先性。参见约翰·格雷:《自由主义》,曹海军译,吉林人民出版社2005年版,"导论",第2页。

18 世纪的自然权利与"天赋人权"学说都以原子式"个人"为出发点。传统的普世价值范式从"上帝面前人人平等"的宗教概念中抽象"不可剥夺"的神圣权利,比如汉弥尔顿写道:"人类的神圣权利并不能从古老的羊皮纸文件或陈旧的纪录里搜查得到……它们就如阳光一样,是上帝的手写在我们人性的整个书卷上,所以它永不能被必死的(人类)的权力删除。"① 虽然"神赋人权说"已经式微,但是一直占据主导地位的自然权利论,仍然坚持从预设的"人性"展开推论,比如詹姆斯·格里芬、阿兰·布坎南、阿马蒂亚·森分别从人格地位、平等地位和可行能力的角度出发来表述当代的自然权利。② 但是这种范式遭遇了"可能性"的危机:第一,所宣称的人权该如何实现?如拉兹所说:"假定权利的价值并不足以论证权利的存在,换言之并没有回答为什么其他人有义务确保权利者享有该权利?"③ 比如美国《独立宣言》就宣称"人人生而平等",但是奴隶、土著、女性却被长期排除在外。第二,主张人权是人应当享有的最低限度的权利,但是如果没有明确的限度标准,人权如何付诸实践?如何避免人权的任意性或"泛滥化"?第三,这些人权理论的思考既不是从国际人权实践中产生的,也不能对人权在国际实践中的作用作出有力的说明。④ 因此,普世价值范式难以解释国际法秩序的变迁,也难以因应国际人权实践需要有效的规范解释。

---

① Dershowitz, *Rights from Wrongs: A Secular Theory of the Origins of Rights*, New York: Basic Books, 2004, pp. 1-2.
② 参见严海良:《全球化世界中的人权——以拉兹为视角的展开》,法律出版社 2015 年版,第 3—4 页。
③ 同上。
④ 参见严海良:《作为独特权利的人权》,《人权》2021 年第 2 期,第 168 页。

二、差异价值范式的危机

差异价值是多元主义、差异政治的价值观,是对文化传统、社群伦理中真实存在的多元价值或信仰的描述。① 传统伦理学(道德哲学)和自然法思想认为,可以找到道德性的客观基础作为判断价值对错、优先次序的标准。但是这种看法遭到近代实证主义哲学、认识论之不可知论不断地质疑和挑战。② 从经验论来说,世界各地不同社会、不同民族的文化具有地方性,甚至同一社会中的不同个人的价值观点也会有很大差异。从知识论的角度来说,哪种"地方性知识"或者个人价值准则、信念绝对正确是无法证明的,即不可知。③ 这种结合经验论与知识论的论述,直观地反映了现代社会价值标准多元且难以取舍的实情,也因此走向特殊主义、相对主义的价值观,对普遍性的价值命题则抱持一种消极怀疑的态度。

差异价值范式是在反思普世价值范式之人权论证的缺陷过程中产生的。首先,普世价值范式认为人权依靠主权实现。汉娜·阿伦特曾说过:"根本不存在的'抽象'个人,事实上,即使连野蛮人也生活在某一种(具体的)社会秩序当中。"④ 所以当人民不是任何主权国家的公民时,人权就无法被实现。其次,从差异政治、多元文化的视角

---

① "差异价值"的概念受到差异政治的启发。参见王敏:《多元文化主义差异政治思想:内在逻辑、论争与回应》,《民族研究》2011年第1期,第11—23页。
② 关于"实证主义哲学"与"价值之不可知论"的论述,参见颜厥安:《法与实践理性》,中国政法大学出版社2003年版,第333页。
③ 关于"地方性知识"的概念,参见克利福德·吉尔兹:《地方性知识》,王海龙、张家宣译,中央编译局出版社2004年版,第57页。
④ 阿伦特:《极权主义的起源》,林骧华译,生活·读书·新知三联书店2008年版,第383页。

看来,"传统自由主义的普遍主义政治强调所有公民均享有平等的尊严,主张公民权利与公民身份平等化是以牺牲差异、少数和多元化为代价的,'无视差异原则'实际上是一种文化霸权"①。抽象、普遍的人性论所主张的形式平等观,确实割裂了人的独特性、多样性与其所处的具体的、特殊的社群或文化共同体的差异性之间的内在关联。因此,差异价值范式反对超越时空的、绝对的人权理论,提倡采取相对主义的论证进路来顾及历史传统、文化差异和社会脉络,证立政治人权、法律人权或具体人权。② 因此,面对全球化的挑战,地方化知识特色的人权概念难以说明人权的普遍性,人权实践也面临着国际人权与国内人权"双重标准"的困境。拉兹试图构建一种"共时普遍性"的人权论证路径,但这种历史性、政治性的人权理论遭到了"正当性"的质疑:"径直把人权理解成为应当由公正、可信赖的国际机构强制实施的法律权利,不仅可能违反他本人此前所提供的权利论证的正当性原理,而且过于武断,欠缺对人权之所以是法律权利的充分论证。"③ 所以说,差异价值范式也只是范式转换的过渡阶段,并未进入人权理论、人权理解、人权实践基本共识的新常态。

通过梳理两种人权基础论证范式的危机,不难发现,普世价值范式存在"可能性"的危机,差异价值范式存在"正当性"的危机。而共同价值作为全人类价值观的最大公约数,能为跨国性的人权问题以及包容性的规范框架提供基础性、共通性的价值依据。只有建立在这种共识性的价值基础上的人权主张,才能借由价值共识赢得学术界和

---

① 王敏:《多元文化主义差异政治思想:内在逻辑、论争与回应》,《民族研究》2011年第1期,第12页。
② "绝对主义"与"相对主义"两种人权论证进路的对比,参见甘绍平:《人权论证的绝对主义与相对主义进路》,《哲学动态》2013年第8期,第8页。
③ 严海良:《作为独特权利的人权》,《人权》2021年第2期,第184页。

实务界的支持与回应，通过共同价值体系的"公度性"①，进而形塑全人类"应有之权"的价值前提。

第二节　共同价值范式及其体系结构

普世价值范式从个人绝对优先的立场阐述人权构想，差异价值范式论述的是集体优先于个体的人权方案，但是二者均未能把握住个人与集体的关系性才是人权论证的关键。因此，我们需要超越普世价值范式、差异价值范式，建构共同价值范式以支撑人权基础。按照马克思所说，"人的本质是社会关系的总和"②，并根据"符合人的尊严的生活"的三个标准，我们认为，共同价值不仅是一种新的人权论证范式，而且蕴含着一种价值体系，可以从中分为"三阶六层"。(1)共同生存阶段：以和平与发展为主题；(2)共同发展阶段：以公平与正义为目标；(3)共同幸福阶段：以民主与自由为理想。③ 就共同价值体系性而言，共同生存是全人类的基础需求，共同发展是全人类的尊严保障，共同幸福是全人类的终极目的。从共同价值阶层性来说，不同需求的先后顺

---

① 所谓"公度性"，按照泰勒的说法，这种就人权达成的非强制性国际共识类似于罗尔斯所提出的有关正义的"重叠共识"。"就是说，不同的群体、国家、宗教社群以及文明，尽管在神学、形而上学和人性等问题上持有互不相容的根本性观点，但仍然可以就应当制约人们行为的某些特定的规范形成一致意见。各方将以自己的方式、从自己深层的背景观念出发，提出对这个共识的合理性证明。"参见查尔斯·泰勒：《关于人权非强制性共识的条件》，刘擎译，载许纪霖：《全球正义与文明对话》，江苏人民出版社2004年版，第147—174页。
② 《马克思恩格斯全集》(第7卷)，人民出版社1965年版，第588页。
③ "符合人的尊严的生活"有三个方面内容：生存、社会生活和自我实现。参见格奥尔格·罗曼：《论人权》，李宏昀、周爱民译，上海人民出版社2018年版，第39页。对共同价值体系三阶六层的归纳受到傅佩荣先生解析"孔子的价值观"的启发。参见傅佩荣：《解析孔子的价值观》，《哲学与文化》1999年第6期，第506—517页。

序、阶层定位十分清晰。从共同价值流动性来讲，对于所有人类的正面价值都给予充分的开放、包容和肯定，并在为其进行适当定位的基础上，继续建构其他进阶的价值。需要说明的是，"全人类共同价值"思想虽然沿用了旧的语词，但是在范式转换的过程中被赋予了新的内涵。

一、共同价值体系的共同生存

在共同价值体系的共同生存维度中，和平和发展是人类的生存性价值观。① 从否定论来说，没有和平就难以生存和发展。因此和平是全人类最普遍、最长久的共同心愿，是首要人权（生存权、发展权）的前提和基础。从肯定论来说，生存权、发展权是首要人权，前者是前提条件，后者是高级形态，二者统一于发展、依存于发展。"新时代的生存权更加追求生存的品质和生活的质量，新时代的发展权更加注重人的全面发展。"② 从人类共同的历史经验来说，"世界大战""赢者通吃""零和博弈"对他者的生存、安全、发展构成威胁。因此，共同价值强调和平与发展两大世界主题，通过和平权与发展权维护人类的共存关系，避免战争、死亡以及由此衍生的恐惧。

1. 和平：从消极和平到积极和平

全人类对生命抱持肯定的立场是毋庸置疑的，"活着"是全人类最基本的愿望，是一切价值增益的首要前提。因此，"热爱和平，反对战争"是人类最基本的共同价值共识，战争必然引起杀戮和死亡，

---

① 参见林伯海、杨伟宾：《习近平的人类共同价值思想初探》，《当代世界与社会主义》2016年第2期，第166页。
② 参见张文显：《习近平法治思想理论体系》，《法制与社会发展》2021年第1期，第41页。

威胁人类共同生存的物质基础。如果没有和平、稳定的生存环境,人类的存续都成问题,唯有避开战争的祸乱,世界人民才有和平共处、安定繁荣的可能。

首先,从历史原因来看,和平遭遇战争及其隐患的威胁。第二次世界大战之后,和平的概念,虽然通过联合国的建立,已经开始成为国际社会的共识。但是因为核武器等大规模杀伤性武器的震撼效果,使全世界进入"既非战争,也非和平"的紧张状态。伴随地区冲突、局部战争、恐怖袭击对安全的威胁,和平之内涵也发生转变,从"反对战争"转换为"消除战争之隐患"。和平的理念对于世界人民而言已经不再是避免发生战争即可,而是发展成了和平权,这是和平权作为基本人权被提出的主要原因。

其次,从国际人权法来看,和平既是道德理念,也是一项权利。因为和平已经不再是一种单纯的理念,国家必须进一步保障人民的心灵可以在平时享有不受战争威胁的平和。也就是说,和平不仅只是人民的"反射利益",而应成为人民之"权利"。和平权作为人民所应享有之一种独立权利,已为联合国所确认。①

最后,从概念变化来看,和平包括"消极和平"与"积极和平"两种状态。传统概念认为没有战争就是和平,但是核威胁以及地区性、世界性的"危机状态"不断出现,即便没有战争,人民也仍然处于受到战争威胁的恐惧状态,因而单纯消弭战争或暴力状态的和平,

---

① 联合国大会在1984年11月12日通过《人民和平权利宣言》,内容包括:"1. 庄严宣布全球人民均有享受和平的神圣权利;2. 庄严宣告维护各国人民享有和平的权利和促进实现这种权利是每个国家的根本义务;3. 强调如要保证各国人民行使和平权利,各国的政策务必以消除战争,尤其是核战争威胁,放弃在国际关系中使用武力,以及根据《联合国宪章》以和平方式解决国际争端为其目标;4. 吁请各国和各国际组织在国家和国际一级均采取适当措施,尽最大力量协助实现人民享有和平权利。"

仅仅是"消极和平"。而"积极和平"要求在肯定生命价值、人性尊严的基本前提下，建构促进社会公平正义、人际和谐关系、消除威胁安全的社会结构。前者处理的是战争、冲突所造成的伤害、死亡的"直接暴力"，后者解决的是间接的"结构性暴力"，也就是因为政治、经济、社会或文化制度所造成的压迫、剥削、歧视、偏见，以及随之而来的流亡、贫穷、饥饿、疏离与自我否定。因此，治愈性的"消极和平"与预防性的"积极和平"相互结合，不仅追求消弭战争、破除暴力、解决贫穷、追求生存之目标，而且积极建构一个肯定生命价值、尊重人的尊严并且使人民能够不受战争和暴力威胁的具有人类共同价值的和谐世界。

2. 发展：从维护和平到促进公平

战争、和平、发展的三角关系，在马克思主义中早有论断："暴力关系，归根到底根源于经济关系。"① 发展权在法律上植根于将国际组织的存在价值与人权的基本目标定位于"发展"的国际法律文件，尤其是国际人权法，比如《联合国宪章》和 1986 年联合国大会通过的《发展权利宣言》。发展权与和平权是一种二元互动关系："没有和平就没有发展权，而失去了平等发展的机会和权利，也就可能陷入战争与恐惧的危险境地。"② 需要注意的是，发展权不仅仅因反思战争而兴起，更是针对世界性的贫富两极分化和不均衡的国际经济秩序而提出的。战争对人类的和平与发展的威胁最大，然而不合理、不公正的国际政治经济秩序也严重束缚着广大发展中国家的平等发展。"改变旧

---

① 《马克思恩格斯选集》(第 2 卷)，人民出版社 1995 年版，第 509—510 页。
② 参见汪习根：《"二战"后发展权的兴起与实现》，《人权》2015 年第 4 期，第 16 页。

的国际秩序和国际体系、独立地选择自己的发展道路、谋求均等的发展机会、提高发展中国家人民的生活水平已成为时代的呼声。"① 虽然发展权的基本原理面临着诸多分歧，但是发展权主流化的国际潮流已成为人类的共同价值，并势不可挡，从道德人权转换为法定人权，再从法定人权转换为实有人权乃是大势所趋。

第一，从均衡性发展来说，发展权的核心要义在于"发展机会均等"，各国"相互尊重、平等相待"。"发达大国与发展中国家尽管处于不同的发展阶段、大小强弱力量对比甚至相当悬殊。但是，主权平等作为一项为联合国宪章所确立起来的最基本法律原则，在发展权利的落实上应当得到充分尊重和广泛运用。"② 包括尊重对发展道路和发展模式的选择，平等参与区域事务和全球治理，彼此尊重发展利益和重大需求。

第二，从可持续发展来说，可持续发展的观念被引入发展权的人权构想以后，正在形成一种新的、具体的权利样态，即所谓的"可持续发展权"。从这个角度来说，发展权不仅仅是在经济、社会、文化、政治中静态发展的结果，而且还应该是一种在时空中、世代间的可持续性权利。有学者指出："'实现共同、综合、合作、可持续的安全'是迈向命运共同体、共谋发展的必要保障。"③ 通过促进差异性发展模式的交流、商谈、对话，促进共同发展，才能有效地预防战争，实现普遍性的发展权。

第三，从互惠性发展来说，发展的程度有高低之分，时间有先后之别，但这都不是垄断发展的理由，发展权的真谛是所有人类社会成

---

① 汪习根：《"二战"后发展权的兴起与实现》，《人权》2015年第4期，第7页。
② 汪习根：《"二战"后发展权的兴起与实现》，《人权》2015年第4期，第13页。
③ 同上。

员拥有参与机会分配、促进公平发展、共享发展成果的基本权利。因此,发展权是人类共同价值中最基本的权利诉求。

和平与发展既是时代主题,也是首要人权的应有之义。习近平新时代中国特色社会主义思想更是赋予了和平、发展新的时代意义与思想内涵,坚持以相互尊重、合作共赢为基础走和平发展道路是新时代中国外交的基本原则。① 也正是在这个意义上,在共同价值体系的共同共存关系维度中,当和平和发展在满足共同生存的基本需要时,共同价值范式的人权进路必然要向更高的价值目标进取。

二、共同价值体系的共同发展

在共同价值体系的共同发展维度中,公平正义是人类的社会价值观。② 在人类社会中,虽然难以找到普遍的、永恒的公正,但是人权话语无须直接倒向地方主义、相对主义的价值观念。在公正观上,一方面人类文化既有共性,又有差异性,完全可以通过"求同存异"寻找最大公约数。另一方面,在差异性的价值立场上仍然可以"异中求同",在各自利弊权衡的驱动下形成共同行动的方案。从共同发展的关系中把握人民的权利与福祉,在充分尊重人的差异性、多样性的前提之下,平等地保障每个人享有尊严。

1. 公平:从形式平等到实质平等

公平彰显的是人类共同的价值追求,是指引人类社会发展的重要

---

① 参见《习近平外交思想学习纲要》,人民出版社2021年版,第108—118页。
② 参见林伯海、杨伟宾:《习近平的人类共同价值思想初探》,《当代世界与社会主义》2016年第2期,第167页。

标准。公平价值的核心内涵是平等,"法律面前人人平等"的条款几乎可见于每个国家的宪法当中。从人权的国家义务来讲,人权是人人享有的基本权利,任何个人或群体都不应被排除在外,国家对人人享有人权负有平等保障的义务。具体而言,平等权的界定经过了从形式平等到实质平等的发展。

第一,从形式平等的角度来说,要求国家消极地不歧视。国家作为保障权利公平的义务主体,不得以不合理或无关的理由对人权主体予以差别对待,具体而言包括三重涵义:第一是权利主体平等,国家对于人权主体应尽到一视同仁、平等保障的义务,不得因为不合理或无关的理由而将任何人排除在权利主体的范围之外。第二是权利内涵平等,任何人都不存在超越宪法或法律的特权,同时也不允许没有法律理由的区别对待。第三是权利救济平等,权利的脆弱性在于易于受到侵犯和妨害,若无救济,权益亦被视为不存在。因此权利受到侵犯和妨害时,国家应当平等地给予法律救济途径。① 形式平等是社会公正的基本要求,但是不能忽略不同人的先天或后天差异,仅仅保障自由竞争、机会平等势必纵容结果的不平等,形成贫富差距拉大、强弱极度分化的社会。正如芦部信喜所言:"如果无视人的事实上的差异而将平等推向极端,人的自由与自律的发展就会受到破坏;反之,如果无抑制地认肯自由,则又会导致少数政治上或经济上的强者在牺牲多数弱者的基础上增大其权力与财富,出现不当的不平等。"②

第二,从实质平等的角度来说,为了保护现实中处于不利地位的

---

① 参见张文显:《法治与国家治理现代化》,《中国法学》2014年第4期,第8页。
② 林来梵:《从宪法规范到规范宪法——规范宪法学的一种前言》,法律出版社2001年版,第106—107页。

弱势者，不能停留在消极不歧视的层面，国家有义务采取积极措施促进平等权实现，有必要积极作为来矫正社会中存在的不平等问题。例如，在残疾人权利方面，国家需要投入资源建设无障碍环境，保障残障人士享受社会发展成果，消除他们融入社会的物质性或信息性障碍。所以说，"法律面前人人平等"的内涵不仅局限于适用法律时平等对待，而且应当延伸到制定法律或决策之初对公民的权利义务进行公平分配。国家作为保障规则公平的义务主体，在"等者等之"的前提下，更需要重视"不等者不等之"的标准。① 通过考虑到人与人的生理差异、物质水平等天生或后天的差异，从而给予合理的差别对待，促进在事实上达到平等。换言之，国家在履行人权保障义务时，人权立法在价值位阶上的权衡应当兼顾最大多数人的最大利益的功利标准与"最少受惠者的最大利益"的文明标准，力求人权保障从形式平等向实质平等发生转化。

公平本身是全人类自古就有的价值诉求，形式平等是基础版本的人权方案，实质平等则是进化版本。然而在人权与法治的实践中，关于"等者等之，不等者不等之"的具体标准常常莫衷一是，这就涉及不同时代、不同地域，甚至相同地域不同人之间正义观存在差异的问题。

2. 正义：从社会公正到复合正义

19世纪下半叶以降，个人应得的公正观被社会公正观所取代。② 从历史背景来看，资本主义制度之下贫富悬殊的社会现状危及

---

① 参见亚里士多德：《尼各马科伦理学》，苗力田译，中国社会科学出版社1990年版，第306页。
② 参见胡玉鸿：《从个人应得、社会公平到复合正义——法律公正观的历史流变》，《求索》2021年第5期，第25—27页。

社会存在，资本家以通过对生产资料的占有剥削工人的劳动力为生，工资低廉、劳动环境恶劣、劳动时间超长是现实的社会不公，矛盾激化引起仁人志士开始反思。从政治危机来说，残酷的压迫激起工人阶级为代表的无产阶级开始反抗和斗争，资产阶级为了缓和阶级矛盾，开始改善工人的处境，通过社会保险制度解决劳动者生、老、病、死、伤、残的社会保障制度就在这一时期出现，彰显了社会公平的理念。从社会观念来讲，以社会公平为出发点，强调每个社会成员都能平等地享有自然资源和社会财富。国家要积极履行再分配社会财富的职责来确保每个人得到来自国家的关爱和扶助。在这个观念中，国家和法律走向前台，承担维护社会公平正义的责任。也是在这个时代，社会本位取代个人本位成为人权保障的主流典范。但是进入现代社会，要在个人应得与社会公正之间找到平衡点，既要反对极端个人主义基础上的个人应得观，也要反对无限夸大社会正义的公平观，以防家长主义的过度扩张。① 而个人自由与社会正义看似处于无法兼顾的两难境地，但是哈贝马斯认为，何种情况平等、何种情况不平等，并没有抽象、普遍的标准，而是依随着不同社会脉络、历史情境调整的问题。② 有学者根据罗尔斯的正义原则提出复合正义理论作为现代法律公正的基准，促进两种正义观实现融合。具言之，通常情况下，个人应得的公正原则可以使每个人通过自由、努力收获应得的成就、利益，在特殊情况下，当社会资源、财富的分配与占有出现严重贫富悬殊、两极分化时，"社会公平"作为矫正原则倾斜性地予以弱者特别

---

① 参见胡玉鸿：《从个人应得、社会公平到复合正义——法律公正观的历史流变》，《求索》2021 年第 5 期，第 25 页。
② 哈贝马斯结合女性主义议题讨论正义的社会依随性。参见尤尔根·哈贝马斯：《在事实与规范之间——关于法律和民主法治国的商谈理论》，童世骏译，生活·读书·新知三联书店 2014 年版，第 518—527 页。

的保护。①

把握复合正义的关键在于,通过社会公平原则保护人权的同时,应当与个人自主原则相协调。社会公平原则旨在对弱者或者少数人予以特别保护,保障他们享受基本程度的生存条件、公平的发展机会,但是国家在履行保护弱者职责的过程中,应当高度重视人的尊严和自主选择权。从人的尊严来说,"一般尊严"是相对于动物而言,人之为人所应有的尊严;"特殊尊严"是相对于其他人而言所特有的尊严,给予两种尊严一并的保护才符合"人的尊严"。② 也正因如此,对待弱者、性别、少数者等身份差异均不能以"污名化",甚至牺牲隐私为代价。③ 从自由选择来说,"是否选择向国家和社会请求帮助以及选择何种形式的帮助,应该尊重当事人本人的意见"④。真正的价值源于具体的劳动创造,国家与社会可以提供最低限度的生存保障,但是真正的美好生活还要回到每个人的努力。总之,只有在充分尊重"人的尊严"与自主性的前提下,才能使个人自由与人类幸福生活两个目标彼此交织、一体实现。

着眼于"两个一百年"奋斗目标和中华民族伟大复兴中国梦,中国梦与世界各国人民的美好梦想相通。"中国梦就是让每个人获得发展自我和奉献社会的机会,共同享有人生出彩的机会,共同享有梦想成真的机会,保证人民平等参与、平等发展权利,维护社会公平正

---

① 参见胡玉鸿:《从个人应得、社会公平到复合正义——法律公正观的历史流变》,《求索》2021年第5期,第31—32页。

② 关于"一般的尊严""特殊的尊严"与"人的尊严"的概念辨析,参见格奥尔格·罗曼:《论人权》,李宏昀、周爱民译,上海人民出版社2018年版,第56—67页。

③ 一般尊严与特殊尊严通常可以并存。参见格奥尔格·罗曼:《论人权》,李宏昀、周爱民译,上海人民出版社2018年版,第57页。

④ 胡玉鸿:《从个人应得、社会公平到复合正义——法律公正观的历史流变》,《求索》2021年第5期,第31—32页。

义，使发展成果更多更公平惠及全体人民，朝着共同富裕方向稳步前进。"① 就此而言，在共同价值体系的共同富裕维度上，共同价值范式以平等地享有人权为价值目标作为中国梦与世界梦连通的纽带，也使得中国梦不仅是和平发展、公平正义之梦，更是追求幸福的人权之梦。

三、共同价值体系的共同幸福

在共同价值体系的共同幸福维度中，民主与自由是人类的政治价值观。② 当人类的生存利益、基本的物质条件以及完善的社会制度保障等需求都能一一得到满足的时候，更进一步的需求就是对美好生活、幸福生活的向往。"人民幸福生活是最大的人权"③，共同价值范式的最大人权不止于孤立的、个体的幸福，而是追求整体的、全面的幸福。在通往共同幸福这一终极目标的道路上，民主与自由的道德意涵是私人自主与公共自主相互支持的关键所在，民主作为人权乃是共同价值范式的理论核心，自由乃是共同价值体系中最主要的价值。

1. 民主：从协商民主到全程民主

民主不仅是一种国家形式（民主制度），也是一种生活方式（民主文化），是人民自我决定、自我统治的主要形式。作为政治概念，民主既有"民主理念"，也有"民主程序"的涵义。民主理念的规范性

---

① 《习近平外交思想学习纲要》，人民出版社 2021 年版，第 33 页。
② 参见林伯海、杨伟宾：《习近平的人类共同价值思想初探》，《当代世界与社会主义》2016 年第 2 期，第 167 页。
③ 《习近平致信纪念〈世界人权宣言〉发表 70 周年座谈会强调 坚持走符合国情的人权发展道路 促进人的全面发展》，《人民日报》2018 年 12 月 11 日，第 1 版。

要求公平自我决定的权利在民主制度中平等、公正地实现，但是民主程序的规范性只能保证多数人的意志得到尊重。因此，民主理念与民主程序之间蕴含的紧张关系，实质上是自我决定与多数人决定之间的张力。第一，从民主理念与人权原则的关系而言，民主理念蕴涵着尊重每个人自我决定的权利意义，自由、自我决定的权利也正是人权的应有之义。从伦理学来说，自主性是基础性的道德范畴，自决权是基础性的道德权利，尊重自主性是最重要的道德要求。① 正如阿列克西所说，"自主是一种根本性的人权内容"，德沃金也"将民主理解为是一种人权——每个人作为人拥有在一个民主国家里生存的权利"。② 民主作为人权，并非关切私人生活上自我决定的权利，而是以共通福祉为导向参与公共实务的权利(政治参与权)。第二，从民主程序与人权原则的关系而言，哈贝马斯认为人权的有效性源于集体的自我决定的政治行为，人权的合法性源于具体的、民主的法律共同体立法程序的合法性。也有学者认为人权原则独立于民主程序而存在，民主程序可以服务于人权实现，但也有可能对人权构成威胁。③ 人权价值的道德确证无须受到民主程序或多数意志的随机性摆布，但是在价值多元的时代，人权的法律权利之合法性、有效性来自在具体的、民主的法律共同体通过合法的立法程序，对于人权具体内容的解读以及人权高度的可能性内容也不能回避商谈的质疑和反思。从这个角度来说，适当的民主模式是人权原则得以落实的关键。

按照民主类型的三分法④来说，自由主义民主所凸显的道德价值

---

① 参见甘绍平：《人权伦理学》，中国发展出版社2009年版，第164页。
② 同上书，第164—165页。
③ 同上书，第165—169页。
④ 参见甘绍平：《论民主中的道德表达》，《道德与文明》2012年第5期，第111—119页。

是个体的自由权利，弱点在于存在策略性行动导致共同体交往中断的社会团结漏洞。共和主义民主所强调的是共同体或社会的团结，以共同体的团结意识为价值导向。因此易于坠入压抑自由、制度歧视的否定自由、权利的极端，反而走向民主的对立面。协商(审议)民主所主张的是在维护个体自由选择权利的基本前提下，努力以法律形式实现团结共同体的价值需求。以哈贝马斯为代表的当代协商(审议)民主将自由主义与共和主义价值取向及基本原则融为一体，既坚持个体人权又主张人民主权，既强调多元的利益协调也重视共同善的所谓"第三种民主模式"。西方马克思主义认为，协商(审议)民主是当代民主之道德内涵得以表达的最理想的模式，因为它不仅融合了自由主义民主与共和主义民主模式的精髓，同时也呈现出了自身的特色。① 此种民主理论类型划分对于共同价值理论、实践的启示在于思考如何从共同体中把握兼具私我自主性与公共自主性的关系性人权法理范式。我们认为，全过程人民民主不失为处理民主、人权关系的另一种新型类型与典范。

按照习近平全过程人民民主的思想，民主与人权都是全人类共同价值，是人类的共同事业、共同理想、共同追求。民主是重要的人权，尊重和保障人权以民主为前提。从全过程民主与人权保障的关联性来说，全过程人民民主的理念创新、制度创新、实践创新保障人民

---

① 审议民主模式中所表现出的道德意蕴具有三项特点：第一，基础性。审议民主模式是在法治与民主相结合的架构下运作的，因而它就能充分呈现出自由主义民主所倡导的对每位公民最基本的自由权利的尊重与保障这一价值诉求。第二，法律性。审议民主体现在作为立法程序的公民广泛参与的商议过程之中，商议本身不是目的，而是最终要结出法律之果，而法律则承载着共和主义民主所推崇的包括社会团结在内的道德要求。第三，程序性。公民参与立法程序的过程本身，也是其政治参与权利和自主意志表达的实现过程。商谈的民主程序本身就是对公民自由选择权利予以高度尊重的体现。参见甘绍平：《论民主中的道德表达》，《道德与文明》2012年第5期，第119页。

的人权主体地位，既充分体现尊重和保障人民民主权利，也进一步拓展民主权利实践、夯实民主权利之政治基础与社会基础。因此，可以说全过程人民民主是人权事业、人权理想、人权追求的发展源动力，是中国乃至世界人权文明进步的价值引领。① 从协商民主向全过程人民民主的理论转型、实践转换是马克思主义民主、人权、法治理论的最新发展，也必将有利于人权共同体、人类命运共同体的建构和发展。

2. 自由：从防御功能到合作功能

从人权自由权的共同价值范式来说，自由价值的范式转化是由消极防御性的自由向积极合作性的自由转变。最基本、最狭义的理解认为，自由权就是个人排除国家介入私人空间，确保个人自由决定与自由行动的权利，用以赛亚·托马斯的说法就是"消极的自由"。② 消极自由要求国家恪尽不作为的消极义务，表现的是"自由法治国"的范式理念，体现自由权的防御功能。但是随着社会的功能分化和复杂变迁，防御权内涵的缺陷与局限已经难以适应人权理论的进步和发展需要。③

第一，从人权的代际发展来看，防御权理论仅限于第一代人权，强调公民、政治等方面免于国家侵害、排除国家干预的自由权，无法覆盖第二代、第三代人权涉及请求国家积极作为的权利和集体性权利，防御权功能与新兴人权的范围因为难以吻合而产生理论漏洞。合作权符合第三代人权的表征，包含积极性的权利，可以与防御权共同

---

① 参见张文显：《全过程人民民主与中国人权文明》，《民主与法制（周刊）》2022年第14期，第16—20页。
② 参见以赛亚·伯林：《自由论》，胡传胜译，江苏人民出版社2003年版，第244页。
③ 参见刘志强：《论人权的合作权》，《四川大学学报（哲学社会科学版）》2020年第5期，第154—156页。

构成完整的人权概念。相比于单纯的防御权,防御自由与合作自由的价值辐合在覆盖范围上更为全面,能够推动人权由理念性向实践性发展。"在多主体的参与下,合作权所涉及的集体性人权可以推动应有人权向实有人权转化,并且能够表现出现代人权更加丰富的含义与范围。"①

第二,从人权的主体关系来看,防御权传统将公民与国家置于对立面,进而要求国家权力不作为及不侵害其基本权利。但是伴随时代的变迁,第三代人权对人权理论、人权概念的发展涉及的主体间关系越来越复杂,所涵盖的公民个体与国家政府之间的关系并非总是消极对立,也包括积极的协同合作的关系。合作权主张通过多元参与、互为主体的参与,促进公民个人、社会群体乃至国家政府之间的平等沟通与合作,进而达到人权所需要的高度,从而防御权理论中不平等的主体被置于对立面的预设被消解。"合作权是要国家在公民基本权利的实现中承担更为积极的角色,通过国家、社会与公民共同协商交流实现公民的基本权利。"②

第三,从人权的实现方式来看,防御权功能的消极不作为性质本能地排斥国家对自由的干预。然而人权并不总是孤立存在的,同时也存在集体性、社会性的面向,局限于防御权的保障与实现方式,不利于人权进一步发展。"单方面的沉默无益于进步,甚至滞碍了人权直面丰富现实世界所应保有的开放性与进步性。故而,在保持防御权底线的前提下,沟通、协调与合作才是未来人权的发展方式。"③ 防御权依靠国家机关的自觉与国家的强制保障,从立法、行政、司法方面履

---

① 刘志强:《论人权的合作权》,《四川大学学报(哲学社会科学版)》2020 年第 5 期,第 154—156 页。
② 同上。
③ 同上。

行保障公民基本权利的消极义务,而合作权能够发挥各个主体的自身优势,促进人权保障。"仅有单方规范无力加强人权发展深度,集体性及主体间意味着人权必须发掘出新的实现方式,合作权在其中就具有天然优势。"①

习近平总书记指出,"人人充分享有人权,是人类社会的伟大梦想"②。人权的合作权倡导以主体间性视角来诠释人权的普遍性原则,实际是通过与本国实际相结合,走适合本国国情的人权发展道路。作为应有权利,合作权是公民与国家基于人权义务共同保障的核心权利。作为法定权利,合作权通过宪法规范的规定,通过国家与公民之间达成共识而作为法定权利存在。作为实有权利,"合作权是公民与国家之间就人权进行交流与妥协的实际权利"③。概括上述来看,民主作为人权乃是共同价值范式的理论核心,而自由乃是共同价值体系中最主要的价值。两者是共同价值体系的共同幸福维度中的人类最重要的价值观。

四、 共同价值体系内在关系

通过上述共同价值体系"三阶六层"论证,我们可以从共同价值体系中提炼出共同价值范式涉及的阶段有:共同生存、共同富裕、共同幸福;附丽的价值基础有:和平与发展、公平与正义、民主与自由;对应的人权类型有:首要人权、平等人权、最大人权;落地的具体人权有:生存权、发展权、和平权、平等权、民主权、自由权、幸

---

① 刘志强:《论人权的合作权》,《四川大学学报(哲学社会科学版)》2020 年第 5 期,第 154—156 页。
② 《习近平外交思想学习纲要》,人民出版社 2021 年版,第 71 页。
③ 同上。

福权；涉及的法律概念有：国家主权、公共利益、平等原则、禁止歧视、政治权利、他人自由。如下表3-1所示。

表3-1　共同价值范式谱系

阶段	价值基础	人权类型	具体人权	法律概念
共同生存	和平与发展	首要人权	生存权、发展权、和平权	国家主权、公共利益
共同富裕	公平与正义	平等人权	平等权	平等原则、禁止歧视
共同幸福	民主与自由	最大人权	民主权、自由权、幸福权	政治权利、他人自由

通过表3-1对共同价值范式谱系的分析，我们可以看出共同价值范式为人权找到了一种更为广泛、更能面对新时代问题的理论证立模式。因为共同价值尝试将利益、伦理、道德与具体社群的正义观，通过民主制度的设计整合到人权规范的创设过程中，使实证法之人权具有正当性推定。以共同价值为基础的人权论证范式的优点是：第一，它可以包容差异、分歧的世界观或价值观，使其在同一个规范体系内并存，甚至包括容纳质疑与反对的观点，从而维系社会的整合与发展。第二，当实体价值处于争议、相持不下的时候，共同价值范式有明显的制度层面的考虑，通过民主程序的合理性解决争议。第三，面对人权与限制人权的传统议题，既不需要主张传统自由主义之人权绝对优先，也不必彻底转向功利主义人权或社群主义人权，而是继续以多元价值观来观察人权受干预的程度以及可接受性，并且以全球治理观强化参与沟通、法治监督。我们可以发现，人权证成不仅需要援引伦理学之实体价值，而且作为实证法体系中的人权，还需要制度性人权的支持。因此，以共同价值范式为基础的人权理论，虽然多偏重理

念、应然、抽象层面，但需要与制度性人权相结合，使得理念、应然、抽象人权与实然人权、制度性人权进行有机嫁接，庶几才能打通上述应然与实然之间的隔阂，并共同支撑共同价值范式作为人权基础的座基。

第三节　共同价值范式之全球人权治理

共同价值体系为人权基础的理论证成提供了一套自给自足、逻辑自洽的论证范式，形成"共同生存—共同富裕—共同幸福"动态循环、相辅相成的关系。李步云认为，"全人类共同价值"与"人类命运"相互联结，将基本人权作为全人类的共同价值，足以说明人类命运共同体本质上也是全人类的人权共同体。① 我们认为，共同价值范式的理想蓝图需要人权共同体的制度性支持。因此，我国将"推动构建人类命运共同体"写入宪法序言的做法，将有助于促进国际人权与国内人权的共识凝聚与进步发展。而面对着世界各国客观存在的制度、文化、发展程度的差异性以及失衡状态，唯有秉持共商共建共享的全球治理观，方能形塑人权共同体的公度性、包容性和共享性。

一、全球人权治理之共商面向

人权普遍性与特殊性之争的根源在于普遍主义与特殊主义的对立。②

---

①　参见李步云：《"构建人类命运共同体"的科学内涵和重大意义》，《吉林大学社会科学学报》2018年第4期，第16页。

②　约翰·格雷指出，普遍主义"肯定人类种属的道德统一性，而仅仅给予特殊的历史联合体与文化形式以次要的意义"。参见约翰·格雷：《自由主义》，曹海军译，吉林人民出版社2005年版，"导论"，第2页。

哈贝马斯认为，现代的实践理性与具体生活形式、社会政治文化脱钩，个人的幸福通过道德自主性直接与普遍性联结，由此产生普遍主义与特殊主义的对立。① 折射到人权论战，就是所谓的人权普遍性与特殊性之争。哈贝马斯的交往理性与商谈理论为消解普遍性与特殊性在人权领域的矛盾、凝聚人权治理的价值共识提供了一条"中间道路"。② 按照价值共识凝聚的不同表达方式可以划分出人权的普遍性共识与差异性共识。

第一，从普遍性共识来说，人权命题主要表述为应然性、评价性的内容，人权的规范性语用效力条件是超越具体生活形式的普遍性条件。这类共识体现的是一以贯之的凝聚性表达，在核心概念的表述方面高度一致。防御权模式误认为个人与社会之间是单向度的关系，"个人权利优先于社会公共利益，社会集体利益服膺于个人利益"③。因此，将公平、正义的实现寄望于个人追求私利的自由竞争，但极端的竞争、对抗会走向社会达尔文主义的"优胜劣汰"，与普遍的人权精神相悖。在主体性哲学视角下，工具理性的人类学事实叠加必然强化社会之不平等，人权的理论与实践因此面临着放任自由主义的难题和困境。如此一来，个人权益在价值衡量上处于绝对优先的地位，导致共同善在实质上处于缺位状态，而采取家长主义的规约必然侵犯公民的私人空间或自治领域。此时唯有从共时性视域的合作权模式出发，以"求同存异"的方法搁置个体之间异质性的目的因素，才能在

---

① 参见尤尔根·哈贝马斯：《在事实与规范之间——关于法律和民主法治国的商谈理论》，童世骏译，生活·读书·新知三联书店2014年版，第1—2页。
② 哈贝马斯通过把握语言的媒介功能，以交往理性取代了实践理性的理论地位，提供一条消解普遍主义与特殊主义之间矛盾的理论道路。此一进路引入语言因素作为基础，重点从语言内容和意义层面转向语言陈述的效力层面。
③ 刘志强：《论人权法的三种法理》，《法制与社会发展》2019年第6期，第59页。

一定范围、程度和内容上达成同质性或相似性的共识,作为人权合作的基础。合作权的重要功能在于:"个人与社会不再呈现出对立关系,而是交互关系,个人与社会的良性合作必将实现个人人权与集体人权的有机统合。"① 如此可以合理地解释平等、自由、公平等私法原则及其背后所蕴含的美德,从而巩固全球人权治理中相互尊重、互商互信的道德基础。

第二,从差异性共识来说,人权规范宣称是在具体的社会文化状况下被提出,并在具体的讨论下决定其理由成立与否以及是否可被接受。西方国家所片面强调的个人人权、公民和政治权利的"普世人权观",有意或无意地忽视"人权的实现必须考虑区域和国家情境,考虑政治、经济、社会、文化、历史和宗教背景"。② 国际社会是呈现水平法律关系的"自治社会",垂直关系上不存在直接规制国家的权力实体。③ 国际法传统以国家同意为基础,相关规则的拘束力来自国家通过条约表示"同意",以及对惯例表示"认同"来创造法律(条约和习惯法)。④ "在主要由主权国家组成的国际社会中,不但人权保护

---

① 刘志强:《论人权法的三种法理》,《法制与社会发展》2019 年第 6 期,第 59 页。
② 参见廖凡:《全球治理背景下人类命运共同体的阐释与构建》,《中国法学》2018 年第 5 期,第 53 页。
③ 凯尔森(Hans Kelsen)曾说,国际社会权力分散的事实,使国际法成为一种原始的法律(primitive law),而将创设法律的功能留给国家自己来行使。Hans Kelsen, *Principles of International Law*, Clark, NJ: Lawbook Exchange, 2003, p. 22.
④ 19 世纪下半叶开始,造法性(law-making)条约的出现是国际法发展的转折点。第一,条约的功能从解决当前问题演化成为国际法的主要"渊源"。以解决政治经济的问题为主的双边、区域性条约,与创设一般性权力义务关系的多边条约体系自此分流。第二,国际法在实证主义(positivism)与"国家同意"的说明之下,法律的确认、适用简便易行,对不甚清楚的法律规则发挥了补充作用。但是社会契约论造成林林总总、相互重叠的法律制度在水平关系上不协调,规则体系及其功能破碎。实证主义过度强调国家是唯一权力主体所形成的法律关系,产生了对个人权利的不合理之剥夺。参见王自雄:《实证法与主观价值:国际法典范下以人权为基础之宪政功能行使》,《台大法学论丛》2010 年第 3 期,第 329 页。

任务仍然主要由国家通过国内法来完成,而且国际人权法中人权的概念与内涵也深植于国内法的规定与实践。"① 国际人权法依系于国家接受主体间承认的拘束,因此鼓吹"人权高于主权"和人道主义武装干涉,制造人权、主权对立,丝毫无益于理论与实践的创新。根据查尔斯·泰勒的"人权非强制性共识"概念,对于人权规范之所以正当的理由抱持不同看法并不妨碍我们同意这些规范的正当性,或者说我们无须为共识之下的深层信念差异而困扰。②

普遍和具体两个层面要密切地结合在一起,前者是应然层面的效力,后者是实然层面的效力,人权规范在应然与实然两大层面之间的对立性,必须通过理性商谈的重构来消解。国际法学者指出,"共商就是在形成国际法规则的过程中,各国应互相尊重主权,以协商谈判的方式进行,而不能以胁迫等违反尊重国家主权的方式进行"③。因此,在国家地位平等的国际社会结构中,国际社会人权制度与其成员的互构、互动关系应当建立在彼此分享共同利益、共同价值的基础之上。换言之,跨国性的人权问题主要依靠主权国家平等协商得出覆盖性、"公度性"的规范框架,这一切离不开各文明主体基于平等、尊重的交流互鉴。

二、 全球人权治理之共建维度

以交往理性为理念导向,重构人权体系及人权保障制度的创设、

---

① 廖凡:《"人类命运共同体"的人权与主权内涵》,《吉林大学社会科学学报》2018年第6期,第31页。
② 参见查尔斯·泰勒:《关于人权非强制性共识的条件》,刘擎译,载许纪霖:《全球正义与文明对话》,江苏人民出版社2004年版,第147—148页。
③ 龚柏华:《"三共"原则是构建人类命运共同体的国际法基石》,《东方法学》2018年第1期,第31页。

运行的正当性基础,关键在于"每个人不仅是人权的承载者,而且同时也是他或她权利的(共同)制定者"①,而创设人权的主体就是能够平等地通过交往行为完成理性商谈的"商谈者",平等商谈的条件作为基本人权的法律规范来加以保障。唯其如此,人权之所以受到法律的保障,既不需要考察其内容是否符合自然法、理性法或者道德标准,也不需要单纯因为事实上的强制力和社会系统功能,而是因为通过理性商谈的创设、执行过程而使人权具有正当性。

按照哈贝马斯的理解,充分、稳固的私人自主是保障公共自主的重要条件,而公共自主的合理应用也是反过来保障私人自主的条件。② 公民不再只是法律秩序之下的"承受者",与此同时,也是法律的创制者,真正的自主性于焉始立。根据这种观点来看,人权的实现是一个同时确保公民的私人自主与公共自主同步实现的共建过程。经过"法律、政治、公民社会、生活世界"的权力循环形式,人权从民主、自由的交往形式中获得有效性和正当性。③ 这个过程的关键在于通过交往形式所建构的法律、政治、公共自主、私人自主的交往性联结。如此一来,人的多样性、差异性得以被尊重,问题的重点从个体与集体的博弈转移到沟通形式、意见交流、意志建构的管道上来,个体人权与集体人权可以通过制度性或非制度性的互动过程形塑和谐的人权共同体。

置于全人类人权共同体及其制度构建的语境中,全球化人权治理的关键不是国际人权法是否处于高阶规范的形式地位,而是如何通过

---

① 格奥尔格·罗曼:《论人权》,李宏昀、周爱民译,上海人民出版社2018年版,第67页。
② 参见尤尔根·哈贝马斯:《在事实与规范之间——关于法律和民主法治国的商谈理论》,童世骏译,生活·读书·新知三联书店2014年版,第526页。
③ 同上书,第506页。

共识凝聚塑造实质化的国际人权秩序。在方法论上，可以通过交替使用"反身性自我观察"与"反身性组织沟通"的方法实现学习吸纳式和感召输出式两种方法论共识凝聚；在措施共识凝聚问题上，则需要结合环境预设式措施共识凝聚和制度框架式措施共识凝聚来达成全球人权治理之内涵性与外延性的共识凝聚。① 进而，国际社会以人权的共同价值为共识性的导向与目的，通过共同价值输入人权"在其法律体系当中，作为最重要的法规范"的集体承诺，以及从集体承诺迈向共同行动和人权实践的进路。比如两个国际人权公约，当社会事实无法被现有规范内容涵摄时，由其列举人权背后的规范价值，在"实质上"作为价值、理念的依据和最低标准，进入论证的过程。②

国家是价值、理念得以进入和生效最重要的媒介，国家通过宪法价值将人权共识内化为国内的相关法规，通过证立权利应获保障的理由确认权利，正如德沃金所所说，"权利是由宪法创设、制度上应获保障的权利"③。国家基于共同价值保障个体人权与集体人权。因此，"共建就是各国要积极主动开展相互合作并共同承担责任来构建国际法规则"④。在人权共同体的理念下，遵循权责相称、权责共担的原则，才能更加合理、均衡地追寻人权实现，以防止因对个体人权的片面强调而缺乏对他者同为权利主体的包容。各国在国际社会中均负有

---

① 托依布纳提出的"反身性自我观察"与"反身性组织沟通"概念，参见王小纲：《托依布纳反身法理论述评》，《云南大学学报（法学版）》2010年第2期；方法论共识凝聚与措施共识凝聚的相关论述，参见赵谦：《共识凝聚：依宪执政领导条款的政治事项论》，《西南民族大学学报（人文社会科学版）》2021年第4期。

② 参见王自雄：《实证法与主观价值：国际法典范下以人权为基础之宪政功能行使》，《台大法学论丛》2010年第3期，第344页。

③ 罗纳德·德沃金：《认真对待权利》，吴玉章、信春鹰译，上海三联书店2008年版，第246—273页。

④ 龚柏华：《"三共"原则是构建人类命运共同体的国际法基石》，《东方法学》2018年第1期，第31页。

为人权创造必要条件的责任,比如维护世界和地区的和平、安全与稳定,促进经济、社会、生态的公平发展,消除享受人权所面临的障碍。此项工作非任何一国所能单独胜任,需要国际社会基于全人类的共同利益与共同价值携手并进。

三、全球人权治理之共享原则

人权共同体以及人权的共同价值内涵,务必倡导多元包容的人权观。唯有尊重世界各国基于文明多样性的具体国情,方能兼顾人权的普遍性与特殊性。无论是从人权主体、人权内涵以及人权保障模式的角度出发,对于全球人权治理机制的理解与诠释都不能脱离具体的文明背景。"这既源自对当今世界不同文明内在必然性的尊重,也源自对各国自身人权实践选择的理解和支持。"①

首先,从包容性原则来说,共同价值范式与国际人权宪章体系以及"三代人权说"的经典分类相互吻合。无论是西方国家热衷于强调的公民权和政治权利(第一代人权),还是受到发展中国家瞩目和重视的经济、社会、文化权利(第二代人权)以及集体人权(第三代人权),都被容纳于共同价值体系范畴和阶层框架之中。共同价值范式不仅高度概括了人权发展史的重要成果,而且基于人权观念形态与人权社会实践的交互影响、彼此形塑的过程,牢牢将人权论证范式以及范式转换的内在机理与具体的历时性语境勾连在一起。

其次,从共享性原则来说,共同价值范式内在的人权观结构也符

---

① 参见朱颖:《人类命运共同体下的多元人权观》,《人权》2017年第2期,第7—11页。

合宽容、共享、兼济弱者的公平正义观和人权发展潮流。根据共同价值范式的理解,人权观内在结构不仅涵括个人要求国家不作为和承担消极义务,也包括在人权意义上社会化延伸,个人得以请求国家承担一定的积极义务,从而保障公民享受到生存权、福利权等利益,还有在国际层面增加集体与国际社会之间的人权法律关系,比如发展中国家的和平权、发展权,以及发达国家应当推动公正、平等的全球秩序之义务。不仅如此,通过共同价值范式的理解和诠释,人权实质的义务主体扩及国家以外的企业、组织和他人,有利于在转变为实有人权的过程中实现人人享有人权的终极目的。

在"一带一路"深化的过程中,"共享就是各国共同分享'一带一路'建设成果,在国际治理过程中实现互利共赢"①。有学者认为构建人权共同体,必须坚持宽容、共享的理念,具体表现为以团结促合作,以合作促发展,以发展促人权。② 人民是国家发展的目的因和动力因,所以发展成果理应由人民所共享。在新时代人类命运共同体的人权法治实践中,中国积极参与全球治理、推进包容性发展,为世界各国尤其是发展中国家人民创造共享发展成果的条件和机会,以相互尊重、相互理解、求同存异的共同价值为基础促进全人类人权全面而充分的实现,这种做法是将团结、合作、共赢的精神全程贯彻、全面覆盖于人权共同体的建设进程的典范。

要言之,从人类命运共同体的理念内涵来说,全球人权治理要在国际人权宪章的规范框架之下平等协商、共建共享,至少应当坚持如

---

① 龚柏华:《"三共"原则是构建人类命运共同体的国际法基石》,《东方法学》2018年第1期,第31页。
② 参见李步云:《"构建人类命运共同体"的科学内涵和重大意义》,《吉林大学社会科学学报》2018年第4期,第19—20页。

下几项原则:第一,坚持主权平等原则,无论国家之强弱、贫富,国家主权应当受到尊重,彼此和平共处、不干涉他国内政,依据国情选择符合共同利益的人权发展道路。第二,坚持和平发展原则,世界各国共同面对传统与非传统的不安全因素对人类社会和自然环境的威胁,因此应当树立共同、合作、综合、可持续的安全观和发展观。"在谋求自身发展的同时,积极促进与其他国家共同发展",发展成果惠及世界各国,尤其是发展中国家的人民。第三,坚持包容共享原则,不同的种族、宗教、文化共存于世界,期间的差异、矛盾在所难免,但是基于向善的人类共性可以超越隔阂与冲突,实现文明之共存与交流,构建相互尊重、相互信任、相互借鉴的人权共同体,共享安全、繁荣、美丽、和谐的人类家园。第四,坚持民主法治原则,国际人权法以及国际关系需要通过民主化、法治化加以完善和推进。一言以蔽之,共商、共建、共享原则的全球人权治理观,是共同价值范式的共同价值。如此才能"推动各方在国际关系中遵守国际法和公认的国际关系基本原则,用统一适用的规则来明是非、促和平、谋发展"①。

小 结

结合上述论证,我们可以做个小结:人权的价值基础是人权规范论证的实质基础,并且在形式上也存在着转化关系,根据范式理论能够揭示出普世价值范式与差异价值范式存在缺乏包容性的范式危机。

---

① 习近平:《弘扬和平共处五项原则 建设合作共赢美好世界——在和平共处五项原则发表60周年纪念大会上的讲话》,《人民日报》2014年6月28日,第2版。

普世价值范式依靠先验预设推论"永恒人权"有脱离现实之嫌，差异价值范式以实然的经验代替应然的人权图景，存在正当性的漏洞。共同价值范式具有开放、包容、共享的特点，其包括共同生存、共同发展、共同幸福等"三阶六层"共同价值体系构造。在共同生存阶段，和平与发展是生存性价值，前者是生存的前提，后者是生存的质量，生存权作为首要人权是一切价值的基本前提。在共同发展阶段，公平与正义是社会性价值，二者与时俱进地发展变化，旨在澄清人人平等"等者等之，不等者不等之"的形式与实质标准。在共同幸福阶段，民主与自由是政治性价值，前者关切公共社会中共同的利益与福祉，后者关切私人领域的活动空间和自主选择，人权合作权的倡导使得二者交织互联，促进人的尊严与人类幸福生活一体实现。从全球人权治理而言，共商、共建、共享原则是共同价值范式中的价值体系体现，并此为法理可以塑造出共通性、融贯性、公度性品格的人权命运共同体。我们认为，共同价值范式及其价值体系的内涵、意蕴丰富，可以为人权基础提供一种新的论证支撑范式。

第四章　中国人权法学的概念与话语关联互构

建构中国学术话语体系，提升中国话语能力日益成为学术界关注的主题。"话语"成为各学科研究的重要范畴源于中国话语权在国际舆论场中的缺席，而此现象与中国的大国叙事形象和国家治理体系及治理能力的发展水平极不匹配。因此，学界从侧重于分析、思考"内部治理"的学科任务、视角方法及制度策略逐渐转换到治理与话语"内外兼修"的新时代学术研究范式。其中，人权学范畴作为国家话语体系建设中的重要组成部分，则需要从既有人权话语体系的建构路径的自主反思中，拓宽人权话语体系的认识视域，厘清其内部的学理细节，并因此改进、完善乃至重构人权话语体系的逻辑进路，从而保证以提升人权话语能力来服务于国家话语体系大局的功能实现。

人权学界在对既有人权话语体系研究的自主反思过程中，形成了视角独特且富有学理深度的相关成果，为进一步加深对该问题的思考与研究提供了学术支撑。一类代表性观点认为，中国人权话语体系由人权话语的客观基础、基本原则、核心概念及主要观点构成;[①] 中国

[①] 参见张晓玲:《论中国特色社会主义人权话语体系的核心要义》，《人权》2019年第1期，第19—28页。

特色人权话语体系可以从话语权、话语束、话语场三个维度阐释。① 此类观点对人权话语体系的组成部分进行了分解，但仍然是从静态的角度展开观察，因而未触及人权话语体系的内部逻辑及话语的生产机制问题。另一类观点则认为，人权话语体系内部存在从一阶概念到二阶概念的纵向结构，② 或者存在"核心—支持"式的横向结构。③ 这类研究在一定程度上揭示出了人权话语体系的内部结构，发现了概念对于人权话语体系建构的重要意义，但关于人权概念与人权话语之间存在何种具体的逻辑关联则语焉不详。应当说，上述成果未对人权概念与人权话语这对重要范畴作全面深入地阐述。笔者认为，领会和阐发人权话语体系应当具有更为基础也更加细致的视角，即如何把握人权概念与人权话语之间的关系本质，为中国人权话语体系研究开启被"真正思想捕捉，并能够以学术的方式课题化"的实体化内容。④ 因此，本章首先考察了人权概念与人权话语的逻辑关联。其次，从构造论的角度分析人权概念与人权话语的转换机理。其三，将人权概念与人权话语的转换放入中国语境中进行考察，并指出当前中国人权话语模式的局限性。最后，进一步提炼出理想的中国人权言说模式，重构一种相辅相成、交互平衡的人权概念与人权话语的互动机制。

---

① 参见汪习根、陈亦琳：《中国特色主义人权话语体系的三个维度》，《中南大学学报》2019 年第 3 期，第 131—137 页。
② 参见张永和：《全面正确理解人权概念、人权话语以及话语体系》，《红旗文稿》2017 年第 14 期，第 8 页。
③ 参见常健：《以发展权为核心重构人权话语体系》，《前线》2017 年第 8 期，第 111 页。
④ 参见吴晓明：《论当代中国学术话语体系的自主建构》，《中国社会科学》2011 年第 2 期，第 10 页。

第一节 关联论：人权概念与人权话语的内在勾连

一、人权概念的生成理路

人权概念所要指涉的含义，并非从人权的来源、人权的哲学基础、人权的论证范式这些本体论角度进行解读与阐释，而是从"概念上的人权"如何被认识的理解视角展开解读。在认知功能模式理论看来，人权概念是一个具有心理反应和人权表达关联互动的思维特征的认知系统，同时也是一个包含社会人权文化信息的系统。[①] 其一，人权概念是本土人权思想体系的结晶，高度概括了人权思想对于人权一词的论题阐发与知识构成，建构了人们关于人权的理论图式与精神世界。譬如，以西方人权概念来看，从古希腊、古罗马推崇的精神、人格平等观念，到欧洲启蒙运动、自由资本主义发展带来的主体文化勃兴，这条以自由主义人权思想为底蕴的概念生成理路对西方社会和民众心理产生了根深蒂固的影响。[②] 相比较而言，《世界人权宣言》以及在此基础上制定的《公民权利和政治权利国际公约》《经济、社会及文化权利国际公约》构成了当前国际人权宪章体系的核心框架，我们从以上国际人权规范中提取人权概念，并对其中的规范内涵进行中国古

[①] 认知功能模式强调概念内容与语言表达、理念层面与技术层面、价值维度与程序维度的对立统一关系。参见程琪龙：《概念框架和认知》，上海外语教育出版社2006年版，第72页。

[②] 参见吕怡维：《人权概念和人权思想的中国话语阐释》，《烟台大学学报》2020年第1期，第46页。

典政治哲学、道德哲学语境下的阐释,① 进而形成一条赓续历史文化资源到现代人权价值融入的本土化概念生成进路,此种具有地方化知识特色的人权概念便深刻影响了中国民众对于人权的观念认知。其二,人权概念体系是在既有概念存在的基础上,以体系的开放性面对人权实践的变迁,并由此形成从经验实证到理论抽象的新人权概念生成路径。"人本身是施动者,可以建构世界——我们总处于我们的建构之中"②,这就是说,既然人权概念为行为主体和社会的互动提供了语境和意义基础,于是,对此观念的行动实践,要么采取认同与遵守的方式加强概念的力量,要么采取选择与调适的方式对其减弱。可以说,在人与社会的互动关系中,既有的人权概念也不断被形塑与构成,形成一种动态意义上的体系更新。因此,人权概念的基准参照在于人权思想与人权的实践经验总结,而后两者实际上都涉及了对于人权的观念形态及认知想象。

二、人权话语的多重形态

人权概念是人权思想的高度凝练和对人权实践经验的抽象化总结,反映了人们对于人权一词的普遍认知与理解。通常认为,与内在的人权概念对应,将人权话语作为其外在的、具体的表达形态。人权概念需要人权话语作为外在形式为外界所感知与认识,人权话语则需要人权概念作为其内在的指称意义。然而,"话语"以语言的外在形

---

① 譬如,刘明指出,我国传统文化中就蕴含着一些人权观念,特别是儒家思想中有很多主张涉及经济平等、教育权益、言论自由的人权思想。具体参见刘明:《政治哲学语境中人权话语建构及中国视角》,《南开学报》2018 年第 5 期,第 44 页。
② 孙吉胜:《语言、意义与国际政治》,上海人民出版社 2009 年版,第 53 页。

式表现，但不能从工具主义的角度片面地理解它，因为话语不仅内在地包含了"思想以及相应的历史"，同时也联结了话语实践，故话语具有人文与实践的二重性。① 进而言之，人权话语不但是人权概念与内容的表意形象，而且常常还受到人权传播立场、形态、渠道的制约。在此人文与实践二元张力的视角下，人权话语得以展现为三类形态：断言与指令性、描述与说明性、承诺性。② 断言与指令性人权话语基于主体性原则，经常作为国家的话语霸权及实力展现的中介，因此对外给予的人权信息只是其人权实际图景的一部分。而描述与说明性人权话语则基于客观性原则，是对人权实践和人权保障水平的真实表达。最后，承诺性人权话语主要基于平等性原则和商谈性原则，强调各自的责任与义务，目的在于形成人权保护的联合体或共同体。从人权话语的分类及性质可以看出其存在多种指涉含义，即使表达的是同一种人权概念，但在具体的语境中却呈现出不一致的言说语义，其言说效果也存在明显差异。由此说明，人权话语不完全是人权概念的体现，还因具体时空、现实语境及权力场域的影响导致其处于一种动态形塑的过程中。因此，人权概念与人权话语不仅在形式上直接勾连，而且在实质上也存在着繁复交互的关系。

三、人权概念与人权话语的逻辑关联

依凭符号学上的"所指"与"能指"这对理论范畴，可以将概

---

① 参见高玉：《论"话语"及其"话语研究"的学术范式意义》，《学海》2006年第4期，第104—105页。
② 参见孙吉胜：《国际关系中的言语与规则建构——尼古拉斯·奥努弗的规则建构主义研究》，《世界经济与政治》2006年第3期，第63页。

念与话语的细致辨析放置在语言与符号的视域下加以考察。① 如果说人权符号是概念与话语的结合，那么概念就是人权所指，话语则是人权能指。索绪尔形象地把所指与能指的关系比作纸的正反两面，但纸的比喻并不完全充分，因为纸的正反两面都"实存"，而概念并不同于音响形象是实存的。② 可以看出，人权概念、人权话语和人权能指、人权所指存在耦合关系。在此视角下，人权概念与人权话语的核心关联可概括为四个层面：第一，人权概念与人权话语相互依存。人权话语是人权概念的载体，而人权概念是人权话语的内容，二者不可分割。第二，人权概念与人权话语有机结合。人权概念与人权话语最初的结合是任意的，但结合后便固定下来。③ 在特殊语境下，人权概念与人权话语的使用可以相互转换、相互补充。④ 第三，人权概念与人权话语交互平衡。人权概念抽象，而人权话语"实存"，因而人权话语可观察性、可操作性强，但人权话语需要受人权概念的意义规约，才能实现创造性与规约性的对立统一。⑤ 第四，人权概念与人权话语之间存在主体间性。人权话语对人权概念的表达不免融入个体主观前见，带来人权话语的差异性。因此，通过语言学能指与所指概念，能

---

① 语言学家索绪尔认为语言符号连接的不是事物和名称，而是概念和音响形象，如果用符号这个词表示整体，那么用所指和能指分别代替概念和音响形象。参见费尔迪南·德·索绪尔：《普通语言学教程》，高名凯译，商务印书馆2007年版，第102页。
② 陈嘉映指出，声音（音响形象）与概念两者的本体论地位不同，声音是实存的，概念并不在同样意义上实存。参见陈嘉映：《语言哲学》，北京大学出版社2003年版，第73页。
③ 人权的所指与能指遵循符号的任意性原则，即能指与所指的联系是任意的，而符号一旦在语言集体中确立，个人对它再无法改变。参见费尔迪南·德·索绪尔：《普通语言学教程》，高名凯译，商务印书馆2007年版，第102—104页。
④ 人权符号的理据性保证其不变性，但其连续性则使其总是处于变化的状态之中，这种变化无论是孤立的还是结合的，都会导致能指与所指关系的转移。参见费尔迪南·德·索绪尔：《普通语言学教程》，高名凯译，商务印书馆2007年版，第112页。
⑤ 参见王铭玉、宋尧：《符号语言学》，上海外语教育出版社2005年版，第126页。

够揭示出人权概念与人权话语之间复杂交织的逻辑关联,从而避免在论证过程中对人权概念与人权话语的误读。

第二节 构造论:人权概念与人权话语的双轴转换

尽管人权概念与人权话语之间存在紧密的关系,但并非意味着二者可以混用。只有进入人权话语的内部视角——人权概念,通过分析人权概念的组成与构造,才能考察出人权概念与人权话语的转换逻辑,从而在此基础上寻找提升国家人权言说能力的方法。通常而言,人权话语从组合轴和聚合轴两个向度展开,实现其表意活动。① 言说过程中被有条件、有序化排列的不同类型话语单元之间是组合关系,相同类型话语单元的彼此关系是聚合。② 从组合轴的向度来看,通过连接含有不同类型人权概念的人权话语而构成完整意义的话语链条,形成了对人权概念内容的直接理解;从聚合轴的向度来看,含有相同类型人权概念的人权话语被比较和选择来加以利用,形成了对人权概念的联想理解。

一、组合轴转换模型

人权话语在组合轴上的运用,涉及对人权概念的直接分解以及简单组合。人权概念从纵向上可以分解为不同类型、不同性质的子权利,每个子权利构成独立的话语单元,通过设定一定的条件和目的来连接这些子权利,形成表达整体人权意义的话语段落。人权概念的纵

---

① 参见赵毅衡:《符号学——原理与推演》,南京大学出版社 2011 年版,第 159 页。
② 参见王铭玉、宋尧:《符号语言学》,上海外语教育出版社 2005 年版,第 300 页。

向分解遵循"一阶—二阶—三阶……"的逻辑规则,从而对人权概念展开从抽象到具体、从概括到细分的演绎推导。① 人权概念作为一阶概念可以被分为四类二阶概念,分别是基础人格的人权、自由的人权、经济的人权、参政的人权。② 第一,基础人格的人权关涉人的基本生存与发展,也可以划分为三类三阶概念,分别是人格尊严权、生存权、幸福权,其中生存权还可以细分为生命权、健康权、环境权、和平权等四阶概念。第二,自由的人权主要指精神自由与身体自由,因此可以被划分为思想自由、言论自由、出版自由、人身自由等三阶概念。第三,经济的人权是指人享有的参与经济活动、获取私人财产的权利。可分为财产权、营业自由、迁徙自由、居住自由的权利,还包括社会保障权、受教育权、劳动权,而其中劳动权可分为就业权、获取报酬权、休息权等四阶人权概念。第四,参政的人权主要指公民享有参与政治活动的权利,主要分为选举权与被选举权两类三阶概念。③ 图示如下:

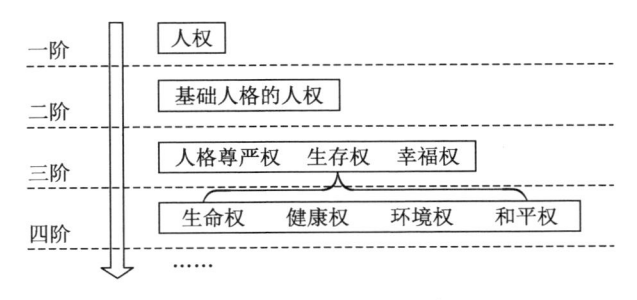

图 4-1 人权的四阶概念

---

① 参见张永和:《全面正确理解人权概念、人权话语以及话语体系》,《红旗文稿》2017 年第 14 期,第 8 页。
② 关于人权分类的学说纷呈多元,耶利内克、凯尔森、小林直树等学者都对人权类型作出划分,笔者认为,小林直树从组到类的划分法更为全面科学,故采此观点。参见徐显明:《人权的体系与分类》,《中国社会科学》2000 年第 6 期,第 100—101 页。
③ 参见徐显明:《人权法原理》,中国政法大学出版社 2008 年版,第 139 页。

如图 4-1 所示，人权话语由一些不同类型、不同层次的人权子概念构成，这些人权子概念因其推演路径不同导致其性质也相互有所差别。譬如，在四阶概念层次，环境权与和平权具有显著的差异，前者以人体之外的环境要素为权利对象，以环境利益为权利客体；[①] 而后者则以控制和消除直接暴力及其威胁作为权利对象，以集体的安全利益作为权利客体。[②] 另外，须指出的是，作为四阶人权概念层次的环境权与作为三阶概念的人格尊严权与幸福权也不同。比如环境权与人格尊严权相比，环境权具有社会性与公共性，同人格尊严的个体性与私人性有着本质差异。[③] 然而，正是由不同类型、不同性质的人权概念组成的话语单元才使人权言说在组合轴上表达意义。首先，组合关系视角下的人权话语作为整体，限定了每个人权子概念的功能范围。人权子概念发挥的作用与价值由它在整体中的地位决定。其次，在人权话语内部，各人权子概念相互制约、相互影响。虽然人权子概念指涉含义交叉，但由于每个话语单元的内容都是不同类型的人权概念，彼此须保持内涵、外延的相对独立。另外，人权话语在组合轴上可以扩展，这取决于单个人权概念的不断推演。也就是说，通过增加部分内容的体量而实现人权符号整体的扩展。[④] 因此，人权话语在组合轴上的运用需要恰当调适内部各个话语单元的组成，这样才能最大限度地表达出内容和意义。

[①] 参见杨朝霞：《论环境权的性质》，《中国法学》2020 年第 2 期，第 284 页。
[②] 参见常健、殷浩哲：《论和平权内涵的四个层次》，《学术界》2017 年第 10 期，第 50 页。
[③] 参见杨朝霞：《论环境权的性质》，《中国法学》2020 年第 2 期，第 285 页。
[④] 参见王铭玉、宋尧：《符号语言学》，上海外语教育出版社 2005 年版，第 310—311 页。

二、聚合轴转换模型

人权话语在聚合轴上运用的功能在于产生对人权概念的联想式理解,具体到聚合轴上的操作有赖于对同种类型、同种性质的话语单元展开进一步的诠释。"一个命题,从而在另一个意义上的一个思想,可以是信念、希望、预期等等的'表达',但不是思考"①,对同类的人权话语单元的诠释和阐发不能再局限于组合关系中的物理性联结,而必须突破这种结构的限制来寻求精神科学视角下的意义理解,由此才能从朴素的语义展示到对人权概念的思考与联想。海德格尔认为,若要确保论题的科学性,则需要通过控制主观预期从而在事物本身中获得理解。② 这就是指,解释者在诠释人权概念时已经融入了自身的"前见",而且此种前理解无法避免,但应当控制主观前见在诠释过程中的任意性。当然并非说,前见就是一种错误的判断,其本身也包括肯定的价值。③ 而从接收者的角度来看,在听取和理解人权话语之前,就已经形成关于人权概念的预期,而理解则变成从人权概念中寻找确认自我主观预期的过程,其结果是误解与偏见形成。在处理此种话语的对立问题时,精神科学有其独特的方法论特质。④ 即对于人权话语

---

① 路德维希·维特根斯坦:《哲学研究》,陈嘉映译,上海世纪出版集团2005年版,第180页。
② 参见海德格尔:《存在与时间》,陈嘉映译,商务印书馆2016年版,第312页。
③ 参见汉斯-格奥尔格·伽达默尔:《真理与方法——哲学诠释学的基本特征》,上海译文出版社2004年版,第349—350页。
④ 自然科学与精神科学的显著差别在于,前者重视经验与量度的标准,但自然科学无法以量度作为研究价值与重要性问题的基础,因为我们对于对象的精神层面的认识,不能消除它在不同时间展现出来的不同的历史意识,这些方面独立存在,需要人为结合起来。而精神科学的研究则是以当代的动机作为研究的出发点,某种程度上带有建构历史事实的意味。参见汉斯-格奥尔格·伽达默尔:《真理与方法——哲学诠释学的基本特征》,上海译文出版社2004年版,第366—367页。

而言,不应从现有的标准与条件出发,而要进入话语的历史视域,站在历史处境去思考人权概念。① 那么,人权话语所要面对的是"文本"与解释者、"文本"与接收者、解释者与接收者三重视域融合。第一层的紧张关系产生于文本与解释者。当解释者面对既有人权话语与个人主观前见的冲突时,需要进入人权话语的内部视域,观察人权概念的提出目的,并经过解释者发挥自身的主观能动性作出与文本内容不完全相同的人权概念解释,实现第一层的视域融合。第二层的紧张关系来源于文本与接收者。国家间的人权话语背后通常有着对立的价值立场与话语诉求,集中体现为对人权概念意涵的理解、认知、判断存在冲突,因此,从接收者的角度来看,同样需要体察对方人权概念的历史传统,从而与自我的人权概念认知进行调适与整合。第三层紧张关系来源于解释者与接收者。解释者居于文本与接收者的中间地位,那么要实现解释者与接收者的视域互动、视域商谈,解释者就必须扮演沟通者的角色,不仅要在解释文本的过程中克服自身的历史前见,也要包含"想象他者"的维度。因此,人权话语在聚合轴上的运用,需要经过多层次多维度的联想互动与视域融合,才能使话语行为实现"主观的言语行为向普遍的语言行为转换"②。

三、双重模型的互动平衡

人权话语在组合轴与聚合轴的互动方式决定了表意效果的实现程度。如上所述,组合关系是通过一些不同类型和性质的人权子概念的

---

① 参见高鸿钧:《伽达默尔的解释学与中国法律解释》,《政法论坛》2015年第3期,第11页。
② 陈嘉映:《语言哲学》,北京大学出版社2003年版,第78页。

连接来构成人权话语。聚合关系则在于视域融合视角下对相似类型和性质的人权子概念的深入阐释,强调话语单元原本存在的意义与品格。那么,组合型的人权话语是具体的、个别的、地方的,与它所处的时空语境紧密相关。比如,我国强调生存权与发展权是首要人权,这就是对生存权与发展权两种子概念的直接使用,具有地方性。但聚合型的人权话语则是抽象的、普遍的,甚至在一定程度上脱离了具体时空语境的限制。① 比如,有学者指出,生命权不仅作为生存权的核心权利,也是整个人权体系的基础权利,因而为保障生命权作为优先的人权,应当对生命权的正当性依据进行阐释。② 所以,可以推论出,如果进行人权言说,那么应是组合轴与聚合轴的双向展开,如果偏向组合轴运用就侧重于人权话语的现实主义立场,而偏向聚合轴运用则侧重人权话语的规范主义立场。一方面,现实主义立场下的人权概念组合,采用直白的话语叙事方式,对于人权话语的受众来说,主观上是一些无意义的符号形式,难以引起真正的共鸣,无法形成良好的话语效应。故而,另一方面,需要在人权言说中增加"刺点"③,即突然拓宽某个话语单位的指涉含义,让这个部分凸显于话语整体中,从而冲击受众的人权历史前见,引起受众的惊奇,进而使人权话语达到说服、感召的效果。组合轴与聚合轴的运用需要掌握交互平衡的方法,如果彻底地滑向组合轴,必然导致人权话语产生"符号式出场"的固化形象。质言之,经过反复申说、反复连接其人权概念来建立人权形象,而不论他国是否接受这种形象,最终只能陷入人权能指的自我迷醉与狂欢。因此,为了重建已然缺失的人权概念意义,我们应当

---

① 参见赵毅衡:《符号学——原理与推演》,南京大学出版社2011年版,第165页。
② 参见韩大元:《生命权与其他权利的冲突及其平衡》,《人权》2020年第3期。
③ 参见赵毅衡:《符号学——原理与推演》,南京大学出版社2011年版,第167页。

逐渐增加聚合轴上的应用，即建立"批判式重估"的经典形象。这就要求，在人权言说过程中，需要对人权话语进行深度的诠释，不断去寻找其正当性确据以及经验根据，从而阐发它对于人权实现的意义和功能。①

第三节 语境论：人权概念与人权话语的本土模式

人权概念与人权话语的转换机制在各种语境中并不完全一致，因为概念与话语应被理解为各个时代思想产品的例证，而非完全与自身相连续的精神、意义系统。② 对此的讨论必须与特定语境中的政治及社会文化联系起来，这就要求从共时与历时的角度来看待人权概念与人权话语的转换机制在具体社会中发生的变迁，并从中寻找语境中的历史线索。从人权话语的共时性角度来看，它是在一段时间内能够被集体意识所感觉的具有稳定性的语言实存；从人权话语的历时性角度来看，它则是在时间流程中意义不断变动的语言形态。③ 进而言之，若排除时间的干扰，可以研究出语境中人权话语各结构之间的关联及转换逻辑；而如果纳入时间的要素，就可以考察出语境中人权话语的结构变化与意义变迁。

---

① 参见邓建新：《参与建构：中国何以言说人权》，《政法论坛》2018年第4期，第130页。
② 参加叶秀山：《论福柯的"知识考古学"》，《中国社会科学》1990年第4期，第13页。
③ 参见徐思益：《论语言的共时性与历时性》，《新疆大学学报》1980年第1期，第81页。

一、 人权话语转换的静态格局

在中国语境中，人权话语的静态格局表现为官方主导、学界论证的二元主体模式。如上所述，聚合型人权话语的特点是抽象性、规范性、普遍性，强调隐藏在话语背后的意义基础。那么，学术界的任务在于对人权话语的聚合运用，即通过描述、分析、概括、阐释人权概念，主要是为既有的人权概念寻找规范来源与经验支持，实现人权概念的证成。而组合型人权话语，特点是具体性、现实性、本土性，主要是关注人权发展与社会变迁，发现并提出新的人权概念，并加以叙事与表达。二者的关联是，学界对人权概念的分析与阐释侧重人权话语在聚合轴上的运用，可以拓宽官方人权话语的阐释空间，深化官方人权话语的学理基础。官方对于人权话语的传播与表达侧重于组合轴上的运用，推动人权概念发挥实际的话语效果，并且官方人权话语的现实性向度决定其必然建立对变迁中的社会信息要素、国际人权的快速回应机制，无疑再次为学术界提出了重要的人权概念命题，促进学界对人权概念研究的理论创新。可以说，共时性视角下的静态格局能够在每个历史阶段中稳定呈现，因此，我们将官学二元格局作为分析人权概念与人权话语在具体语境中的关系的基础。

二、 人权话语转换的历史线索

从语境主义方法论来看，对人权概念、话语的关注不能只停留在文本主义，即"概念不能仅仅归结为意义，相反，一个概念的意义维度始终与语言行动有关"①,我们必须进入特定的社会语境,追溯它们的语言背景,解码特定作者提出如此命题的实际意图。也就是说,融合文本、语境、行动三重视野,从历时性的视角来考察人权概念与人权话语的关联互构,实际上是在回答过去及当下的官方与学界如何参与建构的问题。② 1979—2020 年 CSSCI 来源期刊中以人权为主题发表的文章共 8276 篇。这些成果呈现了阶段性的特点:第一阶段(1978—1991 年):时值改革开放初期,人权观念与思想尚处于启蒙状态。人权研究在觉醒与徘徊中反复追问,初步确立了社会主义人权理论。③ 直到 1991 年首部人权白皮书的发布,官方人权话语为学术界深入阐发人权理论提供契机,而核心是阐释作为人权研究逻辑起点的生存权概念。④ 第二阶段(1992—2003 年):在官方人权话语层面,中宣部组织编辑《人权研究资料丛书》、国务院新闻办持续发布《中国的人权状况》白皮书。我国还分别签署一系列国际人权公约。在此影响下,学界从意识形态之争走向学理之争,深入研究马克思主义人权理论,形成人权来源、人权主体、人权国际保护等一阶人权概念的重要范畴。生存权概念的内涵不断扩大,从狭义生存权到囊括和平权、环境权、采光权等子概念。国际人权体系被学界广泛引入人权概念框架。⑤ 第三阶段(2004—2020 年):"人权入宪"形塑人权法律关系,

---

① 凯瑞·帕罗内:《昆廷·斯金纳思想研究:历史·政治·修辞》,李宏图、胡传胜译,华东师范大学出版社 2005 年版,第 38 页。
② 参见邓建新:《参与建构:中国何以言说人权》,《政法论坛》2018 年第 4 期,第 130—131 页。
③ 参见刘鹏:《新中国 70 年人权研究历程及理论面向》,《法律科学》2019 年第 5 期,第 16—17 页。
④ 参见刘志强:《论中国特色人权话语体系逻辑构成》,《现代法学》2019 年第 3 期,第 24 页。
⑤ 参见孙世彦:《人权法研究:问题与方法简论》,《法制与社会发展》2008 年第 2 期,第 89—90 页。

人权从政治话语转向规范话语、制度话语层面。"以人民为中心""人民幸福是最大人权""人类命运共同体"等官方人权话语的提出，为学界论证、阐释、提炼新的人权概念提供了学术资源。围绕这些重大的学术议题，拓宽了学界的问题视域，不仅从学理上继续深入研究理论人权概念与规范人权概念，也渐渐重视中国之于世界的人权方案主张。① 可以看到，由官方人权话语表达、学界人权概念阐释的二元格局，形成了一系列具有中国特色的人权话语范畴，显著提升了中国的人权话语权。

三、本土化模式的构造局限

从历时性梳理来看，中国人权话语体系由官方人权话语表达与学界人权概念阐释构成，但二者之间存在双重面相。也就是说，尽管在二元格局模式下，官方与学界共同合力大大提高了中国人权言说能力，但同时应看到此种格局的构造局限。其中最主要的局限是，官方人权话语较多地在组合轴上运用人权话语，也即是以人权概念简单组合的方法进行表达，而官方人权话语表达要取得良好的话语效应，需要在表达过程中突出"刺点"，即加强话语在聚合轴上运用。② 其次，官方人权话语是学界人权概念的命题来源，而学界人权研究对于社会变迁中的新兴人权概念阐释力度不足。"以不同的初始概念构建我们面临的世界，世界就会呈现不同的图景"③，这就是说，学界用逻辑思

---

① 参见常健、殷浩哲：《人权概念的不断丰富和发展——兼论〈世界人权宣言〉的历史意义和中国对人权事业的重要共享》，《红旗文稿》2018年第22期，第11页。
② 参见赵毅衡：《符号学——原理与推演》，南京大学出版社2011年版，第168—169页。
③ 胡传胜：《观念的力量：与伯林对话》，四川人民出版社2002年版，第27页。

辨提炼的概念来解释人权现象，从而塑造了人权的观念与文本。但概念的来源局限于官方人权话语，就使概念的解释力难以跳脱官方话语的初始设定。第三，学界人权概念没有形成规范性意义制约。官方人权话语的可观察性与可调控性强，可以在不同语境中得以创造性运用，但其内在的人权概念须形成意义的制约性，才能实现创造性与制约性的统一、人权所指与能指平衡。因此，在官方人权话语与学界人权概念的二元并存模式中实际上存在着结构性的局限性，而此种局限性带来了"话语人权""功能弱化""规范性基础消退"三种困境。① "话语人权"是"人权话语"的异化，导致在言语行动过程中消解了人权背后的丰富意涵，形成以话语为价值、人权为形式的发展困境，即"人权的胜利并不意味着人权保障的真正实现"②。另外，功能主义人权观的旨趣包括人权之于证成国家权力正当性的基础地位，③ 以及人权之于个体尊严实现的核心价值，④ 而这两个维度的人权功能意蕴其实都在语境论的局限性中遭遇了一定程度的限制。尚须指出的是，语境主义方法论虽然有利于恢复人权概念的经验性根基，但容易走向主观任意的误区。这就是说，即使从地方化人权经验与实

---

① 参见刘志强、林栋：《中国人权话语体系研究范式的演进》，《中国社会科学评价》2020年第2期，第60—61页。

② 约瑟夫·拉兹：《人权无需根基》，岳林、章永乐译，《中外法学》2010年第3期，第367页。

③ 参见周濂：《从正当性到证成性：一个未完成的范式转换》，《华东师范大学学报（哲学社会科学版）》2007年第6期，第21页。

④ 对于"人的尊严"，康德曾敏锐地指出："你人格中的人性，还是其他任何一个人的人格中的人性，你在任何时候都同时当作目的，绝不仅仅当作手段来使用"，如果我们承认人权乃是基于个体的人格中的人性，那么各种人权实践活动的意义与价值在于维护其基准——人格中的人性。而人格中的人性并不等同人性，不能说人所有的自然属性都与人格相关。我们把其中最体现人的高贵价值的概念剥离出来，并用现代学术话语进行表述，即此种人格中的人性就应当是人之尊严。参见康德：《康德著作全集：道德形而上学奠基》（第4卷），李秋零编译，中国人民大学出版社2010年版，第437页。

践提炼的概念具有相当的确切性，但也需要交往理性与商谈伦理的检视，才能从人权的地方价值走向共同价值。

第四节 重构论：人权概念与人权话语的互构机制

在既有的官方主导、学界论证的二元格局下，官方人权话语表达与学界人权概念阐释的关联互动建构了当前中国的人权话语体系。然而，此种模式除了积极面相，也存在消极面相。因此，如何形成一种相辅相成、互动平衡的人权概念与人权话语的关联机制，将成为进一步提升中国人权言说能力的学术关注。

一、理想言说模式的系统论方案

为了寻找理想言说模式的方案，我们将人权概念与人权话语放入系统论的视域下进行考察。如此分析的原因在于，系统论可以超越孤立的、静止的人权符号、文本，而将参与者的身份、意图、智识结构也纳入进来，这就进入一个立体化的研究范畴。在卢曼"社会系统演化"理论中，社会子系统独立承担了不同的功能，实现了"运作上封闭、认知上开放"，建立了各自的"符码"。[①] 各子系统不受其他子系统运作状态的支配，易于应对外部变迁的复杂环境。[②] 因此，社会系统分化为政治系统、经济系统、法律系统、教育系统、科学系统等子

[①] 参见李忠夏：《宪法变迁与宪法教义学——迈向功能分化社会的宪法观》，法律出版社2018年版，第230页。

[②] 参见陆宇峰：《"自创生"系统论法学：一种理解现代法律的新思路》，《政法论坛》2014年第4期，第158页。

系统，而官方人权话语就内在于政治系统，按照政治系统"有权/无权"的模式在运作。但在国际人权领域，外部环境不断"激扰"政治系统，促使其通过自我反思机制，即系统内部就"我是谁"或"我是什么"进行反思，① 所以在这个维度上，经由政治系统与科学系统的沟通机制，官方人权话语的信息得以进入科学系统，并按照"真理"为标准的运作逻辑建立了对人权话语的"二阶观察"——人权概念研究。换言之，学界的着力在于为官方人权话语体系输送聚合型人权话语。这就要求，学界不断推演与阐释人权概念的内在意涵，并再度通过系统间的沟通机制回溯进入官方人权话语体系。

因此，政治系统需要发挥出"化约社会剩余复杂性"的功能，② 官方人权话语一方面需要快速针对国际人权评价的信息进行识别，这些信息在被转译进入政治系统后，就应借助科学系统进行阐释，避免滑向组合型人权话语的桎梏。另一方面，科学系统的符码是"存真/验误"，所以，学界人权概念自主性研究须按照科学系统的符码运作，持续建构科学的、客观的中国特色社会主义人权理论体系，从而提升人权概念体系的学理深度来支撑官方人权话语体系。

二、官方人权话语表达的双重反思

官方人权话语能力的提升需要政治系统发挥其功能，即将全球人权话语竞争场域中的利益和要素转化为话语体系内部的信息要素。人

---

① 参见泮伟江：《在科学性与实践性之间：论法理学的学科定位与性质》，《法学家》2019年第6期，第41页。
② 参见泮伟江：《宪法的社会学启蒙——论作为政治系统与法律系统结构耦合的宪法》，《华东政法大学学报》2019年第3期，第16页。

权话语在全球化背景中已经脱离过去完全以防御为主导的封闭自守型模式,逐步走向多元共存、倡导理性商谈的开放竞争型模式。因此,我国人权话语体系的建构与完善须立足于全球化语境,特别是官方人权话语应当关注全球人权话语竞争场域中的网状叙事结构。① 全球化语境可以概括为具有开放的中立性与全球公共讨论两大特征。② 开放的中立性是一个理想的言谈原则,指言说主体的主张、意见完全合乎理性,而全球公共讨论即在此原则上,借助国际商谈规范体系来形成一些客观、中立的重要判断。这就是说,全球人权公共讨论是一种去中心化、非等级式的话语冲突解决机制。这些人权话语冲突既可能是国家话语权地位大致相等的"横向冲突",也可能是国家话语权落差较大的"纵向冲突"。因此,参与全球语境中的人权公共讨论,实际上面对的是一个基于不同人权话语诉求、却在相互交织的话语结构中动态共存的网状平衡结构,而对抗带来的压力都转化到其内部的网络节点。因此,我国官方人权话语应当对各网络节点的压力保持敏锐的自主反思性,才能在网状平衡结构中与多方利益主体协调共存,获得更多的话语认同与尊重。此种自主反思需要从"外部反思"与"内部反思"两个向度展开。其一,首先是对国际人权话语沟通机制中的信息保持敏感性,充分认识到其他国家人权话语背后的概念意义,并将这些信息要素转译进入政治系统内部。各国家的人权话语都有一套地方性伦理文化的概念内容作为支撑,包含其他国家民众关于"人权"一词的观念想象;与此同时,以联合国为核心的国际体系中的人权话

---

① 贡塔·托依布纳:《宪法的碎片:全球社会宪治》,陆宇峰译,中央编译出版社 2016 年版,第 175 页。
② 詹姆斯·J. 赫克曼、罗伯特·L. 尼尔森、李·卡巴廷根编:《全球视野下的法治》,高鸿钧等译,清华大学出版社 2014 年版,第 69 页。

语同样有一套普遍性道德文化作为价值来源。从"人类命运共同体"的整体论角度来看,这些普遍性道德文化在一定程度上超越了地方性伦理文化,具有普遍认同感。因此,对于这些外部环境中的人权话语信息要素应保持积极开放的态度,即以一种理解地方性伦理文化与认同普遍性道德文化相统一的视角参与人权话语的言说与商谈。① 其次,基于人权所指与人权能指二者之间存在主体间性的原理,官方人权话语在表达过程中实际上已经在对人权所指融入了主观认知,换言之,在官方人权话语表达与学界人权概念阐释之间存在着差异性,而正是这种差异性使得官方人权话语在实践运用中产生创造性,但人权话语的创造性需要受到人权概念意义的规约。譬如,"生存权和发展权是首要人权"与"人民幸福生活是最大的人权"都涉及人权的地位和重要性的问题,但二者如何区分,还需要经过人权概念上的细致辨析。

其二,官方人权话语外部反思性的实现需要内部反思性作为基础和支撑。政治系统应当将转译过后的人权话语要素尽快地向科学系统沟通,为学界的人权研究提供更丰富的人权话语命题,并由学界对此展开抽象概念层面的阐发。由于当前学界的人权研究还在很大程度上依赖官方人权话语的问题意识输送,因而在此现状下需要官方人权话语及时将外部环境中捕捉的人权信息要素沟通进入科学系统,进而转译为科学系统中的人权命题,由学界针对这些命题进行深入的阐释和论证。另一方面,内部反思基于政治系统的自律性。当人权话语要素进入科学系统后,只能按照科学系统的符码来进行知识生产与命题判断,而不能预先假设人权命题为"真"。政治系统不能持续地"激

---

① 参见高鸿钧:《权利源于主体间商谈——哈贝马斯的权利理论解析》,《清华法学》2008年第2期,第26页。

扰"科学系统作出判断,因为科学系统应当按照自身独立的符码进行运作。也就是说,官方人权话语针对学界的阐释与论证,只能采取接受或者排除的态度,而不是用政治系统的逻辑来影响甚至决定学界作出判断的过程。

三、人权概念阐释的范式转换

从学界人权概念阐释的维度来看,学术研究须按照科学系统的符码运作,持续建构科学的、客观的中国特色社会主义人权理论体系,从而通过提升人权概念体系的学理深度来支撑中国人权话语体系。具体言之,学术界应当拓宽人权命题的来源,而非仅从官方人权话语中汲取养料。

首先,人权法学研究与人权社科研究并用。如果说既有的主流研究可以称为政治人权学,那么,这就要求在研究方法上重视人权法学研究与人权社科研究。人权法学研究是以人权规范体系为基础,采取释义学的方法发现"个别法规范、规整之间,及其法秩序主导原则间的意义脉络"[1],从而以概念体系的方法将其表现出来。比如,在我国的人权法规范体系中,人格权编作为《民法典》中最具独创性的亮点,特别体现了中国特色社会主义法治体系对于人权的保障落实。[2]那么,以《宪法》中的基本权利与《民法典》中的人格权为思考对象,从释义学的角度探讨法体系内的融贯性方案,提炼出一系列彰显中国特色人权治理体系的概念与范畴,就具有重要的意义。因此,人权法学可以

---

[1] 卡尔·拉伦茨:《法学方法论》,商务印书馆2019年版,第316页。
[2] 参见王利明:《民法典人格权编的亮点和创新》,《中国法学》2020年第4期,第5页。

从人权规范体系中提炼并阐释制度人权概念。与此不同的是，社科研究的任务是"呈现社会事实，然后以此为理据理解社会"①，所以人权社科研究可以广泛地融入中国的人权实践，从"实证"与"经验"中寻找概念并加以解释。又比如，因智慧社会、大数据时代的到来，在促进人权保护的同时，也存在侵害人权的风险，而这为人权研究提出了挑战也带来了发展的机遇。②

其次，人权描述性研究与人权批评性研究并重。人权描述性研究是运用学术的方法对官方人权话语要素的概念复写，而在此基础上需要价值批评性提升事实描述性的研究品味。习近平总书记指出，和平、发展、公平、正义、民主、自由，是全人类的共同价值。③ 这些共同价值概念具有丰富的内涵与意蕴，如和平、发展都可以从人权视域中实现直接转换，而另外一些概念则需要更深入和细致的阐释。人权研究应当在共同价值的涵摄视域下，逐渐缩小应然与实然之间的差距。概言之，只有同时运用事实描述性研究与价值批评性研究，才能够使学界的人权概念阐释形成官方人权话语表达的意义规约，从而实现话语创造性与概念规约性的统一。

最后，人权国内研究与人权全球化研究互补。人权国内研究的对象局限于国内的人权规范与人权实践，从整体角度来看仍然是一种地方化的知识，而面对全球化世界中更为宏大复杂的学术问题，人权研究应当具有更广阔的视野。然而，从实质上看，人权的国内研究与全

---

① 侯猛：《社科法学的传统与挑战》，《法商研究》2014年第5期，第78页。
② 参见马长山：《数字时代的人权保护境遇及其应对》，《求是学刊》2020年第4期，第103页。
③ 参见习近平：《携手构建合作共赢新伙伴，同心打造人类命运共同体》，载人民网，http://theory.people.com.cn/n1/2018/0104/c416126-29746010.html，2020年9月10日访问。

球化研究之间潜在地存在人权的特殊性与普遍性之争，此种对立源于各言说主体对于主体性哲学的理解。因此，学界人权论证理论应当因应时代变奏，实现从主体性到关系性的范式转换，促进以沟通理性、交往共识为旨在的全球人权协商机制的形成，从而化解特殊性与普遍性的对立。[①] 在关系性范式的基础上，再进一步思考全球人权保护实践中事关人类命运的难题。

小　结

因此，人权概念与人权话语不仅在形式上直接勾连，而且在实质上也存在着复杂的关系，依照语言学人权能指与人权所指这对范畴，能够揭示出人权概念与人权话语之间繁复交织的逻辑关联。人权概念向人权话语转换可以通过组合型模型和聚合型模型来实现，前者对人权概念进行分解与推演，并进行简单组合；后者则有赖于对同种类型、同种性质的人权概念展开进一步的诠释。为了实现良好的表意效果，组合型模型与聚合型模型应当被平衡使用。在中国语境中，人权话语的言说格局表现为官方主导、学界论证的二元主体模式，因此，官方人权话语表达与学界人权概念阐释构成了中国人权话语体系，显著提升了中国的人权话语权。但是，此种格局主要的构造局限是，官方人权话语较多地在组合轴上运用人权话语，忽视了在表达过程中突出内容上的"刺点"。重构一种相辅相成、互动平衡的人权概念与人权话语的关联机制的核心在于，其一，在官方层面，应当将全球人权

---

① 参见严海良：《全球化世界中的人权——以拉兹为视角的展开》，法律出版社2015年版，第206页。

话语竞争场域中的利益和要素转化为话语体系内部的信息要素。进而使转译过后的人权话语要素尽快地向学界沟通，为人权研究提供更丰富的人权话语命题，并且在人权概念阐释的过程中保持政治系统的自律性。其二，在学界层面，应当不断更新人权学术研究范式。这就要求，在研究方法上重视人权法学研究与人权社科研究，运用价值批评性研究实现事实描述性研究的意义规约，人权国内研究与人权全球化研究形成知识互补，从而通过提升人权概念体系的学理深度来支撑中国人权话语体系。

第五章　中国人权法学的三种法理

进入新时代，张文显教授的文章《法理：法理学的中心主题和法学的共同关注》①自发表以来，在法学界引发了广泛的关注和深入的探讨。文中不仅提出"法理"成为法理学界的研究对象和中心主题，而且倡导部门法学者共同关注和研究"法理"。基于此种理论自觉，人权法学需要承袭法理学之问题意识，对人权法学中的法理予以重新梳理和反思。

法理存续于法律规范之中，包含了"法之道理""法之原理""法之条理""法之公理""法之原则""法之美德""法之价值"等构成性内容，表明"法理"是一个具有丰富内涵要素和广泛论域的概念。②但法理在不同维度、不同层面还构成了一个逻辑融贯的体系。有学者提出根据"法理"的抽象程度、指涉广狭及其层次关系，可将其分为具体法理、一般法理和基本法理，即包括法律部门和法律个案的具体法理、统摄部门法领域的一般法理、整个法理体系的基础法理这三种密切关联而层次不同的类型。③这种法理层次分类主要着眼于

---

① 参见张文显：《法理：法理学的中心主题和法学的共同关注》，《清华法学》2017年第4期，第12页。
② 参见张文显：《法理：法理学的中心主题和法学的共同关注》，《清华法学》2017年第4期，第12—22页。
③ 参见翟郑龙：《如何理解法理？——法学理论角度的一个分析》，《法制与社会发展》2018年第6期，第60—62页。

整个法学体系、法理体系加以考量。也有学者认为，法理存在于法律明文、存在于法律基础、存在于法律上面，法律明文中的法理指直接存在于制定法的法律原则，法律基础中的法理为立法意旨，法律之上的法理为法律之效力基础，通常以"法理念"称之。① 这种分类主要以法理与民事法体系的关系为出发点。还有诸多观点不再列举。因此，郑磊、宋华琳将法理的逻辑层次总结为分层式内涵结构与递归式内涵结构。分层式内涵结构系指按照超越规范的一般法理与围绕规范的特殊法理构成对应的二分结构。递归式内涵结构强调在一般法理层面部门法中贯穿始终、覆盖全局的元法理、核心法理、基础法理。分层式内涵结构揭示出法理的层次结构是何种样式，而递归式内涵结构则阐明了法理的实际内涵。②

而就人权法来说，其既不同于宪法，也不同于具体部门法，因为我国暂未出台一部人权法典，相较于其他法律，人权法规范体系更为隐蔽与分散。分析概括人权法法理的层次结构需要通晓人权规范与实在法律体系之间的关系。具体来说，人权渗透于实在法体系之中，主要包括公法、私法、公私综合法三大部分，从而赋予人权规范属性。首先，公法与私法的界分主要有利益说、意思说、主体说。③ 综合来看，公法关系属于国家管理的范畴，其法律主体至少有一方是公权力机关，私法关系属于公民、法人等平等主体之间事务的范畴。也就是

---

① 参见黄茂荣：《论民法中的法理》，《北方法学》2018年第3期，第7—8页。
② 参见郑磊、宋华琳：《"公法中的法理"暨第四届"法理研究行动计划"学术研讨会述评》，《法制与社会发展》2019年第1期。
③ 利益说认为，规定国家利益与社会公共利益的为公法，规定个人利益的为私法；意思说认为，规定国家与公法人之间的管理服从关系的为公法，规定公民、法人相互之间的平等关系的为私法；主体说认为，公权力主体作为一方或双方的为公法，规定法律地位平等主体的则为私法。参见程信和：《公法、私法与经济法》，《中外法学》1997年第1期，第11页。

说，公法涉及公权利，比如公民公权利、宪法权利、刑事上受保护的权利、行政上受保护的权利等。私法涉及个人市民权利，比如债权、物权、亲属权等。随着社会经济发展，公域与私域的交互地带越来越多，因此劳动法、社会保障法等也涉及公民的劳动权、福利权、社会救助权等。其次，人权融入法律之中，从道德人权转化为法定人权，从而形成人权规范体系。那么，围绕实在法体系，人权法的法理为何？

本章拟从具体法理、一般法理、普遍法理三个维度来分析人权法中的法理逻辑结构与规范内涵，其论证框架主要从以下几个方面展开：第一，人权规范融入宪法及各部门法之具体法理。一方面，生存权、发展权、财产权、公民权、自由权需要在宪法和具体部门法中落实与体现，比如民法对公民产权的保护，其实际也是保护作为人权的财产权利；刑事诉讼法对被追诉人辩护权的保护亦是保护作为人权的自由权。另一方面，具体法理也可以直接从法律明文中推导出来，为"条理""是理""器理"①，其抽象程度较低。第二，人权法规范原理之一般法理。在具体法理中已经回答人权保护所必须具备的规范要件，而在具体法理之上的一般法理层面是以整个实然法律体系为基准，揭示人权规范体系的一般性原理。因此，一般性原理需要在立法的一般性原则的层面上提炼。立法原则有时以原则形式明定于条文中，如刑法中的罪刑法定原则；有时虽未明文规定，但仍作为法律实际适用的原则规范，如民法中的契约自由原则。本章认为，防御权模式与合作权模式是人权在规范语境下的两种最典型运行样态，处理好防御权与合作权的微妙关系能够促进法定人权不断转化为实有人权。

---

① 参见张文显：《法理：法理学的中心主题和法学的共同关注》，《清华法学》2017年第4期，第17页。

此两种模式充分揭示出了人权规范体系的背后机理,所以本章将其提炼为人权法的一般法理。第三,人权法的道德维度之普遍法理。按逻辑层次,普遍法理高于具体法理、一般法理。法理乃是负荷实在法条文的价值基础。① 故,人权法法理必然要回应人权法的道德基础,也即"人之尊严"为人权法的"法之价值"与"法之美德"的普遍性法理。

第一节　人权法具体法理

人权与公法、私法和公私综合法的互构体现为生存权、发展权、财产权、公民权、自由权构成的基本人权体系融入实定法体系。如果对实定法进行各项人权的依次检视,梳理和分析法律条文所保护的权利,论证其实质与人权内涵是同义异语的关系,那么便完成了道德人权向法定人权的证成。

一、人权融入公法之具体法理

公法主要涉及公民的公权利和自由权,公民权的本质是作为政治人、公人的公权利,② 不同于作为自然人、私人的私权利,也就是说,公民权或公民的公权利核心是政治权利,公民行使公权利可以监督和制约政府权力,防止其恶性膨胀,推动政府权力的良性运行,从而维护社会整体的安全、秩序,为社会的个体和公众谋福利。③ 自由权亦

---

① 参见黄茂荣:《论民法中的法理》,《北方法学》2018年第3期,第7页。
② 参见郭道晖:《人权的国家保障义务》,《河北法学》2009年第8期,第12页。
③ 同上。

是最重要的人权之一，一方面表现为身体自由，不受非法侵害；另一方面则体现为精神层面、思想层面的自由。在具体权利上就表现为选举权与被选举权、批评与监督权、信仰自由权、言论自由权、结社权、游行示威权、辩护权，在刑事诉讼的死刑复核程序中也体现出对生命权的保护和尊重等。如表5-1对一些具体权利的梳理。因此，人权在公法中的具体法理，就是权力必须依正义而行使，而不得高于正义；法律约束国家权力；关乎人命之审判，延误无关紧要；构建开放、阳光、透明的政府信息公开机制；保护公民的权利乃是政府之天职；放纵恶即是侵犯善；如果出现疑问，就应该优先选择最宽容和仁慈的推定；① 个人的不便成全了公共利益，而个人损失则由公共利益进行补偿；任何人都不能仅仅因为想犯罪就受到惩罚；等等。②

表 5-1 人权融入公法之展现

具体权利	类权	参见法律条文	法理阐释
普遍选举权和被选举权	公民权	《宪法》第34条："中华人民共和国年满十八周岁的公民，不分民族、种族、性别……都有选举权和被选举权。"	每个成年公民必须拥有选举和被选举的权利。
信仰自由权	自由权	《宪法》第36条："中华人民共和国公民有宗教信仰自由。"	任何人在思想上都是自由的。
辩护权	自由权	《刑事诉讼法》第14条："……应当保障犯罪嫌疑人、被告人和其他诉讼参与人依法享有的辩护权和其他诉讼权利。"	刑事诉讼应保证被告人充分争辩；裁判者若只听信一面之词，即使裁判正确，也仍是错误的。

---

① 参见孙笑侠编译：《西方法谚精选——法、权利与司法》，法律出版社2005年版，第80页。以下引注简称《法谚》。

② 参见《法谚》，第49页。

二、人权融入私法之具体法理

随着国家减弱对经济和社会领域的控制,人权的侵害主体从公权力过渡到了公权力与私人权力并存的状态,而为了顺应这一变化,2004年"国家尊重和保障人权"条款正式载入宪法修正案,明确将国家对人权的"尊重"与"保障"并重。① 这就要求,国家要同时履行消极义务和积极义务。尊重是国家的消极义务;促进和提供是国家的积极义务,指国家通过积极的行为提供人们获取资源的条件和增强人们享有这种权利的能力;保护的义务是一种程序上的义务,指国家为受到政府或私人侵害的人权提供救济。② 因此,人权在私法上主要与财产权、发展权、自由权相关。如表5-2所示。财产权是生存权实现的物质条件,这需要保护公民的财产不受私人和政府的不法危害;个人发展权的核心内容是个人能力的充分开发与个性的自由发展,其包括人的稳定的性格受到尊重、处事方式的自我选择、人生目标的自我确立、思想创造的不受限制等。③ 发展权的实现需要国家积极创设各种条件,以及保护公民人格权不受侵害。故在私法层面具体表现为产权、土地承包经营权、建设用地使用权、宅基地使用权、地役权、债权、婚姻自由权、继承自由权、著作财产权等。所谓人权融入私法

---

① 参见孙世彦:《论国际人权法下国家的义务》,《法学评论》2001年第2期,第93页。在国际人权公约中,孙世彦对国家义务的表述是"尊重""承认""保护""保障""保证""使之有效"等术语。但在国内法中,对国家义务的表述则有所不同。请参见陈征:《基本权利的国家保护义务》,《法学研究》2008年第1期,第52页。
② 参见刘志强:《论国家人权义务的证成、类型与转化》,《岳麓法学评论》2017年第1期,第79页。
③ 参见夏清瑕:《个人发展权探究》,《政法论坛》2004年第6期,第174页。

之具体法理就是,法律倾向于使财产流转而不是积累;对于未出生之人,只要符合其利益,就认为他已经出生;公民不能自由处分自己的财产是不正义的;每个人的住宅都应该成为安全之地;侵犯著作权的应按权利人实际损失予以赔偿;契约因当事人达成合意而具有法律效力;债不受地点限制,不论在什么地方,债务人跑到哪里,债就跟到哪里;① 一个人不得同时有两个妻子;等等。②

表 5-2 人权融入私法之展现

具体权利	类权	参见法律条文	法理阐释
人格权③	发展权	《民法典》第109条:"自然人的人身自由、人格尊严受法律保护。"	人格受到尊重乃是个人自由发展之前提。
物权	财产权	《民法典》第207条:"……私人的物权和其他权利人的物权受法律平等保护,任何组织或者个人不得侵犯。"	有恒产者有恒心,无恒产者无恒心。
土地承包经营权	财产权	《民法典》第331条:"土地承包经营权人依法对其承包经营的耕地、林地、草地等享有占有、使用和收益的权利。"	只有确定土地承包经营权的物权性,才有利于维护公民的生产积极性。

---

① 参见《法谚》,第155页。
② 参见《法谚》,第172页。
③ 人格权与人权的关系从根本上说是民法与宪法之间的关系,虽然分属于不同法域,但却存在着紧密的双向互动,表现为:民法人格权擢升到更高效力层次,具有人权属性;而人权在输送价值的同时,也逐渐渗入其中。参见石佳友:《人权与人格权的关系——从人格权的独立成编出发》,《法学评论》2017年第6期,第99—102页。

三、人权融入公私交叉之具体法理

人权融入公私交叉法律体系,主要体现为包括但不限于生存权、财产权等基本人权具体转化为劳动权、获取物质帮助权、社会保障权、知情权、公平交易权、食品安全权等。如表5-3所示。生存权的现代内容还包括如下几个方面:我国以解决人民温饱问题作为生存权的首要问题,西方国家则将之转入福利政策;劳动权是实现生存权的一般手段;社会保障是其救济方式。① 财产权权益的实现也需要国家积极创设市场条件。故在公私交叉法中,人权法具体法理包括:国家和社会对依靠自身努力难以满足其生存基本需求的公民给予物质帮助和服务;社会救助应公开、公平、公正、及时;劳动者有权拒绝执行强令冒险作业;未经专业培训的劳动者不得上岗;非因本人意愿中断就业的可领取失业保险金;经营者应当表明真实名称和标记;公共福利是最高的法律;法律的制定乃是以人民福祉为目的;任何人都不可预料风险事件的发生;人权是弱者的权利;等等。

表5-3 人权融入公私交叉法律体系之展现

具体权利	类权	参见法律条文	法理阐释
社会保障权	生存权	《社会保险法》第2条:"国家建立……社会保险制度,保障公民在年老、疾病、工伤、失业、生育等情况下依法从国家和社会获得物质帮助的权利。"	法律必须要保护弱者。

---

① 参见徐显明:《生存权论》,《中国社会科学》1992年第5期,第46—47页。

（续表）

具体权利	类权	参见法律条文	法理阐释
劳动权	生存权、发展权	《劳动法》第26条："……用人单位可以解除劳动合同，但是应当提前三十日以书面形式通知劳动者本人。"	劳动权是生存权、个人发展权实现的一般手段。
公平交易权	财产权	《消费者权益保护法》第8条："消费者享有知悉其购买、使用的商品或者接受的服务的真实情况的权利。"	信息对称才能公平交易。

概念、思想、理论都是被概括出来的，没有概括，就没有概念、思想、理论。① 法理也是被概括出来的，因此法的概念、命题、原理就必须从法中被概括、抽象出来。就具体法理而言，其抽象程度较低，许多都可以从制定法中获得直观的认识。这种特性其实和上表包括但不限于列举出来的具体权利密切相关，具体权利是基本人权的进一步细分，需要利用具体法律条文的技术细节转换至可操作的程度。从法理学的学科特性也可以对具有法理进行描述。法理学是一门说理性技艺，不仅表现为与专业法律学者讨论或者辩驳以求真理，更重要的是，也面向社会普通公众。如何将枯燥乏味的法条、冷冰冰的文字诠释得生动、形象、精炼，让一个普通人能够最直观地、准确地理解法律？具体法理便具有此种功能。当然，本部分的梳理旨在引出一般法理和普遍法理。

第二节 人权法一般法理

具体法理从法律明文中就可以总结和提炼，然而法理的内在逻辑

---

① 参见邱本：《如何提炼法理》，《法制与社会发展》2018年第1期，第5页。

基调决定具体法理之上还存在一般法理。这就要求，需要澄明各法域内的规范来源和规范运行的背后机理。质言之，一般法理和具体法理之间关系是，一般法理是具体法理的概括性规范，具体法理是围绕一般法理所设定的理论安排。一般法理的提炼旨在整体把握人权实然规范体系的一般原理，揭示出在人权法秩序中具有规律性的一般运行模式。因此，人权法一般法理需要在法律的一般原则层面上加以提炼，也就是说人权法一般法理蕴藏于各部门法的立法基本原则。而这些立法基本原则，有时由法律明文表达，有时则未在法条文字上直接体现，因而尚须经过类型化的区分处理。

一、 一般法律原则的类型化划分

通过公法、私法、公私交叉的界分，我们发现公法中的一般原则主要体现在公权力的正当性、合法性上，比如罪刑法定、法律保留、比例原则、法律监督、审判公开等。在公法中主要保护的是公民的政治权、自由权。这类人权的保护需要国家履行消极义务，而且要限制自身的权力。而在私法领域集中表现为产权神圣、人格平等、契约自由，比如自愿原则、平等原则、诚实守信、物权法定、物权保护、物权正义、物权效率、依合同履行义务等。这类原则更加强调对公民生存权、发展权以及财产权的保护。当然社会法、经济法也在人权实现上发挥着重要作用。须指出的是，人权的几项重要权利并不是彼此分立、毫不相关的，而是相互勾连与联结。如果没有财产权为基础，生存权就无从谈起；政治权、自由权又必须依靠生存权、发展权为前提，只有先满足公民温饱需求、培育精神素质，才能养成良性的公民社会，从而推动政治权利的实现，以及国家民主政治体系的形成。

1. 人权在公法中的权力制约型原则

公法关注公权力之间、公权力与公民权利之间的关系。这两对核心范畴推动公法的制度变迁，无论是"管理论""控权论"还是"平衡论"①，它们都是为了寻找这二者之间的理想模式，从而更有效地保障公民权利。一般来说，立法机关要承担消极义务，只有通过制定法律的方式，立法机关才可以对公民的基本权利作出限制，而且限制的理由必须是防止公共利益受到损害；② 行政机关不得违反法律保留原则，法律必须对行政行为作出明确规定与授权，也不得违反比例原则，须符合行政行为的适当性、必要性、目的性；司法机关须依法独立行使审判权力，严格按照法定程序办事，不得枉法裁判、滥用司法裁量权、违法司法强制。

2. 人权在私法中的私权自治型原则

私法的基本理念与价值主要体现为人格平等、产权神圣和契约自由等。人格平等是人类社会对自身构成的理想描述，也是人类作为整体所追求的目标，私法中的人格平等体现出主体在法律关系中处于同等的地位，享有同等的权利；所有权是所有人对物的占有、使用、收益、处分并排除他人干涉的权利。目前来看，我国的绝对所有权尚未充分发展，而相对所有权又因与我国社会本位传统相吻合而形成，并由此获得保持发展的正统合法理由。③ 意思自由指个人依其意志自由，

---

① 参见罗豪才、宋功德：《行政法的失衡与平衡》，《中国法学》2001 年第 2 期。
② 参见张翔：《论基本权利的防御权功能》，《法学家》2005 年第 2 期，第 72 页。
③ 参见朱勇：《私法原则与中国民法近代化》，《法学研究》2005 年第 6 期，第 150 页。

自我负责形成私法上的权利义务。在合同中表现为合同自由,在婚姻中表现为婚姻自由,在遗嘱中表现为遗嘱自由。此为私法中最重要的基本原则,旨在保护个人的自主决定及人格尊严。

3. 人权在公私综合法中的社会保障型原则

公法、私法之外的第三法域,可称之为公私综合法,种类繁多,但在人权法视野下主要是指由劳动法、社会保障法组成的社会法。一个社会系统中,严格的公私法区分界限并不总是那么清晰,而是互相掺杂渗透。质言之,通常意义上的公私法界分用"交换正义"就可以得到澄清,然而个人禀赋和社会地位差异性决定了需要通过法律照顾弱势群体,在"交换正义"之外还存在"分配正义"。在这种法律关系中,必然要以一个超越平等主体的机关作为先决条件。① 比如劳动法就处于公私法交叉的存在状态,这关涉到公民的社会救助权、平等就业权、职业选择权等。

二、一般法理的两种模式

从一般法理推导来看,人权在公法上的权力制约型原则关涉公权的自身制约问题;人权在私法上的私权自治型原则关注的是私权自由的问题,就是要求国家公权力不侵害到私人自由空间;人权在公私交叉法上的社会保障型原则可被视为私权自治的重要补充,在一些特殊情况下,国家公权力得以正当介入私权范围。这便揭示出了人权规范体系的原理,人权规范实际是调整公民权利之间、公民与社会之间、

---

① 参见古斯拉夫·拉德布鲁赫:《法哲学》,王朴译,法律出版社 2013 年版,第 144 页。

公民与国家义务之间的关系。在公领域,当国家履行消极义务时,公民与国家之间呈现出一种防御权结构模式。当国家履行积极义务时,公民与国家之间呈现出一种合作权模式。在私领域,私人履行消极义务时,私人之间也呈现出一种防御权模式;履行积极义务时,呈现出一种合作权模式。而在第三法域,公民的劳动权、福利权、社会救助权则更加强调个人与社会的合作。

提炼出防御权法理模式与合作权法理模式,旨在把握二者交互运行的微妙关系,以促进法定人权不断地转换为实有人权。因此,防御权法理和合作权法理的关系集中体现为个人与个人、个人与社会、个人与国家三对范畴的区别与联系。第一,个人与个人的关系。防御权模式强调个人的竞争对抗,"适者生存"的逻辑走向极端就演变为社会达尔文主义。而且,主体性哲学中的理性主义很大程度上是工具理性(算计能力),工具理性与人性"幽暗意识"[①]的基本人类学事实叠加起来,加剧了社会不平等现象。因而在私人关系上,人权实践面临的困境为理论、制度提出了难题,如果用规则来调整、制约,势必侵犯公民道德自治空间。共时性理论视域下的合作权模式则认为,社会个体除了持有各种异质的主观目的,总在不同内容、范围和程度上分享着相同或相似的主观目的和利益,这需要经由共同合作实现,[②]并从"人性之善"[③]的

---

① "幽暗意识"一词出自台湾著名学者张灏,他以幽暗意识来概括人性中的贪婪、自私、罪恶,他认为正是西方基督文明传统对人性幽暗意识的关注构成了西方社会对权力的警觉,从而促进法治文明的演进。参见张灏:《幽暗意识与时代探索》,广东人民出版社2016年版。

② 参见熊丙万:《私法的基础:从个人主义走向合作主义》,《中国法学》2014年第3期,第147页。

③ 有学者反驳了人性恶的前提假设,主要观点有:(1)道德性是人的本质属性。(2)性恶论无法给人民的自由和道德留下空间。(3)性恶论只看到了防恶的必要,(转下页)

角度予以诠释与阐发，这就形成了私人的自发合作品性。因此，这决定私法的制度选择，第一位是合作权，第二位是防御权。因此，在私法关系中，主张平等原则、自愿原则、公平原则等，以致私人之间平等对待、互相尊重、相互协商，相互建立信任。使人形成自治，使其具有主动性、独立性、坚韧、宽容、负责任等一系列公民美德。第二，个人与社会的关系。在防御权模式中，个人与社会形成一种单向度关系，个人权利优先于社会公共利益，社会集体利益服膺于个人利益，尤其在权益冲突中，个人权益往往具有不可置疑的优位性。这便导致社会利益的实质性空缺，在现代风险社会中，不只需要交换正义，还需要有矫正正义。由此彰显出合作权模式的重要价值，在合作权模式中，个人与社会不再呈现对立不兼容的关系，而是在多元社会关系处于相互交互与不断建构的过程，个人与社会的良性合作必将实现个人人权与集体人权的有机统合。第三，个人与国家的关系。国家代表公权力，基于人性之恶的前提假设，人性恶的属性必然推导出权力之恶。所以，公法的方法是恶的方法，是这种方法的规则化、系统化衍生的体系。① 在个人与国家语

（接上页）而忽视了法治扬善的目的。性善论者旨在防止强权与高压侵蚀个人的道德与自由，更多是从人权主体角度去阐释，也就是说，在私人自主层面应更注重公民的道德自治。在此，不评价性恶或性善何为优先的问题，但人性具有复杂性的事实应该没有争议。关键在于，在何种语境下来关注人性的不同方面。比如从私法角度来看，由于人性善的预设逻辑，私人之间能够以诚信原则妥处私人事务。故强调私人之间行为不受国家干预，在制定法体系中就体现出协商、平等、包容等私法品性。参见严存生：《"人性恶"是法律、法治的人性基础吗？》，《河北法学》2014年第32卷第3期，第6页；郭忠：《论中国传统性善论和法治的兼容性——兼驳"人性恶是法治基础"的观点》，《比较法研究》2016年第2期，第118页。

① 邱本提出："公法有一条共同的基本法理或原理，这条原理主要建基于恶，包括人性之恶、社会之恶、国家之恶和权力之恶。公法因上述诸恶而产生，从而达到止恶扬善或惩恶扬善的目的。"也就是说，公法的法理集中体现在"恶"这一原理，用这条原理可以打通整个公法体系。这种观点揭示出公法的一般原理、一般法理，精准地找到了公法的定位。参见邱本：《论公法的法理》，《"公法中的法理"暨第四届"法理研究行动计划"学术研讨会·论文集》，第1—17页。

境中，防御权模式体现的个人主体性就要求限制国家公权力，正所谓"法无授权不可为"。比如，立法机关对公民权利的限制应遵循法律保留的方式，限制的理由也仅限于防止公共利益受到侵害；行政机关不得干预行政和违反比例原则；司法机关不能枉法裁判和滥用司法裁量权；① 等等。当然，个人与国家之间也不是对抗关系，公民公权利的实现需国家提供必要的物质条件，私权受到侵害也需要国家予以充分救济。故从国家履行积极义务的角度，还可以阐发出个人与国家的合作性。所以在此种关系下，防御权是人权主体针对国家公权力的否定性权利，要求国家公权力对权利的谦性，防御权是人权的原始形态；合作权则使人权主体配合公权力的肯定性权利，要求国家在履行义务时提供条件，合作权是人权的派生形态。②

概括来说，防御权法理强调个体之间、个体与社会、个体与国家的对立和排除。合作权法理则强调个体与个体、个体与社会、个体与国家的协商和合作。须指出的是，并非说两种法理之间存在优劣之分，也绝非某一种法理就是济世良方。关键在于，如何使法律制度处理好防御权与合作权的辩证关系，从而使法定人权不断地转化为实有人权。

三、一般法理的哲学基础

"运用哲学的方法"，就是运用理论思维或逻辑思维的方法，通过

---

① 关于国家消极义务的内容，张翔认为无法从正面去说明国家机关的不作为，我们只能从反面，即国家机关对基本权利"侵害"的角度去界定国家机关的具体义务。参见张翔：《论基本权利的防御权功能》，《法学家》2005 年第 2 期，第 71—72 页。

② 参见刘志强：《论国家人权义务的证成、类型与转化》，《岳麓法学评论》2017 年第 1 期，第 78 页。

高度抽象和概括以穷究事物或问题的根本和底蕴,从而揭示事物的本质和规律。① 因此,本章力求上升至法哲学的高度,来观察和分析防御权法理和合作权法理的解释性理由。

其一,防御权法理与主体性哲学。防御权发端于西方主体性人权思想。主体性哲学形成于近代西方社会,它在产生时就表现出与西方传统社会君权、神权和特权的对立。早在古希腊罗马时期,就形成了个人独立、人性平等、权利概念等观念,② 这些权利观念为主体性思想的形成提供了必要的条件。伴随着文艺复兴、启蒙运动发生,在西方形成大陆唯理主义传统与盎格鲁-撒克逊经验主义传统。大陆唯理主义崇尚人的理性认知能力。比如唯理主义奠基者笛卡尔认为采取数学方法、讲究论证逻辑、建立形而上学体系就能够把握关于事物的真理,由此形成一种"本体—自然"的主客体关系,这是主体性原则的开端。③ 理性主义传统延续至德国形成了莱布尼茨-沃尔夫学派,其思想发展的必然结果即是不断地强调人的理性能力、事物的因果关系。而经验派则是由培根开创,并经霍布斯、洛克到贝克莱、休谟发展的。贝克莱和休谟更把经验论推向极端,走入主观唯心主义,就只承认我们在感性中接受的知识。尤其是休谟在与独断论者辩论的过程

---

① 法哲学广博而深邃,文正邦将法哲学理论体系总结为"本体论""规律论""范畴论""关系论""结构论""功能论""价值论""实践论""认识论""方法论"十个方面,法哲学理论推动法律理论研究的深入,并提升了研究的格局。具体参见文正邦:《法哲学研究》,中国人民大学出版社 2011 年版,第 23—25 页。
② 自然权利建基于自然法学说,但实现自然法向自然权利过渡(而不是自然义务),需要有三个条件:个人独立、人性平等和权利观念。比如梅因认为,所有进步社会的运动,是一个"从身份到基础的运动",身份是与生俱来的成员资格,而契约则蕴含着平等观念,是沟通协商的产物。这种观点就使得个人与团体之间的关系不再是密不可分,个人也拥有自身的独立地位。参见梅因:《古代法》,沈景一译,商务印书馆 2011 年版,第 167 页;熊万鹏:《人权的哲学基础》,商务印书馆 2013 年版,第 33 页。
③ 参见梯利:《西方哲学史》,葛力译,商务印书馆 2015 年版,第 316 页。

中，提出了关于因果律的论证，对于因果性的可靠性和必然性进行了解构。康德对休谟的回应，标志着主体性哲学最终确立。亦不从理论理性的角度去"发现"自然法，而是从实践理性去"建构"自然法。① 这就是康德在认识论里的一个"哥白尼式的革命"。他把主体和客体观念作了一个颠倒，不是主体符合客体，而是主体建立起客体，客体符合主体。因此，人具有道德立法的能力，每个人都有内在地要求感性的自我服从理性的自我的权利，把它运用于"外在的自我"，则产生私法意义上的主观权利。② 再通过社会契约的视角，道德主体以公民身份联结起来而形成一个法律共同体，这便使人具有私人自主和公共自主双重属性。③ 综合来看，主体性理论倡导了个人自主性，强调个人自由意志的实现，强调主客二元对立的思维方式，强调个人要排除个人、社会和国家等外在因素的干扰。

其二，合作权法理与共识性哲学。主体性导致了自然与精神、感性与知性、知性与理性、理论理性与实践理性、判断力和想象力、自我与非我、有限与无限、知识与信仰等在哲学上的对峙。④ 至后形而上学时代，一切进入反思之流。面对现代性的危机和后现代主义思潮的兴起，哈贝马斯仍然不断强调必须坚持现代性，但重建现代性的策略在于摒弃主体性哲学范式。而主体间性理论的兴起，则是对个人主义、防御主义、对抗主义内在缺陷的弥补。最初，胡塞尔的先验性主

---

① 参见吴彦：《法、自由与强制力——康德法哲学导论》，商务印书馆 2016 年版，第 64 页。
② 参见严海良：《人权论证范式的变革——从主体性到关系性》，社会科学文献出版社 2008 年版，第 201 页。
③ 同上。
④ 参见郑智航：《论法律内在逻辑的基调演变》，吉林大学 2010 年博士论文，第 76 页。

体间性理论认为，如果客观世界和复杂性主体是一同被奠基的，那么在最终构造层次上，主体间处于一种本质的相合中。① 而哈贝马斯却指出了胡塞尔方案的缺陷，认为其没有采取普遍语言学的进路，导致了意识现象学无法实现主体间交流的目的。② 因而，从社会交往来看，人权蕴含在交往行为中，人权在社会中的确立则是交往理性运用的结果。主体在交往行为中，单个主体与其他主体相互协调，主体间性、共识性代替了主体性，从而"克服了主体与客体、主观与客观的两难"③。在交往行为中，不再以目的理性作为根本出发点，人们的主观诉求、具体愿望、审美旨趣都在多元的交互关系中得到充分体现。这就是说，私人权利不是一种竞争、敌对关系，而是主体之间在交往互动中所得到承认的权利。客观法律秩序就是从这种相互关切、相互尊重的协商过程中演绎出来的，换言之，客观法与主观权利都是"同源地"产生的，它们都源于主体间的彼此协作与沟通、相互承认与关怀。所以，共识性哲学消解了主客体的二元对立关系，倡导主客体之间的沟通与合作。

"从来没有人可以理性地只把事实看作为任何事物给出的理由，必须一直存在一个'可评价的理由'。"④ 对一般法理进行哲学层面论证的功能即在于此，思考人权法一般法理的哲学基础能够更为深刻地理解繁杂人权规范体系的构造与逻辑。值得指出的是，寻找法理这个

---

① 参见李云飞：《论胡塞尔的先验主体间性问题的疑难》，《现代哲学》2016 年第 6 期，第 78 页。
② 参见后盾：《如何实现主体间性？——哈贝马斯与卢曼社会理论的分歧》，《社会科学家》2017 年第 9 期，第 49 页。
③ 高鸿钧：《走向交往理性的政治哲学和法学理论（上）——哈贝马斯的民主法治思想及对中国的借鉴意义》，《政法论坛》2008 年第 5 期，第 19 页。
④ 约翰·菲尼斯：《法哲学》，尹超译，中国政法大学出版社 2017 年版，第 4 页。

难以捉摸的概念,需要区分描述性法律理论和规范性法律理论。前者试图解释实在法体系是什么,是关于事实的理论;后者则关注法律应该是什么,是关于价值的理论。① 也就是说,前述关于人权法一般法理的讨论基于实然法体系,是一种对法律一般原理的解释性分析。规范性理论是一种价值性的思考,那么规范性论证不过带来两种后果:要么因为深入证明而使应然价值得以巩固和加强,要么认识到应然价值与事实存在距离。② 但无论如何,以上两种情况对于人权法体系都是好的。而本章第三节关于人权法普遍法理的论述正是对此进行的探讨。

第三节 人权法普遍法理

按人权法法理的逻辑层次,普遍法理超越具体法理、一般法理而形成具有最高维度、最根本性的法理。具体法理由条文析出,一般法理是以整个实定法为对象而阐明其背后的理论基础。一般法理所提炼出来的防御权模式与合作权模式,旨在把握二者关系,使法定人权不断转化为实有人权。究其根源,基本人权体系实际上全都指向"人的尊严"。因此,普遍法理所要揭示的是人权法的"法理中的法理",即作为"法源"和道德人权核心的"人的尊严"的内涵,以及诠释这一命题如何作为基础价值原理、预设规范而支撑人权法律体系构建。

---

① 关于描述性法律理论和规范性法律理论的探讨,详细参见雷蒙德·瓦克斯:《法哲学:价值与事实》,谭宇生译,译林出版社2013年版,第5页。
② 参见古斯塔夫·拉德布鲁赫:《法哲学》,王朴译,法律出版社2013年版,第13页。

一、普遍法理之内涵界定

在国际人权公约中，《联合国宪章》在序言中提到"重申基本人权，人的尊严和价值"，以及《世界人权宣言》《经济、社会及文化权利国际公约》《公民权和政治权利国际公约》在其序言中都提及人"固有尊严"（inherent dignity）。①《世界人权宣言》是我国政府认同的人权规范；《公民权和政治权利国际公约》是我国签署的国际人权公约，虽然尚未被批准，但其体现的人权价值和精神早已融入了我国的法治建设进程；《经济、社会及文化权利国际公约》是我国签署并批准的国际人权公约，在法律上受其约束。上述最重要的三份国际人权文书，是为"国际人权宪章"，构成了国际人权规范体系的框架，其中所体现和倡导的人权共同价值，是世界各国、各民族在价值认同方面的最大公约数。换言之，"共同价值"② 超越了意识形态的对立以及普遍主

---

① 在国际人权宪章的三份文书中的"inherent dignity"，中文意思是"固有尊严"的意思。虽与本章所表述的"人的尊严"意思有所重合，但也有所不同。笔者以为，人"固有尊严"，其取向于原本主义旨趣。但各国的宗教、制度与文化不同，在时代变迁中，人"固有尊严"，其功能有所分化。因此，本章在解释人"固有尊严"的时候，虽然要参酌文义解释和历史解释，以国际人权宪章的三份文书中的"inherent dignity"当时产生时的情况为标准，但文义解释和历史解释也要服从于目的性解释和体系解释。为此，对国际人权宪章的三份文书中的"inherent dignity"，本章更多以目前各国宪法上的规定，以及从宗教、道德伦理、社会学等层面将其体系解释为"人的尊严"，这比"固有尊严"更为妥切。

② 所谓"共同价值"，其基本内容就是习近平在第七十届联合国大会发表的题为《携手构建合作共赢新伙伴，同心打造人类命运共同体》讲话中所强调的：和平、发展、公平、正义、民主、自由等。参见习近平：《携手构建合作共赢新伙伴，同心打造人类命运共同体》，载人民网，http://theory.people.com.cn/n1/2018/0104/c416126-29746010.html，2019年3月22日访问。

义和特殊主义的对立。① 在德国宪法视野下,《基本法》第 1 条第 1 款规定:"人的尊严不可侵犯,尊重及保护此项尊严为所有国家机关之义务。"德国将人的尊严条款放在宪法的首要位置,强调"人的尊严"是整部《基本法》的基础与核心价值所在。② 我国《宪法》第 38 条规定:"中华人民共和国公民的人格尊严不受侵犯。禁止用任何方法对公民进行侮辱、诽谤和诬告陷害。"这里的"人格尊严"可以作双重性质理解:一方面是狭义的人格权,包括荣誉权、名誉权、姓名权;另一方面从基础性价值原理角度看,还可以将其扩大理解为"人的尊严",这也就是康德"人作为目的而非手段"命题的含义。本诸立宪主义的基本精神,人的尊严先于国家存在之特征,足以合理地认为它已然内化为我国法治体系中不可或缺的价值。③ 上述规范中都明文规定了"人的尊严"条款,使这一抽象概念具备了规范上的效力。但是,作为人权法普遍法理的"人的尊严"还要从法理学意义上对其进行追问与反思,首先要回答的是,这一概念、命题从何而来?

首先,从宗教学来看,人之尊严具有不可让渡性与人格禀赋性。基督教思想认为,一方面,人之尊严具有先天性和不可让渡性,因为它来源于"神赋"。所以神学经典提及,"在神一切的创造物中,人是彰显神公义、智慧和慈爱的最高贵的杰作"④,"尽管人的身体彰显神

---

① 参见叶险明:《"共同价值"与"中国价值"关系辨析》,《哲学研究》2017 年第 6 期,第 3 页。
② 参见楚晨:《人的尊严的宪法含义——从比较法视角解析》,《成都理工大学学报(社会科学版)》2017 年第 6 期,第 4 页。
③ 参见王进文:《"人的尊严"义疏:理论溯源、规范实践与本土化建构》,《中国法律评论》2017 年第 2 期,第 102 页。
④ 约翰·加尔文:《基督教要义》,钱曜诚译,生活·读书·新知三联书店 2010 年版,第 160 页。

的荣耀,然而主要彰显神的形象的是人的灵魂"①,人便因着上帝赐予的荣耀而获得尊严,并且这种荣耀主要来源于人的灵魂。另一方面,宗教尊严观凸显出个人的人格性。"他要按公义审判世界,按正直判断万民"②,这就是说,末日要审判的人,都是不可替代、不可混同的个人,其意义在于阐释个体尊严实际涉及的是"人际的水平关系中单个人的价值,而无关乎于人类'全体'在于神或此等存在层级之纵向关系中的位置"③,人与万物的区别可能已经作为普遍的共识。但个人尊严的证成还须阐明个体价值的独特性与不可替代性,此宗教学意义上的关键一步是人之尊严实际证成的必经过程。

其次,在道德哲学视域下,人之尊严的内涵还在于其不可侵犯性,这种内涵主要来源于理性主义传统。人的尊严基于其自然属性,因而康德提出人权就是任何人仅凭他的人性就应得到的"唯一的"权利,行使权利的自由"能够与任何人根据一个普遍法则的自由共存就是正当的"④。意思是说,每个人都先天拥有理性自主决定能力,理性表现为个体思维的逻辑推理、行为动机的审慎考虑、行为结果的充分判断,由自主理性能力驱使行为实践而产生个体的先验自由。所谓普遍法则就是假设每个人都是立法者,依靠个体之间理性能力的行使,获得意志的相互承认而产生的法则。可以看出,行使先验自由这就必须要求个体践行"自律",不得越过普遍法则的标准和要求。因此,

---

① 约翰·加尔文:《基督教要义》,钱曜诚译,生活·读书·新知三联书店2010年版,第163、164页。
② 《旧约·诗篇》9:7。
③ 尤尔根·哈贝马斯:《人的尊严的观念和现实主义的乌托邦》,鲍永玲译,《哲学分析》2010年第3期,第8页。
④ 康德:《康德著作全集:道德形而上学》(第6卷),李秋零编译,中国人民大学出版社2013年版,第238页。

实践理性的要求是这样的:"你要如此行动,即无论是你的人格中的人性,还是其他任何一个人的人格中的人性,你在任何时候都同时当作目的,绝不仅仅当作手段来使用。"① 在每个人普遍立法意志得到相互承认的视角下,划定了个人实践自由的绝对界限。任何人都必须尊重他人的意志和尊严,任何人不得将他人支配于自我的意志之下。"自律"概念在康德对"人之尊严不可侵犯"这一命题的诠释路径中占据了重要分量,也可以说,高度道德化的自律性是人之尊严的根本。

最后,在社会学看来,人之尊严是一种主观心理感受。尊严并非是先天的,也不是理性的选择,尊严真正来源于人从社会身份中得到的心理体悟。哈贝马斯对康德道德哲学的批评在于,"康德为自己的激进付出了代价,那就是自由意志在超越世界的'目的王国'② 中所具有的,是一种无形体的地位"③。这就指出了康德尊严观论证过程中出现的问题,康德所理解的个人或者说理性存在者是抽象意义上的人,这样所要捍卫的人之尊严的价值也就无处可寻。在社会实际生活中,人之尊严的来源并非如康德所理解的那样,是一种"目的王国"中的无价品,而就是个人与建立了社会关系的他人、群体和社会对个人给予的价值承认和尊重,并由此形成的个人在人们心目中令人尊

---

① 康德:《康德著作全集:道德形而上学奠基》(第4卷),李秋零编译,中国人民大学出版社2010年版,第437页。

② 所谓"目的王国"就是指作为普遍立法者的理性个人,具有分析评判自己行为的能力。当理性人之间形成复杂的交互系统时,就产生了一个王国的概念。因此,康德指出,"在目的王国中,一切东西要么有一种价格,要么有一种尊严。有一种价格的东西是,某种别的东西可以作为等价物取而代之;与此相反,超越一切价格、从而不容有等价物的东西,则具有一种尊严"。参见康德:《康德著作全集:道德形而上学奠基》(第4卷),李秋零编译,中国人民大学出版社2010年版,第441、443页。

③ 尤尔根·哈贝马斯:《人的尊严的观念和现实主义的乌托邦》,鲍永玲译,《哲学分析》2010年第3期,第9页。

敬、敬畏的地位或身份。① 人之尊严是从公民之间的身份认可中获得其自尊和承认内涵的。② 尊严意识诞生伊始，实际就是和社会关系紧密联系在一起的，当一个人社会地位低下，因此时常被他人羞辱、使唤、扇耳光、恐吓，被人嫌弃和厌恶，不能作出自主决定时，我们通常就认为他是没有尊严的。而一个人具有较高社会地位且衣着讲究、品味高洁，我们则认为他是有尊严的。可见，人之尊严本质上是和他的社会身份联系在一起的。换言之，人们赋予了社会身份尊严的意义，这种意义是实质性的。任何人无论其出身如何、相貌如何、智力如何，只要他能够进入某种上流社会或者获取一定身份地位，就可以得到他人的敬重。在此种概念维度下，我们把身份地位置换为公民身份。"公民要作为（法律的）承受者而出现，仅仅是在享受着这些保护他们人的尊严的权利的时候，在他们共同致力于创立和保持一种基于人权的政治秩序的时候"③，在宪制国家，公民身份在人权法律制度中得到承认，而公民的尊严则在人权法律秩序中得以维护。

综合几种尊严观来看，人之尊严的内涵包括了不可让渡性、人格禀赋性、不可侵犯性、主观心理性。宗教学从先验角度出发，道德哲学从人的自然属性解读，这两种角度更多是一种抽象的演绎，理论结果在于将尊严归入"彼岸世界"。而社会学则立基于社会实际生活，从社会身份角度加以阐发，由此在普遍交往过程中，使"人的尊严"成为法理共识。这便使"尊严"得以实际进入法秩序的运行与构建中。

---

① 参见韩跃红、孙书行：《人的尊严和生命的尊严释义》，《哲学研究》2006年第3期，第64页。
② 参见尤尔根·哈贝马斯：《人的尊严的观念和现实主义的乌托邦》，鲍永玲译，《哲学分析》2010年第3期，第9页。
③ 尤尔根·哈贝马斯：《人的尊严的观念和现实主义的乌托邦》，鲍永玲译，《哲学分析》2010年第3期，第7页。

二、普遍法理之价值支撑

"人的尊严"命题对于人权体系的功能在于为其提供价值基础。道德人权在主流学界看来,似乎已成为不证自明的理论前提。① 但该理论假设在新近以来,备受质疑。一个显然的事实是,虽然现在已经有了各类国际人权条约,表面来看,人权在当下得到前所未有的尊重。然而,人权事实却向世人展现出另外一幅图景:"人权修辞术忽视了对于人权本身的理解。"② 约瑟夫·拉兹对人权概念的批评源于人权异化成为话语人权、符号人权,被用于政治需求而导致与个人实际享有毫无关联。这便使拉兹开始反思人权的伦理教义基础。他首先反驳了作为康德主义传统进路的詹姆斯·格里芬的道德权利说,拉兹认为,传统进路是从与人权实践无关的思考中被提出来的,没有提出有说服力的论据来证明人权实践应该遵循道德权利说。③ 拉兹据此认为作为政治概念的人权仍然具有足够的理论解释力。在批评者以各种面目出现时,卡尔·威尔曼重新捍卫了道德人权观:"拉兹摒弃这种'人权是人之为人而享有的道德权利'的传统道德人权观,所付出的

---

① 关于应有人权、法定人权、实有人权的三阶层划分,在国内学界最具原创性和影响力的观点,参见李步云:《论人权的三种存在形态》,《法学研究》1991 年第 4 期。
② 约瑟夫·拉兹:《人权无需根基》,岳林、章永乐译,《中外法学》2010 年第 3 期,第 367 页。
③ 拉兹认为格里芬学说中的致命之处在于,"人权可被理解为意向行动能力,即作出自由选择的能力,以及拥有实现这项选择所需的最低资源配置",在实际社会生活中,任何人都拥有最低程度的信息、资源以及机会,但由于社会中大量存在着偶然性,拥有某种资源不代表着人权的必然实现。格里芬本想解释人权是作为对人格地位的保护手段而存在的,但他的关注侧重于对人行动的保护,却忽视了对行动者的实际保护。参见约瑟夫·拉兹:《人权无需根基》,岳林、章永乐译,《中外法学》2010 年第 3 期,第 371、372 页。

代价未免太大了。"① 威尔曼的意思是，拉兹的理论局限在于使人权丢失了普遍性的重要特征，丢弃了人之为人享有权利这一传统人权理论所取得的理论成果。紧接着，威尔曼重回康德哲学进路，试图从道德理性的角度解释人权的规范来源。然而，不可回避的事实是，当道德权利在现实遭受践踏时，道德人权观是否还具有说服力。因此，威尔曼把希望寄托在"社会改革者"身上，期待社会改革者来呼吁道德人权，批评不同意识形态下的法律和社会制度。②

另外一位批评者采取了与拉兹不同的诠释路径，科斯塔斯·杜兹纳对人权概念的反思意识也是在人权成为国家利益和竞争的工具时出现，但与拉兹不同在于，杜兹纳认为，人性是一个模糊的概念，不能作为规范性价值的渊源，理解人权必须将人权视为赖于他者而存在，人权方能回归至其本来面目而成为后现代的标准。③ 因此，科斯塔斯在后形而上学视域下，对人权的道德基础作了全新的解说。我们无须将应有权利归属于道德理性的役使，而从关系性角度来理解人权。即是说，在诸多权利构造了我的权利和人格之前，就产生了我的义务，产生了对尊重他人尊严之要求的根本转向。④ 这便回避了传统人权的理论争论，既维护了道德人权基础，又为人权现实提供了不同的解决思路。在此种学说中，"人的尊严"充当了理论演绎的关键。因为，当

---

① 卡尔·威尔曼：《人权的道德维度》，肖君拥译，商务印书馆2018年版，第10页。
② 威尔曼始终坚持人权独立于社会实践而存在。如果出现社会实践与道德人权相悖离的现实，那也不是道德人权的理论缺陷，因为道德理性建构法定人权就够了，而无需社会践行。对此，唯一的良策就是期待出现社会改革者，批评和改造现实制度。参见卡尔·威尔曼：《人权的道德维度》，肖君拥译，商务印书馆2018年版，第14、15页。
③ 参见科斯塔斯·杜兹纳：《人权的终结》，季乐宇译，《南京大学法律评论》2003年春季号，第21页。
④ 参见科斯塔斯·杜兹纳：《人权的终结》，季乐宇译，《南京大学法律评论》2003年春季号，第36页。

自我权利建立在他者权利的基础之上时,这便意味着,他人的权利先于我的权利产生,在我尚未具有人格和权利时,我就已经被赋予了必须尊重他人尊严的义务。那么,维护"人的尊严"便构成了权利的基础。

因此,"人的尊严"的不可让渡性、人格禀赋性、不可侵犯性都在关系性视角下得到解释,可以看出,这种理论并没有否决宗教传统、理性主义传统所取得的理论成果,而又在社会关系中补充了主观心理性的特质,使得尊严成为人心理可感知的一种内在状态。其次,链接了"人的尊严"与人权的关系,无疑使得"尊严"一词成为人权的核心法理。

三、 普遍法理之规范效力

人的尊严和价值代表了人类思想的现代深度和高度,其规范效力体现在,为人权法律体系建构提供了预设功能。一方面,处理基本人权在个案具体化过程中发生的论争。基本人权冲突指数个主体的基本人权相互对立,即一个主体在行使人权时会侵害另一个主体的人权,① 故产生诸多无解的权利位阶问题。② 这种无论顾及哪一方都会

---

① 参见张翔:《基本权利冲突的规范结构与解决模式》,《法商研究》2006年第4期,第94页。
② 有学者指出,权利位阶反映了权利效力间的高低、强弱或者价值上的轻重关系,按照权利位阶规则作为化解权利冲突机制。此种角度单纯从民法角度可以理解,但基本权利体系之间则难以划定出绝对的价值次序,故而将之放在基本权利的语境下讨论又变得十分棘手。因此,有学者也提出,从权力话语体系向尊严话语体系转变,前者通常体现为公权与私权、私权与私权的冲突;但在尊严话语体系中,不同主体之间的利益冲突被内化为同一主体的道德评价,消解了政府与公民之间的张力,也促进形成了一个相互尊重、礼让的社会。参见张平华:《权利位阶论——关于权利冲突化解机制的初步探讨》,《法律科学》2007年第6期,第32—39页;张千帆:《为了人的尊严——中国古典政治哲学批判与重构》,中国民主法制出版社2012年版,第5—6页。

导致另一方受到损害的两难处境,让案件的审理裁判变得格外艰难,这时就需要诉诸人之尊严的普遍理念,使得双方尽量能跨越伦理学事实分歧而确立一种重叠共识。另一方面,人之尊严对于人权法律体系还具有发现功能。如在信息化时代,公民数据权的保护,不仅具有正当合理性,而且逐渐成为一种维护人性尊严的世界性趋势,制度实践对此必要的回应在于:建立和完善公民数据所有权制度、隐私权保护制度、知情权保障制度等。① 又如生存权实现不仅只是"生存",其内涵还包括公民尊严生活的权利,这意味着,公民对生活环境具有更高的需求和标准,因此环境权也可能成为新兴人权。

小　结

综上所述,人权法的三种法理包括具体法理、一般法理、普遍法理。具体法理来源于法律明文,其抽象层次低、可适用性强,与个人具体权利关系紧密。一般法理在于阐明法律机理,即按诸一般法律原则探求人权法的一般运行模式,防御权法理模式与合作权法理模式的提炼能够较大限度解释实在法体系的繁芜现象。普遍法理则在法律之上,体现着"正法"思想。② 世界并非当下现存事物的简单罗列,其实同时包含着"过去""现代"和"未来"三个维度,现在是过去的未来,也是未来的当下,未来的因素通过"预期"的方式介入当下世

---

① 参见龚子秋:《公民"数据权":一项新兴的基本人权》,《江海学刊》2018年第6期,第158—160页。
② 参见黄茂荣:《论民法中的法理》,《北方法学》2018年第3期,第7—8页。

界的建构中。① 我们从具体规范追问至"人的尊严"层次，旨在从当下的维度反思过去的人权实践，为未来改良人权现实提供新的思路。在这一过程中，人权实践境遇也越来越清晰——人权同时具备了政治属性和法律属性。人权的乌托邦构想在社会现实图景中也因无法实现而失去了目标，我们心存疑虑，到底是人享有权利，还是权利塑造了人？如果是权利塑造了人，为何在权利爆炸的时代，人们在权利中收获的快乐却微乎其微。② 这便导致重回传统人权进路，然而传统进路亦没有提供充分的论据证明道德人权的存在。因此，我们需要有超越西方人权标准的理论来重新解释人权概念。这种理论必须要跨越普遍主义与文化相对主义的鸿沟，以此寻求一种最低限度的共识。后形而上学视域下，对笛卡尔、康德以来主体性理论的解构，从主体性走向主体间性的过程是否已经为我们提供了解决方案？现在仍无法给出答案，关系性人权理论从反思人权现实而来，也必经人权现实检验。有学者提出，法理学思维是一种普遍性思维、一种理想思维、一种求真思维、一种辩证思维、一种综合思维等。③ 笔者认为，还应加一种反思性思维。这种反思不仅仅来源于纯粹理性的推理和演绎，更重要的还在于从法治实践中反思理论。没有任何一种人为建构的理论是完美无缺的，作为有限理性的人只能从现实生活中不断反思，才能使理论之树常青。就此而言，提出问题，而非提供对策，或是本章旨趣所在。

---

① 参见泮伟江：《超越"错误法社会学"——卢曼法社会学理论的贡献与启示》，《中外法学》2019 年第 1 期。

② 参见龚爱林：《人权：何去何从——从〈人权的终结〉谈起》，《湖南社会科学》2003 年第 2 期，第 19 页。

③ 参见邱本：《论法理思维的特性》，《理论探索》2019 年第 1 期，第 5—17 页。

第六章　中国人权法学的人权话语体系研究范式演进

国务院新闻办公室发表《为人民谋幸福：新中国人权事业发展70年》白皮书(以下简称"白皮书")，高度总结了70年来我国人权发展的壮丽篇章。① 白皮书第一至六部分从历史、价值、内容、方法四个层面全面概括了国内的人权保障事业。比如，"持续提升人民生活水平""切实保障人民各项权利""重视保障特定群体权利"是人权保障的具体内容，"不断加强人权法治保障"则是以"法治"作为具体方法。② 第七、八部分则叙述了中国对全球人权治理的促进和推动，展示了中国作为负责任的人权大国对世界人权事业的突出贡献。③ 白皮书客观描述了我国的人权发展史和人权成就，属于政府人权话语。从学理上来说，政府作为人权话语表达的主体侧重于提炼和概括，可归纳为"描述型"人权话语体系；而学界作为人权话语建构的主体则关注推导和演绎，可归纳为"分析型"人权话语体系。"描述型"人权

---

① 参见中华人民共和国国务院新闻办公室：《为人民谋幸福：新中国人权事业发展70年》，载新华网，http://www.xinhuanet.com/politics/2019-09/22/c_1125025006.htm，2019年10月7日访问。
② 同上。
③ 白皮书的第七部分表达了中国全面参与全球人权治理，广泛开展国际人权合作，积极为全球人权治理提供中国智慧和中国主张。第八部分讲述了中国推动世界人权事业发展的过程，尤其在维护世界和平、推动国际人权事业发展作出了重要贡献。

话语在于表达,"分析型"注重建构,二者相互补充,共同合力形成新时代中国人权话语体系,旨在讲述中国人权故事,传播中国人权好声音。由此可见,从学术上研究和分析中国人权话语体系的理念、原则、构造、诠释途径等细节,① 并对其进行整体性、体系性、系统性的全面梳理,实为必要。

然而,新时代中国人权话语体系在我国学术界却是一个新兴的概念。虽然早期有一些文章提及"人权话语"一词,但真正以人权话语为对象的研究成果,最早只能追溯至2014年卜卫的《人权话语建构与跨文化传播》一文。② 近几年,围绕人权话语体系的研究逐渐展开,这体现出了人权学界敏锐的学术意识和反思能力,但就人权话语体系研究而言,尚未深入。笔者经过检索和梳理,将目前学术界就此议题的主流成果总结为两类:一类是概念阐释说;另一类是建构表达说。概念阐释说注重对人权基础概念的阐发和演绎,并以概念阐释作为建构中国人权话语体系的路径。而建构表达说则关注人权话语问题的发生机制,侧重从技术、制度层面去回答这一问题。这两种学说是同一理论范式的两个面相,都陷入了理论困境。而新近的研究成果则展现出不同的进路,同以往主流观点相比较,可以发现人权话语体系的研究悄然发生了从"对抗性"视角向"关系性"视角的转变。但是后文将对此种进路进行分析,揭示新近的研究仍有理论局限,应再次进行范式转向。主流观点和新近观点背后是两种理论范式的分野,前者主张"权力话语",后者提出"交往共识",这两种观点都存在各自的

---

① 参见刘志强:《论中国特色人权话语体系逻辑构成》,《现代法学》2019年第3期,第23页。
② 参见卜卫:《人权话语建构与跨文化传播》,《人权》2014年第5期,第26—28页。

理论问题。我们认为，新时代中国人权话语体系研究需要调和二者的理论张力，本章拟从"抗争"与"理解"两个维度重构新时代中国人权话语体系研究范式。

第一节 新时代中国人权话语体系研究因何发生？

一、因应本土学术话语体系反思

新时代中国人权话语体系要放置在更广阔的社会变迁背景与哲学社会科学理论气象下，才能全面、深刻地理解。改革开放40多年以来中国经济文明的腾飞使得社会不断地加速变迁，而社会科学研究却落后于时代变革进程。这种现象表现在，西方话语在我国社会科学领域的大规模引进，造成了中国本土学术话语的严重缺失。西方学术话语建基于西方社会自身的经验实践，我国学术界纯粹引进、效仿国外的理论范式，使得西方话语理论很难指导中国的实践，导致学术问题也难以真正反映中国本土问题，"东施效颦"式研究何谈中国本土学术研究走上正轨。但随着当代中国的伟大变革和转型、中华文明的伟大复兴，不仅许多中国问题根本无法找到过去原原本本的范例可供参照，而且"水土不服"的现象时有发生，这便需要更加具有创新力、洞察力、信服力的本土理论出现，凝练中国学术话语，以使本土学术研究向纵深化发展，形成中国特色理论话语体系来解说新的历史事件，为未来的制度实践提供前瞻性的指引。

此种问题忧虑在进入新时代以来,更加显明于中国社会科学界。为了展示"话语"问题意识与时代变迁之间关系,笔者以知网(CNKI)作为文献来源,以"中国话语"为主题并按年份检索,制图(横轴为年份,纵轴为发文数量)如下:

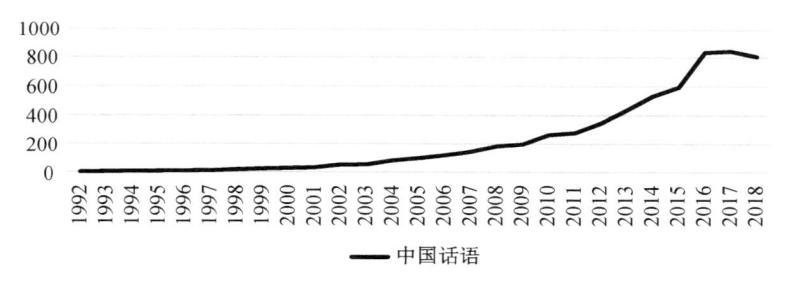

图 6-1　1992—2018 年以"中国话语"为主题的发文数量

以上简图清楚地展示出学界关于"中国话语"主题的发文数量概况。其中可看出,随着中国文明复兴与时代变迁,文化自信、理论自信、制度自信的中国意识内化产生的心理特征逐渐加强,体现出学界敏锐的理论自觉。而更重要的是,新时代以来,"中国话语"的问题意识则愈加显明,一系列高质量的研究成果越来越多,广泛存续于哲学、法学、经济学、教育学、社会学、历史学、传播学、国际关系学等学科。比如,有学者从教育学学科角度提出,教育学中国话语体系的要素必须包括中国式的汉语表达、面对鲜活教育现实、总结中国教育经验、建构中国公民教育图式。[①] 有学者则从法学角度指出,构建当代中国法学学术话语体系应遵循民族语言与时代精神有机结合、马克思主义法学中国化与中国法治经验马克思主义化有机结合、合理借

---

① 参见冯建军:《构建教育学的中国话语体系》,《高等教育研究》2015 年第 8 期,第 4—6 页。

鉴中外优秀法律遗产与立足现实的理论创新有机结合三个基本原则。① 也有学者从哲学角度提出，人类命运共同体话语体系构建面临着六个凸显的问题：以西方哲学为中心还是以中国哲学为中心、世界主义与民族主义之争、普遍文化与文化多样性、历史主义与普遍主义、文明的冲突与和谐以及人工智能与人类智能的关系问题。② 上述学者的意见可谓殊途同归，虽然体现着哲学社会科学体系内部不同的学科分野，但在对中国话语的本质性理解层面却有着共同的理论思考。这种智识现象的发生其实共同来源于经验实践的巨大变迁。

因此，人权研究概莫能外。人权领域作为学界的一部分，需要承袭建构具有中国特色的学术话语体系之问题意识。改革开放以来我国取得了卓越人权成就，走出了一条独特的人权发展道路。而我国的人权实践与人权发展经验须用一套中国学术话语进行概括和解说。"现在是过去的未来，也是未来的过去"，当下的时间意义决定了描述和评判过去的成功与不足，旨在合理地建造当下的未来。这就要求，人权话语体系需要从我国人权经验出发，以新颖的观察视角和论证范式准确阐发出一系列关于人权的新概念、新范畴、新表述，推进本土学术话语体系的快速构建。

二、中国特色社会主义人权理论体系的基本形成

从内部视角来看，中国特色社会主义人权理论体系的基本形成是

---

① 参见李龙：《论当代中国法学学术话语体系的建构》，《法律科学》2012年第3期，第25页。
② 参见李伟、马玉洁：《人类命运共同体话语体系构建的哲学思考》，《哲学分析》2018年第1期，第41页。

新时代中国人权话语体系的内在动力。中国特色社会主义人权理论研究可分为三个阶段：人权观念的兴起，人权概念的争鸣，人权理论的形成。① 第一阶段主要是指在改革开放初期，人权观念还处于觉醒和徘徊状态，"人权"一词的使用目的在于回应西方的人权攻击。主要观点包括：社会主义人权是一个逐步发展、逐步完善的过程②；西方资产阶级人权运动都是为了欺骗劳动人民群众③；警惕美国的人权外交政策④；人权已发展成为全人类共同高举的旗帜⑤。这一阶段人权观念刚在我国萌芽，学界对此议题态度不明，赞成和反对的声音都有，这体现出当时仍然受以阶级斗争为纲的思想影响。第二阶段则是指从20世纪90年代初开始，人权研究迅速高涨，围绕人权的来源、人权的主体、人权与生存权关系、人权与主权关系进行了探索与争鸣。比如，有学者认为人权是历史的产物，由历史产生；也有学者认为人权来源于人的自然属性或者是人的本性。⑥ 可以说，这一时期我国在人权理论方面的探讨是前所未有的，并为中国人权理论体系的形成铺陈了丰富的知识资源。第三阶段则是在90年代后期及进入21世

---

① 关于我国人权理论变迁的阶段、背景、内容、特点，请参见刘志强：《改革开放与我国人权观的变迁》，《人权》2018年第4期，第9—25页。
② 参见蓝瑛：《"人权"从来就是资产阶级的口号吗？——同肖蔚云等同志商榷》，《社会科学》1979年第3期，第71页。
③ 参见任允正：《马克思列宁主义的人权观与当代意识形态斗争》，《环球法律评论》1980年第6期，第6页。
④ 参见刘靖华：《论美国里根政府的人权外交》，《世界经济与政治》1987年第10期，第42页。
⑤ 参见徐炳：《人权理论的产生和历史发展》，《法学研究》1989年第3期，第1页。
⑥ 关于人权来源的争论，具体参见沈宗灵：《人权是什么意义上的权利》，《中国法学》1991年第5期，第22—25页；郭道晖：《对人权的法哲学沉思》，《中国社会科学》1994年第4期，第190—193页；赵汀阳：《有偿人权和做人主义》，《哲学研究》1996年第9期，第18—24页；邱本：《无偿人权和凡人主义》，《哲学研究》1997年第2期，第39—47页。

纪以来，我国相继签署了《经济、社会及文化权利国际公约》与《公民权利和政治权利国际公约》。又在2004年，将"国家尊重和保障人权"条款写入了宪法。在此背景下，中国特色社会主义人权理论体系逐渐形成：人权是应有权利、法定权利、实有权利三位一体；人权普遍性与人权特殊性的统一；个人人权和集体人权的统一；人权和主权的统一；人权国际保护与国内保护的统一；生存权和发展权是首要人权；等等。① 值得指出的是，随着人权观念不断地转换至人权规范，国际人权的精神和原则得以进入以宪法为统帅的国家法律体系，人权法律保障体系的研究也成为中国特色社会主义人权理论体系的重要方面。

中国特色社会主义人权理论体系是新时代人权话语体系的学理支撑。从中国人权观念的兴起至中国特色社会主义人权理论体系的形成，背后折射的是我国人权事业不断发展的轨迹。中国特色社会主义人权理论体系围绕人权基础理论、人权制度理论的研究和论证，形成了一系列具有中国特色的世界观和方法论，为新时代中国人权话语体系提供了充分的准备与前提。同时，随着中国特色社会主义人权理论体系不断完善和成熟，人权学界内部的自觉性也促使中国人权研究从理论维度向话语维度转变。应当说，从中国特色社会主义人权理论体系至新时代中国人权话语体系是历史逻辑的必然规律。

第二节　权力理论视域下的人权话语体系

因着上述的问题意识，我国人权学界围绕人权话语体系的国际背

---

①　关于中国人权理论体系的概括，详细参见广州大学人权理论研究课题组：《中国特色社会主义人权理论体系论纲》，《法学研究》2015年第2期，第56—79页。

景、生成路径、逻辑构成、言说主体、阐释方式等方面形成了各家观点,多元纷呈。我们将主流学说提炼和概括为"概念阐释说"和"建构表达说"。二者的基本观点、论证逻辑、分析范式以及理论的贡献与局限,展叙如下:

一、人权话语"概念阐释说"

1. 概念阐释说的基本观点

概念阐释说是以概念人权作为言说人权话语的出发点,人权话语的生成和完善需要依靠概念人权的阐释和演绎。人权话语实际上就蕴含在对概念人权的不断细化过程中。比如,有学者指出:"人权话语是对人权概念的解释和阐发,包括对概念的阐释能力、阐释力度、阐释方式和阐释过程;人权话语体系是在确定的人权话语范围内,将同类的现象按照一定的秩序和内部联系组合而成的整体。"[①] 这种观点主要在于关注对人权指涉的理解,而整个人权话语体系就是建立在对人权的理解基础上的。因此,人权话语体系由"二阶概念人权,三阶概念民主、自由等,以及对自由、民主的全部阐释"[②] 构成,形成层次递增式的话语结构。

另有学者指出,"将发展权作为人权话语体系的核心,是对以个人自由权利为核心的西方主流人权话语体系的超越"[③]。这种观点同样关涉人权基本概念的理解,如果把人权理解成为权利集群,那么在人

---

① 张永和:《全面正确理解人权概念、人权话语以及话语体系》,《红旗文稿》2017年第14期,第8页。
② 张永和:《全面正确理解人权概念、人权话语以及话语体系》,《红旗文稿》2017年第14期,第9页。
③ 常健:《以发展权为核心重构人权话语体系》,《前沿》2017年第8期,第111页。

权内部就会存在何种权利优先的问题。而我国作为发展中国家，应当将发展权视为优先的权利。因此，人权话语体系应形成核心支持式的话语结构。

2. 概念阐释说的思路概要

既然人权概念的阐释涉及对人权指涉的理解，那么西方自由主义人权观对人权概念的选择性指涉，则使得人权仅限于政治权利范畴，借此的发挥和使用必然侧重于人权的政治属性，并为其干涉他国内政提供借口。中国人权话语体系须改变西方对人权概念的选择性视角，即是说，人权不仅包括公民权与政治权利，也包括经济权利、生存权利、发展权利、环境权利等等。因此，我国人权话语体系应当从权利集群中选择最有利于提升人权话语权的权利加以重点阐释。这样看来，此种思路其实是改变了西方人权话语体系的前提，从根源上破解了西方国家的话语迷思。

二、人权话语"建构表达说"

1. 建构表达说的主要观点

建构表达说是对人权话语体系的外在表现形式、外部运行环境、运行过程等话语实践层面的阐释路径。比如，有学者指出，"新时代人权话语体系表达的策略包括构建'官学民'三维话语格局、掌控人权发展传播战略布局、人权话语的本土化与全球化"[①]。这种观点主要

[①] 刘志强：《新时代人权话语体系的表达》，《法律科学》2018 年第 5 期，第 20—22 页。

关注话语的传播和表达层面，解决的是如何发声的问题。另有学者指出，"建构中国人权话语体系应当主要通过实证材料、具体数据等进行展示，让事实'说话'"①。这就是说，人权话语体系除了关注应然层面，也要把握实然层面，需要建立在描述客观经验的基础上。还有学者指出，"中国对国际人权理念输出、发展战略和规则制定的影响力有限，缺乏对国际人权机构运行的深度参与，在国际人权机构中的主动性作为不明显"②。这种观点大体上指出了中国人权话语体系的实践境遇，因而针对中国人权话语权缺失的问题，就应该"提升价值输出、设计发展战略、影响人权机构的运行和走向、培养人才"③。

2. 建构表达说的论证理路

建构表达说其实和概念阐释说具有同样的问题意识，都是在我国人权话语权缺失的大背景下进行思考。只不过两者选择了不同的阐释思路，前者重概念、理论、应然、抽象，后者重方法、策略、实然、经验。如果说对人权基础概念的解释是从前提、根源等话语理论层面反对西方话语权，那么建构表达说呈现出的是对人权话语问题的具体发生机制的探讨，集中在话语技术细节的挖掘。因此，可以看出建构表达说并不涉及对人权话语体系本体的探讨，而是一种外部性、整体性的策略思考。

---

① 付子堂：《建构中国自己的人权话语体系》，《人权》2015年第2期，第8页。
② 毛俊响：《国际人权话语权的生成路径、实质与中国的应对》，《法商研究》2017年第1期，第153页。
③ 同上。

三、主流学说的理论基础

1. 内在的权力话语范式

从理论的深层次来看我国主流学说,就会发现学界不自觉地遵循了福柯的话语范式,以福柯权力概念来理解西方人权话语权体系,这就不免导致以对抗式思维去解决当前西方人权话语权强势的现状。"权力"是个复杂的概念,没有一家之说可以完全概括和定义。马克思认为权力是统治与被统治的关系。阿尔都塞认为,权力是一种国家机器、一种机构。福柯既不同于马克思,也不同于他的老师阿尔都塞,他认为权力要从法律模式和战争模式加以理解。① 战争模式是力量之间的直接较量,而法律模式则使权力作为一种规章、规则和制度存在。② 这是说,当权力被作为社会基本规则、制度所承认就意味着权力获得了一种真理意义上的支撑,不同于战争模式下单向度地相互对抗,法律模式使权力从宏大叙事走向了微观层面。那么,权力就在复杂多元的社会环境中潜在地渗透开来,不被人们所轻易察觉。因此,西方自启蒙时代发扬的理性精神在建构人类实践的同时,也使非理性精神边缘于社会实践,理性带来的真理、知识、制度被权力者享有,以此对非理性主体构成了权力统治。

2. 对人权话语权的理解

西方人权话语权是我国人权学界两种主流学说的问题起点,那么

---

① 参见福柯:《福柯说权力与话语》,陈怡含编译,华中科技大学出版社2017年版,第240页。
② 同上。

西方人权话语权如何产生呢？实际上，人权话语权遵循的是权力话语范式中的法律模式。法律模式中的权力逻辑不仅指涉文本本身的语词，而且更重要的是通过话语所建构的无形话语场境使权力扩散至任何一个角落。真正构成文本本质的事件，是由无形的话语实践不断地突现式发生着的场境存在。① 福柯甚至断言，"让我们用只显示在话语之中的对象的有规则的塑形来代替话语前'物'的神秘的宝藏"②，让塑形替代物实际上是让话语来消解社会实体，因此在这种功能性举措中，不是人在说话，而是话在说人。

这就凸显出话语在社会权力结构中的重要作用。话语对于真理、知识、制度的影响不仅是单向度的表达意义，而且是多维度的建构意义。这表现在：第一，人权话语评论原则。评论是对原有文本的不断阐释，并且对评论的再阐发，形成一整套话语秩序。西方人权话语的原有文本同样包括理论人权、法定人权以及实有人权。理论人权是观念层面的人权，即从散碎的人权思想凝练出核心人权概念，又不断从概念到概念的阐释过程。法定人权是制度层面的人权，评论原则的载体在于人权法律制度，这就要求对法定人权文本进行深入的解读和诠释。实有人权是实际享有的人权，这体现在人权实现程度、公民生活质量以及一些人权发展指数与评价上，描述人权状况本质上是对实有人权的评论。从上述三方面可看出，对各类文本的阐释是对人权本身的不断重复评价，在每个环节都体现出潜在的话语控制策略，因此评论原则生成的话语秩序所描述的人权就逐渐变得模糊与失真。第二，人权话语净化原则。净化原则是对评论原则的重要补充。评论原则构

---

① 参见福柯：《知识考古学》，谢强等译，生活·读书·新知三联书店1998年版，第28页。
② 同上书，第59页。

成的话语秩序始终是与文本意蕴联结在一起的,然而文本背后的作者、参与者意见可能不一,这就要求在阐释过程中将那些与话语秩序所要求的统一性不符的意见统统剔除。比如在西方人权思想史上,并不独有自由主义、个人主义人权观一个流派,也有福利主义、合作主义的思潮存在,但为了保证西方人权话语秩序的内部统一性与逻辑有序性,就使人权话语集中于对自由主义人权观的阐发,因而这也说明了为何西方人权话语总是对政治性权利念兹在兹。第三,人权话语学科原则。学科是一套研究方法、一系列特定的研究对象与研究方式以及相关学科定理所构建的整套独特范式。人权话语秩序在解读与阐释中所必要遵守的规则就是这里的学科原则。这些规则不仅让整个人权话语阐释过程合法化、日常化,而且使这些话语具有了真理意义与信条意义。同时,学科原则所确立起的话语壁垒,使另外一种阐释思路很难进入这个体系中,因此还具有排他效力。质言之,以"微观权力体系"为参照来理解理性与非理性关系,塑成了我国人权学界在看待西方人权话语权的基础性认识。然而,此种无处不在的微观权力体系,我们该如何应对呢?

3. 批判的分析和谱系的分析

批判是否定,谱系是否定的实现机制。[①] 首先,利用"考古学"的分析来指出人文科学知识的产生受制于话语构序,而话语构序是多样的、分化的,因而其任务就是要对各人文科学进行考古学的探讨,发现那些被遗忘的历史片段,[②] 以求掌握话语中的那些选择、排斥、

[①] 参见张一兵:《回到福柯——暴力性构序与生命治安的话语构境》,上海人民出版社 2016 年版,第 290 页。

[②] 此处的考古学并非历史学意义上的概念,而是福柯用于寻找历史中被遗忘知识的方法。参见黄晖:《福柯的知识考古学剖析》,《法国研究》2006 年第 2 期,第 30 页。

限制的运行规则,并在这一过程中通过颠覆话语的核心构成来消解话语力量。当然,考古学也不是要求回到话语起源层面去再次重复评价,而实际上是一种重写或改写,是一种"另起炉灶"。① 因此,考古学一方面要分析话语系统中的不连续性与断裂性,发现话语背后刻意隐藏的知识秘境。这就要求找出西方人权话语体系在阐释与生成过程中的知识遗漏。比如说,人权思想早于人权概念产生,中国文化中也有人权思想。西方一再强调的三部"人权文件"中没有出现人权概念。② 旨在指明西方人权话语致力阐发的对象并不是唯一的真理,在其他国家同样存在人权思想文化,而人权概念在国际人权文件中的提出,实际上表达了各国的人权共识。另外,架构起新的概念体系并由此构成新的话语系统。

其次,用"系谱学"方法深入剖析话语构成的机制状况,发现具体的机制细节,以此消除总体性话语,解构等级体系。③ 考古学与系谱学的不同点在于,前者重深层结构、重知识,后者则重表面细节、重权力,但在性质上二者都倡导非连续性与断裂性。④ 系谱学要表明的是话语秩序中的力量游戏,各种力量的出场,这些力量对峙的场所,各种力量的支配关系。⑤ 可以说,考古学对于概念的界定与阐释可以看作是话语的初步描述阶段,描绘出了断裂两边的结构,但却没

---

① 参见黄晖:《福柯的知识考古学剖析》,《法国研究》2006年第2期,第32页。
② 参见张永和:《全面正确理解人权概念、人权话语以及话语体系》,《红旗文稿》2017年第14期,第7页。
③ 参见张一兵:《认知考古学:活化的话语档案与断裂的谱系发现——福柯〈认知考古学〉解读》,《南京大学学报(哲学社会科学版)》2013年第6期,第14页。
④ 参见张艳玲:《解读福柯:从"知识考古学"到"系谱学"》,《河北师范大学学报(哲学社会科学版)》2004年第6期,第27页。
⑤ 汤明洁:《福柯考古学与系谱学的关系:辨析与反驳》,《哲学研究》2018年第7期,第120页。

有说明两种结构之间的交互运行的图式。因此，人权话语体系的建构不仅体现为对人权概念的不断推导与演绎，而且还要考察人权话语在国际场域的运行制度机理。我国人权学界的建构表达说其实都是对这一问题的回应。因此，建构表达说是概念阐释说的理由和目标，而后者则是前者进行研究和分析的方法性框架。如果没有对人权概念的深入阐释，便不可能继续纵深化中国人权理论体系研究，人权话语体系也无法具有话语感召力。所以"建构表达说"与"概念阐释说"可以说是一个范式的两个面相，侧重点不同，且互为补充。

总的来说，人权话语"概念阐释说"与"建构表达说"暗合了福柯话语范式的两种方法，即考古学分析与系谱学分析。前者注重知识层面的探讨，致力从真理根源上反对西方人权话语系统；后者则侧重从问题发生机制和实践层面来回应与解答，发现西方人权话语如何利用国际话语规则、制度影响国际人权舆论的走向，并以此提出中国人权话语体系建构与表达的相关策略。两种方法进路都是对当前国际人权问题的中国回应，无疑对于未来人权话语领域乃至整个中国话语研究都具有学术价值。

四、权力话语范式的理论困境

1. 异化的"话语人权"

概念阐释说与建构表达说的理论问题都陷入了"话语人权"的现象之中。"话语人权"是指，人权在社会实践中逐渐丧失其原本的意义，形成以话语为主体、人权为工具的人权发展困境。"话语人权"是"人权话语"的异化，因过度强调话语的建构价值，使人权背后丰富的意蕴在符号化的过程中消解了。科斯塔斯·杜兹纳敏锐地看到,"当人权变得普遍化且不再关切具体情况的个性的时候,人权的胜利意味着它将很快成为政治斗争的工具"①。人权在晚近以来,已不是一个新颖概念,早成为国家、社会的日常话语实践,但这并不意味着人权得到了真正实现。再如约瑟夫·拉兹所言:"正因某些国家怀有独霸世界的野心,使得人权概念不断地政治化,这些发展丰富了人权实践,但不必然推动人权、符合人权。"② 人权成为政治符号虽然具有"祛魅"效力,但对人权实现亦无实际作用。

2. 人权话语体系规范性基础的丧失

权力话语范式过度关注历史的断裂性则放弃了历史的整体性,所谓知识的客观性成了问题。换言之,对人权的理解就不存在一个客观性、普遍性、规范性的知识标准。因此我国人权话语研究的既有阐释进路都陷入两种误区:其一,依赖人权话语现实的分析只能把自己看作是依赖语境的分析,难免带有相对主义的特征;其二,人权话语的言说无法阐明其规范性基础,无法摆脱主观任意的难题。③ 展言之,权力话语范式致力探寻历史隐秘的知识,即那些被人刻意遗忘的知识,但局部知识如果没有被承认作为普遍共识,单纯为解构作为替代性选择的其他人权知识,即使是在人权经验与实践中凝练的概念具备相当的确切性,但若未经过国家间商谈伦理的检视,也难免陷入相对论的逻辑困境。进一步看,如果以此路径构建形成中国人权话语体

---

① 科斯塔斯·杜兹纳:《人权的终结》,季乐宇译,《南京大学法律评论》2003年春季号,第27页。
② 约瑟夫·拉兹:《人权无需根基》,岳林、章永乐译,《中外法学》2010年第3期,第379页。
③ 参见马新颖:《哈贝马斯对福柯谱系学研究方法的批评》,《社科纵横》2016年第7期,第103页。

系，则难以形成稳定的话语权，因此福柯话语权力范式无法打破权力循环论的死结，难以经受相对主义的自我否定。另外，以批判者与破坏者姿态出现的话语范式，并未致力于去继承现代以来的理论积淀。这种消极的主体观，消解了自启蒙运动以来人道主义所预设的具有"中心性"和"自主性"的"人"的概念。① 人权话语体系终究是在言说人权，福柯话语范式中的反实在论，则把国际人权条约中的人权规范、人权要旨、条约精神暂时搁置起来，这使得人权话语体系难以具有有效性和合理性。

3. 人权话语体系功能的弱化

人权意蕴的消退和规范性基础的缺失导致了人权功能的弱化。人权的功能又包括：其一，证成国家权力的正当性。正当性与证成性是政治哲学的核心问题。正当性从权力的来源和谱系来评价权力或者国家；证成性是从权力的效用和达成的目的来评价权力或者国家。② 也就是说，以国家存在为前提，其正当性不是一次性就得以完成，而是必须在动态意义上以国家目的理性为基础实现国家权力的不断证成。那么，证成性的缺失就无疑会削弱其正当性根基。人权的实现以义务履行为条件，在各种人权义务主体中，国家人权义务是刚性的、第一位的、法定的，国家的根本任务就在于保障公民的各种权利。③ 国家充分履行人权义务即是不断地证成权力的正当性。其二，个体尊严之实现。"人的尊严"作为人的内在价值，是人作为人本来所固有的，

---

① 参见李智：《从权力话语到话语权力——兼对福柯话语理论的一种哲学批判》，《新视野·西方马克思主义研究》2017年第2期，第113页。
② 参见刘志强：《论国家人权义务的证成、类型与转化》，《岳麓法学评论》第11卷，第74页。
③ 参见刘志强：《论国家人权义务的证成、类型与转化》，《岳麓法学评论》第11卷，第77页。

并且与个人自由相关联。① 正如康德所提出的,"你要如此行动,即无论是你的人格中的人性,还是其他任何一个人的人格中的人性,你在任何时候都同时当作目的,绝不仅仅当作手段来使用"②。人在各种实践活动中主体性地位的确立既源于人性本身的内在价值,又必须以维护人的"固有尊严"为目的。否则,在无人格尊严的条件下生活其实就意味着人被当作客体来使用。人权的意义正彰显于此。

"话语人权"现象使人权规范性基础消退,造成了证成国家权力正当性与个人尊严之实现两个功能向度上的缺失。这就是说,不是人权在参与建构权力生态,而是权力在形塑与异化人权。这无疑偏离了人权话语的本来价值。既然两种主流学说都具有各自的理论缺陷,那么,中国人权话语体系的出路何在呢?

第三节 从权力对抗走向交往共识

一、从对抗性走向共识性

1. 共识性人权话语论的提出

如果说福柯权力话语范式使带来人权话语的有效性与真实性缺失,那么新的理论必然要解决这一问题。新近已经有学者就此展开了

---

① 参见楚晨:《人的尊严的宪法含义——从比较法视角解析》,《成都理工大学学报(社会科学版)》2017年第6期,第1页。

② 康德:《康德著作全集:道德形而上学奠基》(第4卷),李秋零编译,中国人民大学出版社2010年版,第437页。

思考。比如,有学者认为,理解人权话语要从"中国何以言说人权"问题出发,并在此进路中发现人权话语是一种言语行为的主体间性意涵,其参与建构了中国人的主体地位、社会关系,乃至知识与信仰,参与改变了政治权力的存在形态。据此得出,人权话语的功能在于建构秩序,故中国人权学者应通过言说人权来促进中国文化达成新的共识。[1] 这种观点并不着力探讨国际层面上的人权,而致力于考察中国人权话语背后的时代因素,以及在历史上中国所发挥的功效。通过观念史的考察,可以发现人权概念的建构无法超越中国实际的人权经验现实,必须要在中国人权文化共识基础上去理解和解说人权。另有学者则从国际层面指出,人权话语不应该是单一文化的说教,而应在不同文化之间平等对话与沟通的基础上形成。这就要求,在全球化与文化多元主义相互交织的客观环境下,人权话语建构应该遵循某些形式约束与实质约束。[2]

2. 共识性人权话语论的论证思路

新近的学说内部也存在论证思路的不同。前述提及的第一种学说背后承袭的问题意识和主流学说有相近之处,大致契合本章第一部分所述。但对人权话语体系的理解和建构则不同于主流学说,甚至可以说基本不存在任何关联。为何会出现如此区别?仔细考察来看,因为此种学说的论证起点不是话语权,而是从人权话语体系的规范性基础出发,因而人权话语的有效性和合理性必须建立在中国人的人权文化想象基础上,才能发挥人权的参与建构秩序功能。新近的第二种学说

---

[1] 参见邓建新:《参与建构:中国何以言说人权》,《政法论坛》2018年第4期,第127页。

[2] 参见刘明:《政治哲学语境中的人权话语建构及中国视角》,《南开学报(哲学社会科学版)》2018年第5期,第45页。

将视角切换至国际层面,人权话语体系有效性、合理性就建立在国与国的商谈过程中。总而言之,这两种观点旨趣在于克服人权话语社会性与规范性缺失的理论困境,进而强调人权话语的规范性基础。因此,我们因循前述的问题意识,继续沿着这一路径展开思考,通过人权言说主体的协调与理解所达成的人权共识是否就是理解人权话语的理想范式?

二、相互理解的交往共识范式

1. 有效性源于主体间性

哈贝马斯充分指出了交往理性和共识对于多元社会发展的重要价值,并创立了商谈论作为实践模式的话语理论,这为我们提供了可供借鉴的智识资源。哈贝马斯的论证思路是从交往行为的性质展开的。他将话语行为分为四种类型:工具理性的目的性行为;服从普遍性规范的规范调节行为;基于主观世界、表达自我情感的戏剧行为;达成相互理解的交往理性行为。[①] 前三种所代表的交往行为都是交往行为的临界状态,都分别只揭示出语言的一种功能,即或发挥以言表意效果,或建立人际关系,或表达经验。只有交往行为把语言看成一种达成人与人之间相互理解和一致的媒介。[②] 正是在这个意义上,交往行为比其他行为更具有合理性。因而可以说,交往行为使得话语具有了可以批判检验的性质,在获得主体间的相互认可的可能性中推导出话

[①] 参见刘晗:《哈贝马斯基于交往的话语理论及规范问题》,《上海交通大学学报(哲学社会科学版)》2010年第5期,第65页。

[②] 参见尤尔根·哈贝马斯:《交往行为理论——行为合理化与社会合理化》,上海人民出版社2004年版,第95页。

语的有效性与合理性。既然话语共识产生于主体间协商、沟通的过程，那么这种共识必然要具有足够的解释理由、严密的论证过程才能获取双方最大限度的理解。因此，关于人权话语体系的理解也要纳入这种相互沟通并取得共识的过程。人权话语通过国际交往主体的认同生效，其有效性来源于相互理解的主体间性。由此解决了人权话语体系的有效性和合理性标准问题。

2. 交往理性行为作为沟通形式

按照此种有效性标准论证思路，如何来看待当前人权话语的国际社会背景呢？福柯认为，权力斗争是社会关系的基本现象，因而人权话语应该毋庸置疑地进行对抗；而哈贝马斯则认为社会历史的发展逻辑应当遵循交往理论的理解范式，因而人权话语首先要寻求的是协商和沟通。在马克斯·韦伯等学者看来，一切政治问题都理应以工具理性和价值虚无主义为原则，强调在对原有制度的不断优化过程中显示出其合理性，同时以意识形态手段实现权力的认同感。[1] 但在哈贝马斯看来，这是一种"殖民化"的价值认同，不是通过交往理性行为实现主体的真正认同。人权话语问题的逻辑也是如此，西方人权话语权对于他国的强势压制，是不断以西方人权概念、西方人权制度为解说对象，而罔顾地方人权文化特殊性的现实条件。因此，哈贝马斯进一步指出，正确的选择既不在于默认和放纵、也不在于颠覆和取消现行体制、规则和程序，只要采取交往理性和商谈哲学就可以重构现行体制。[2] 这就是说，在现有不平等的国际人权话语权中，交往理性行为

---

[1] 参见李兵、郭天一：《话语共识与社会多元性整合——哈贝马斯审议民主理论探析》，《思想战线》2019年第1期，第80页。

[2] 参见高鸿钧：《走向交往理性的政治哲学和法学理论（上）——哈贝马斯的民主法治思想及对中国的借鉴意义》，《政法论坛》2008年第5期，第10页。

应当作为合理的抗争形式加以运用,就可以逐步形成较为公正平等的人权话语格局。而此种合理性抗争方式须服从于规范性主张,"走出话语冲突困境的一条出路是对策略性互动的规范性调节,对此行动者们自己要达成理解"①。他的这种指认即要求交往主体的话语行为应当按照一定的规范进行展开,否则交往主体就走向交往中断,或者是陷入拖延不决。这显然对我国人权话语体系构建十分不利,人权话语应当在多元人权文化中寻求最大公约数,而不能以消极的交往态度进行对待。

三、 交往共识范式的理论局限

1. 难以描述具体社会行动

虽然交往共识范式为我国人权话语体系思考带来不少洞见,但是仍然存在不足之处:其一,哈贝马斯将目的理性行为与交往理性行为区分为二元,前者对应策略性行为,而后者才是合理性的行为。那就造成对于社会行动的描述是困难的:当目的理性行为日益缺乏合理、公平的制度安排时,交往主体的行动意志形成则无法免于社会障碍和制度缺陷,沟通与理解的主体间性再度构成社会道德斗争。换言之,当前国际人权制度本身即存在许多不合理之处,甚至被西方国家所操纵和垄断,被西方人权话语侵害的国家如何要求其不做出策略性行为,这就造成话语策略与话语理解的难以调和性。因而在交往理性理论中,并没有充分论证话语策略性行为与话语理解行为之间的

---

① 尤尔根·哈贝马斯:《在事实与规范之间——关于法律和民主法治国的商谈理论》,童世骏译,生活·读书·新知三联书店 2003 年版,第 32 页。

系统性协调。

2. 文化合理性无法转化为制度构成

若将社会合理化视为一个整体,那么必须解释清楚人权文化合理性意识如何转化为相关国际人权制度构成。最初哈贝马斯用社会劳动与社会理解过程之间的动力结果替代了生产力与生产关系的辩证关系,人权理性共识与人权机制不过就是社会再生产的两个方面:物质再生产与世界符号性再生产。[①] 但社会历史发展在交往理性维度仍未得到清晰阐释,将交往行为与物质生产勾连,难以推导至社会生活的各个方面。后来哈贝马斯借助于策略性行为与理解行为的区分,如前所述,这又难以被实际区分和协调。因而难免显得哈贝马斯的交往理性范式是一种乌托邦式幻想,不具备现实基础。

第四节 "对抗和理解"的双重维度审视

如果说福柯把社会斗争当作社会关系的基础现象引入并将其视为权力理论的基础范畴;那么哈贝马斯则把社会斗争视为主体间性理解的扭曲形式,但无论是"对抗范式"还是"理解范式",它们都是偏颇的。[②] 霍耐特继续沿袭规范性与经验性相融合的路径,但他认为社会批判理论核心视角并不在于普遍语言学理论,而应从社会主体的相

---

① 参见王凤才:《承认·正义·伦理——实践哲学语境中的霍耐特政治伦理学》,上海人民出版社 2017 年版,第 90 页。
② 参见王凤才:《霍耐特承认理论发生学探源》,《马克思主义与现实》2006 年第 2 期,第 56 页。

互承认以及对主体的"不敬"经验中获取理论视角。① 初步来看,我国人权话语体系也应当同时具备斗争和理解的双重维度。目前对人权话语体系的研究中,主流学说的权力理论色彩过于浓厚,规范性略显不足;后者则注重对话、理解、协商,强调人权话语体系的规范性,但对经验实践的把握仍显不够。因此,人权话语体系的范式必须调和经验性与规范性二者之间的张力,发展出一套既具备规范性基础,同时也能有效应对当前国际人权话语形势的新范式。

一、人权话语体系的承认结构模式

霍耐特将社会冲突的两种模式作为重构黑格尔承认理论的起点。一种是自我保护型模式,霍布斯、马基雅维利学说中假设的自然状态下一切人对一切人的战争,这场战争就是主体为了捍卫自我而发展的;② 另一种是相互承认型模式。黑格尔重新解释了原始斗争模式,其认为冲突应指向主体间相互承认的个性维度。换言之,斗争是方式、道德媒介,引导社会伦理的不成熟状态向更成熟状态发展。③ 从这两种模式就可发现,前者属于理论家的假定,而后者则描述出现代国际社会的实际情况。进入相互承认型模式中来看,霍耐特强调,强暴摧毁了个体的基本自信;剥夺权利削弱了个体的道德自尊;侮辱伤害了个体的荣誉感。④ 三者相互联系,共同破坏承认结构。按照此种

---

① 参见李和佳、高兆明:《社会批判理论的范式演进:从福柯、哈贝马斯到霍耐特》,《哲学研究》2008年第5期,第36页。
② 参见阿克塞尔·霍耐特:《为承认而斗争》,曹卫东译,上海人民出版社2005年版,第14页。
③ 同上书,第22页。
④ 同上书,第141—143页。

理论框架来分析当前我国人权话语体系的境遇就更加清晰明透。首先，国家主权的完整性受到侵害。某些西方国家认为人权正当性不依赖任何实在法，以此破坏人权与主权的有机统一关系。① 其次，国家丧失了人权话语权。话语权即是指谁享有说话的资格和权利。而且人权话语权不仅体现在话语实践层面，还渗透在学术话语构建中，以"知识的形式适应和支持西方殖民扩张的需要，制造出西方全面优于东方的神话"②。最后，西方国家影响和引导国际舆论走向，对他国人权状况无故进行指责和批评，贬损他国的人权形象。

从经验事实维度来看，承认结构模式对于我国人权话语的描述符合事实，分析全面。而从应然角度来看，承认结构模式预设的是理想状态下的国际双边关系以及国际人权话语生态的场境，斗争作为走向成熟状态的一般性方法，是一种历史维度的考量。狄尔泰认为，通过自身感受与历史经验的碰撞，通过对于个体体验与历史总体经验连接关系的精细处理，才能使个体理解力能够揭示出问题的实质。③ 狄尔泰现象学目的是引申出，"主体间性"与"生活世界"的勾连。④ 我国人权话语的旨归在于进入承认结构模式获得世界范畴意义的承认和认可，这就决定了不可能是封闭的概念探索，而须通过"生命体验"本身对外界进行深沉的回应。理解承认结构就需要更加深刻地体察和认识外界环境的实际情况，也就是说，我们还要考虑社会变迁的问

---

① 参见狄英娜：《冷战后"人道主义干涉"与美国霸权》，《思想理论教育导刊》2017年第11期，第67页。
② 陈瑛：《"东方主义"与"西方"话语权力——对萨义德"东方主义"的反思》，《求是学刊》2003年第7期，第30页。
③ 高宣扬、闫文娟：《论狄尔泰的精神科学诠释学》，《世界哲学》2019年第4期，第112页。
④ 同上。

题，承认结构模式是否会经由外界环境的激扰而发生潜在的变化。

二、人权话语体系的全球化语境

但近年来全球化的进展，致使双边承认型的国际关系逐渐走向多边维度的全球化关系。托依布纳将其概括为"社会弥散法—部分自治法—自创生系统"的演进阶段。① 虽然他主要讨论的是法律系统，与其他功能系统区分的符码是合法/非法，但是我们却可以借用系统论"功能-结构"的视角来分析中国人权话语体系的境遇。质言之，世界文化多元主义的发展改变了人们的传统认知，新的国家人权话语并非像过去那样从各种伦理、文化和宗教共同体那里获取力量。而将重心从团体和共同体转向商谈和交往网络。② 由此，形成了"开放的中立性"和"全球公共讨论"两大特征。③ 第一，"开放的中立性"是相对于"封闭的中立性"而提出的概念，后者依靠的是封闭的团体成员；而前者则暗合了罗尔斯提出的"无知之幕"假设，即代表忽略了各自所属团体的身份，其主张和意见完全合乎理性。第二，全球公共讨论是在"开放的中立性"原则基础上，借助于当前的国际规则和程序，在无身份差别的代表之间形成了某些客观、中立的重要判断。从国际化转向多维、立体的全球化致使环境对于人权话语承认结构的激扰增强，结构内部的概念和话语生产不可避免地带有全球语境化的特

---

① 参见张薇：《哈特承认规则概念的系统论解释——兼论卢曼与托依布纳之间的分歧》，《学海》2019 年第 4 期，第 178 页。
② 参见贡塔·托依布纳：《魔阵·剥削·异化——托依布纳法律社会学文集》，泮伟江、高鸿钧等译，清华大学出版社 2012 年版，第 30 页。
③ 参见詹姆斯·J. 赫克曼、罗伯特·L. 尼尔森、李·卡巴廷根编：《全球视野下的法治》，高鸿钧等译，清华大学出版社 2014 年版，第 69 页。

征。也就是说,人权话语必须诉诸某些共通性、一般性的人权价值。以"人的尊严"为例,宗教学上认为人之尊严具有不可让渡性与人格禀赋性;① 道德哲学认为人之尊严还在于其不可侵犯性;② 社会学认为人之尊严是他人、群体和社会给予的价值承认和尊重。③ 几种尊严观出发角度不同,但却使得对尊严的概念阐发更为透彻,从而为人权话语建构提供了共通性的价值。那么,关于堕胎问题、女性主义、石刑等全球性人权议题就有可诉诸的价值标准。由此形成人权话语共识,促进全球人权水平的提高。至此,我们已经对比分析了全球化语境和人权话语的承认结构模式,前者是环境,后者从历史角度观察了人权话语体系的时空发展链条,而关于人权话语体系的"当下"尚须进一步探讨。

三、 人权话语体系的系统论逻辑

全球化背景下的人权话语脱离了单个民族国家的疆界,其所呈现的图景是各式各样的人权话语系统。正如托依布纳所指出的,"超国家体制不使用政治的权力媒介进行沟通,而是使用其他的功能系统媒介进行沟通"④。因而在全球人权话语场域中形成了多套独立的人权话语体系,且各有不同的文化意蕴、概念基础和生成机制。系统的首要

---

① 参见约翰·加尔文:《基督教要义》,钱曜诚译,生活·读书·新知三联书店2010年版,第160页。
② 参见康德:《康德著作全集:道德形而上学》(第6卷),李秋零编译,中国人民大学出版社2013年版,第238页。
③ 参见尤尔根·哈贝马斯:《人的尊严的观念和现实主义的乌托邦》,鲍永玲译,《哲学分析》2010年第3期,第9页。
④ 贡塔·托依布纳:《宪法的碎片:全球社会宪治》,陆宇峰译,中央编译出版社2016年版,第175页。

属性是其封闭性和运作自成一体性。① 在这种情况下，功能系统之间的冲突和碰撞不可避免地频繁发生。而作为强势的功能系统具有天然的扩张倾向，会压缩弱势系统的运作生产。② 这实际说明了全球人权话语体系相互冲突的原理，同时也阐明了中国人权话语体系实践境遇的原因。

在去中心化的全球人权话语场域中，只能采用"严格非等级式的冲突解决机制"③。出现在各个主权国家、区域的多元人权话语，不可能产生一种统一的符号体系。因此，问题的焦点不在于彻底消灭人权话语冲突，而是促使功能系统之间的妥协和让步。约格斯归纳出三种冲突结构：作为平等系统之间的"横向冲突"；作为层级系统之间的"纵向冲突"；以及不同层面、不同维度的"斜向"冲突。④ 充分说明了全球人权话语体系的复杂结构，单纯从某一视角都无法全面对此进行描述。故只能用更加复杂化的"网络理论"对此展开分析与建构。网络是相互矛盾的不同网络节点的规范秩序不稳定共存的结果。⑤ 也就是说，网络结构将各民族国家和多元功能性人权话语体系系统之外的政治、经济、文化、宗教等压力转化到内部的网络节点，由此形成了一个基于不同话语诉求，却在相互交织的话语结构中理性共存的动态平衡。所以在非等级式的网状平衡结构中，无法完全依靠形式化的

---

① 参见尼克拉斯·卢曼：《社会的法律》，郑伊倩译，人民出版社2009年版，第81页。
② 同上书，第30—32页。
③ 狄英娜：《冷战后"人道主义干涉"与美国霸权》，《思想理论教育导刊》2017年第11期，第178页。
④ See Christian Joerges, "The Idea of a Three-Dimensional Conflicts Law as Constitutional Form", *SSRN Electronic Journal*, Vol. 1, 2010, pp. 3-4.
⑤ 参见贡塔·托依布纳：《宪法的碎片：全球社会宪治》，陆宇峰译，中央编译出版社2016年版，第186页。

人权规则制度，每套话语体系的形成都来源于体制内部，话语体系的表达和实现也须在体制之中。因此，我国人权话语体系只能同时包括"外部视角"和"内部视角"。一方面，人权话语网络节点的反思必须寻求与其他体制相互协调。① 道德直觉意义上的人权话语诉求其实不真正具备影响现实的力量，而只有在法权关系中，才能让平等主义诉求得到承认和尊重。比如，由联合国倡导形成的人权体制作用在于构造了合作的形式和程序，能够确保多方利益主体的理性参与。另一方面，该自主反思性必须预设共同的指涉点以及必要的抽象意义范围。② 指涉的意义来自体制内部的生产机制，因而在体制内需要考虑超越地方特殊视角、价值相对性等文化个体意识，寻求整体的全球人权文化资源。如"共同价值"概念的提出，为人类共同面临的生存与发展问题提供了共生型方案与主张。③ 总之，基于系统论的网状结构理论可以从内部和外部两方面对我国人权话语体系建构提供新的研究视角。

四、人权话语体系的知识生产问题

话语是知识的载体，知识是话语的内涵。人权话语最终反映的是话语主体的人权知识体系，而这由制度和本土文化决定。作为中国人权话语体系研究新范式来说，既要保护我国原有的本土人权知识体系，又要探求人权知识的生产过程。这就要求，我国的人权话语系统

---

① 参见贡塔·托依布纳：《宪法的碎片：全球社会宪治》，陆宇峰译，中央编译出版社2016年版，第188页。
② 同上。
③ 参见习近平：《携手构建合作共赢新伙伴 同心打造人类命运共同体——在第七十届联合国大会一般性辩论时的讲话》，《人民日报》2015年9月29日，第2版。

第六章 中国人权法学的人权话语体系研究范式演进

还应当有一个从"外在"再进入"内在"的过程。其一,从国际人权法和国内法律体系关系来说,须不断进行规范价值的沟通。国际法规范所赋予的人权一般分为个人的公民权与政治权利、社会与经济的权利与自由以及第三代集体人权。① 在这些人权中,有一些是国内法已经规定并予以保护的,有一些则是已经予以保护但尚未规定的。为了更好地保护人权以及推进中国人权话语体系不断生产"语料",应当逐渐实现国内人权保护与国际人权保护互生,也就是要通过法治的方式提升人权发展水平。其二,从国内人权法体系与社会关系来说,也需要保持与外在文化的关联互动。法定人权一般以宪法基本权利的形式出现,而这就要考虑到基本权利作为"结构耦合"的显著特征。质言之,以基本权利作为桥梁,法律系统与社会其他系统联系在一起,并通过基本权利将外界信息转译到法律系统中。② 这就需要受到外部的社会文化的"激扰",实现"知识上的开放性",由此实现基本权利的社会变迁。③ 而基本权利通过"辐射效应"贯通整个实在法体系,从而最终实现人权法体系与外在文化的沟通。

概括来说,中国人权话语体系范式重构在于寻找融合对抗和沟通双重维度的理论范式。系统论改变了对人权话语体系基础概念、范畴的理解。也就是说,人权话语体系不再被片段化地理解为人权的文字游戏,抑或是传播学之技术运用。功能分化完全可以成为现代社会的规范性特征。④ 从系统的角度来描述人权话语体系,就会得出崭新且

---

① 参见何志鹏:《人权全球化基本理论研究》,科学出版社2008年版,第205页。
② 参见李忠夏:《宪法变迁与宪法教义学——迈向功能分化社会的宪法观》,法律出版社2018年版,第284页。
③ 同上书,第285页。
④ 参见李忠夏:《宪法学的系统论基础:是否以及如何可能》,《华东政法大学学报》2019年第3期,第25页。

更为深入的理论阐释，这对当前亟待建构的中国人权话语体系，至为重要。

小　结

新时代中国人权话语体系研究因应学界对本土学术话语缺失现象的反思，中国特色社会主义人权理论体系的基本形成构成了新时代中国人权话语体系的内在支撑。在此背景下，我国人权学界关于人权话语体系的研究取得了一定的成果。我们将主流学说总结为"概念阐释说"和"建构表达说"，前者注重对知识的阐发，而后者侧重于探求技术细节。两种学说都是从权力话语范式角度来描述经验现实，即"西强东弱"的人权话语权现状。由此陷入了"话语人权"的理论困境，造成我国人权话语体系规范性基础的丧失，带来人权意蕴、功能的消退。新近的研究试图从规范层面加以考察，强调在国内层面形成人权共识，发挥人权的参与建构功能。而在国际层面主张国与国的商谈和沟通，以寻找人权文化的最大公约数。为了缓解经验性的不足，交往共识范式主张交往理性行为作为国际话语权斗争形式，通过真实性、真诚性和正确性的话语沟通来形成公正、合理的人权话语格局。但交往共识范式的局限在于理性行为和策略性行为无法完全割裂，以至于显得像乌托邦式的幻想。

因此，新时代中国人权话语体系研究范式重构，必须同时兼顾经验和规范、斗争和理解、对抗和互动等重要范畴关系。其一，在承认关系结构中，不合理的人权话语实践境遇可理解为主体遭遇的蔑视情形，获得承认或认可的策略在于对外界进行不断的话语回应。承认结构提供了历史性的维度来观察中国人权话语体系。其二，本章探讨了从国际化到全球化的变迁，即包括开放的中立性和全球公共讨论两种主要特征，决定了人权话语承认结构必然受到外在语境的深刻影响。其三，从现实主义的角度对我国人权话语体系进行逻辑解码，认为其是全球社会功能分化的产物，多元人权话语体系张力本质是系统之间的碰撞和挤压。因此，借力"网状结构理论"描述和理解多元人权话语体系系统的复杂交叉关系。全球国内人权话语共识凝练于个体对人权文化心理认同的差异团结，概括为人权的"共同价值"。最后，本章讨论了人权话语体系的知识生产问题，总体上因循"外在"进入"内在"的过程。一方面，纵向上实现国际人权规范与国内人权规范的价值沟通；另一方面，横向上保持国内人权规范与外部社会文化的信息转译。因此，在人权实践维度上，就需要义务主体尊重、保障、救济、促进乃至实现人权，尊重要求公权力承担消极不作为义务，保障、救济、促进要求公权力承担积极作为义务。以此维护人性尊严、激发个体潜力以及推进公民与社会共同体之间的积极互动，开创我国人权治理的美好前景。就此而言，新时代中国人权话语体系，对外表达既要有自主性，也要有抗争性，对内建构端赖于我国人权事业建设的进步。新时代中国人权话语体系研究范式重构，必须要打破以西方经验提升的理论来指导我国本土实践，我国学术界要立足于全球化语境，善于从我国本土实践经验中提炼理论知识，实现人权制度与人权文化的良性互动。

第七章 中国人权法学的人权话语体系逻辑构成

习近平新时代中国特色社会主义思想是一个逻辑严密、内涵丰富的科学理论体系,为建构新时代中国人权话语体系指明了方向。新时代中国人权话语体系建构作为习近平新时代中国特色社会主义思想的一个重要组成部分,两者是派生与前提、子系统与母系统的关系。新时代中国人权话语体系是指十八大以来一系列中国有关人权理论与话语双向构建与表达的转换过程,十九大仅仅是归纳出"新时代"的概念。因此,"新时代"不能仅仅被理解为以十九大作为起点,而是承十八大、中经十九大、续望未来动态的指引概念元素。构建中国人权话语体系是在坚持中国主体性基础上,参加全球人权治理,如何开创中国气派人权话语体系,具有非凡现实与学术价值。为构建新时代中国人权话语体系,本章拟从逻辑上就建构的背景、理念、原则、构造、表达与功能问题进行一些学术上的梳理与分析。

第一节 新时代中国人权话语体系的背景

历经两次惨痛的世界大战,世界各国把目光投向了人的基本权利和尊严,使人类不再受战祸之苦成为各国思考的首要问题。《世界人权宣言》《经济、社会及文化权利国际公约》《公民权利和政治权利国际公约》等国际人权条约的诞生,标志着人权成为世界各国普遍接受的价值与信念。在 70 年的时间内,联合国人权理事会、人权事务高专办、国际人权条约机构等联合国人权机构,通过对话、协商、交流、合作的方式促进各国形成人权共识,在促进世界人权事业发展的同时,也生成了国际人权话语,影响世界。

一、 西方人权话语左右国际秩序

话语权主要指话语权力,是国家与国家在国际舞台上的实力博弈,通过提高话语权,使作为国际竞争主体的国家处于有利地位。福柯认为,"话语模式与其说是假设和观察或理论和实践之间进行自主交流过程所形成的产物,不如说是在一定时期内决定哪些理论和实践占上风的基础"。① 经过较长时间的历史沉淀而形成的话语模式,逐渐构建出权力分配格局。国际人权话语权便因此产生,以致影响和引导国际舆论的走向、国际主流社会和主流媒体评价。从而推动形成解说国际人权事件、维护国际人权道义、设置国际人权会议议程、制定国际人权规则与标准的国际秩序。② 因此,国际人权话语通过联合国人权机制建构了一套成熟的人权话语体系,在国际人权领域发挥强大的话语权。但是,国际人权话语并不等同于西方人权话语,其区别自不

---

① 参见约翰·斯特罗克:《结构主义以来:从列维-斯特劳斯到德里达》,渠东、李康、李猛译,辽宁教育出版社 1998 年版,第 83—128 页。
② 参见毛俊响:《国际人权话语权的生成路径、实质与中国的应对》,《法商研究》2017 年第 1 期,第 153—163 页。

待言。需指出的是，西方国家利用人权话语权，在很多时候影响了国际人权话语走向，经常在国际人权机构中设置话语议题、创设选项，建构了一套成熟的西方人权话语体系，在国际人权领域打造出强势的西方人权话语权，从而在国际人权话语中占据有利地位，左右了国际秩序。剖析西方人权话语体系，我们可以发现，一个国家人权话语的建构和表达受到人权传播立场、内容、形态、渠道等因素的制约。因此，在构造人权话语时，西方国家通常把人权限定在政治哲学范畴，解释为自由、民主、宗教信仰等政治权利和公民权利概念。一些西方国家并没有对人权概念进行深入的探析，便急于将片面的结论作为国家意识形态的抓手，在国际战略上，以西方人权话语为标准、范式、模板，推行西方人权价值观念。更甚之，罔顾联合国所倡导的平等对话和协商原则，把西方人权话语凌驾于国际人权话语之上，借人权之名干涉他国内政，在人道主义干涉问题上甚至造成了他国的人道灾难。①

二、人权话语"西强中弱"态势

我国一般认同国际人权话语体系的基本内容，同时一直以积极负责的态度参与联合国的人权治理，并发挥着重要作用。应当说，我国在改革开放40多年以来人权领域取得了巨大成就，推动了世界人权事业的发展。但西方国家利用西方人权话语权及人权话语体系歪曲事实、捏造谎言，通过诋毁中国人权发展状况，以达到损害中国人权形

---

① 参见韦宗友：《西方正义战争理论与人道主义》，《世界经济与政治》2012年第10期，第41页。

象的目的。不难看出,在国际人权话语中,西方人权话语权及人权话语体系绑架了国际人权话语。在人权话语"西强中弱"的态势下,我国一方面要应对西方人权话语对中国人权形象的损害;另一方面,我国也积极建构中国人权话语体系,提升我国的国际人权话语权,从根本上改变这种"西强中弱"状况,在国际人权舆论场上发出中国人权声音、提供中国人权发展经验,以推动人类人权事业的共同发展。

第二节　新时代中国人权话语体系的理念

理念是人权话语体系建构的方向与指引,并贯穿于人权概念阐释的整体性架构之中。人权学理探微与理论革新、人权话语体系建构与对外表达、人权话语是否得到社会的认同,均需要依靠理念的灯塔涵照作用。我们认为,指导构建中国人权话语体系的理念,应具备高屋建瓴、指导性的观念,并能够揭示人权理论体系转换为人权话语体系的特点。一方面,习近平新时代中国特色社会主义思想具备了周密的价值现象体系构造,能够检视中国人权观的谱系与定位,并具有内在的包容建构性,从内部推动人权话语大厦的建造。另一方面,习近平新时代中国特色社会主义思想还提出许多承前启后、继往开来、融通中外的新观点,直接体现出新时代中国人权理论体系的整体风貌。因此,新时代人权话语体系以习近平新时代中国特色社会主义思想为理念,从而推动中国人权理论体系深入阐释和促进中国人权话语体系的革新,对于构建与提升中国人权话语权体系具有重要意义。习近平新时代中国特色社会主义思想作为新时代中国人权话语体系的理念,如何从学理上挖掘与梳理其中的人权话语体系的内涵,至为切要。

一、 理念中的人权话语转换

发展权是我国首要人权，但发展权毕竟是一个概念，并没有诠释成为人权话语。因此，发展权概念还需要在新时代理念指导下，转化为以发展权为核心的人权话语体系。如果说生存权是我国第一阶段的首要人权，那么在新时代中国，从生存权转换到发展权作为首要人权，有其历史必然。发展权作为首要人权，实质是人权价值的选择，即如何在社会主义初级阶段作出最优选择。我国承认国际上存在人权的普遍标准，但由于不同国家在历史、文化、传统以及发展程度等方方面面存在差异，因此在共同的人权标准之外还有地区和民族特点的人权标准。优先实现发展权，并把发展权转换为人权话语，就是在符合人权普遍价值的基础上，实现人权话语的超越。

二、 理念中的主体思想

人权实现不仅限于物质需要及其满足，还囊括了人的地位、价值和尊严，追求与实现人之本性的生成和完善。① 因此，我国结合个人本位与集体本位，在实现最基本的生理需求和安全需求后，应当促进人民享受更高层次的政治需求以及其他各种精神需求。② 因此，十九大"不断促进人的全面发展""实现人民对美好生活的向往"等观点，

---

① 参见胡海波：《哲学就是哲学——"价值哲学"的哲学观批判》，《吉林大学社会科学学报》2003年第5期，第37页。
② 参见胡家祥：《马斯洛需要层次论的多维解读》，《哲学研究》2015年第8期，第104页。

就是要在新时代理念引领下实现"以人民为中心"全面推进各项人权事业发展,从原来的个体人权主体转化提升到"以人民为中心"的人权主体。

三、 理念中的内在要求

坚定"四个自信"要求在新时代理念指导下,回应当前强势的西方人权话语体系,在体现人权价值上带有明显的整体性方法论色彩。集体人权是历史产生的必然,因为个体在社会现实之中必然要参与一定的社会关系,随之形成的集体便构成其整体利益诉求进而构成个人人权的保障,而实现集体人权需要维护中国人权形象或者说维护中国国家利益,因此坚定我国人权道路、理论、制度、文化自信,就成为建构中国人权话语的重要价值旨归。

四、 理念中的人权话语场域

"构建新型国际关系,推动构建人类命运共同体"[①] 是新时代理念构建的新时代中国人权话语体系的用武场域。构建新型国际关系是实现对原有国际关系的超越,加强各国人权领域对话与合作,才能实现合作共赢。各国共同体义务在国际人权实践中多次被援引,但必须逐步完成从概念到功能的转化。与此同时,一些新的国际人权规则悄然产生,这些内容引领了国际人权话语的发展。由于人权的绝对性

[①] 习近平:《决胜全面建成小康社会 夺取新时代中国特色社会主义伟大胜利——在中国共产党第十九次全国代表大会上的报告》,人民出版社2017年版,第19页。

质,人权条约并不是缔约国交换对等义务的场所,国家间的互惠原则在此没有位置。因此,国际人权法在对等义务之外提出了"对世义务"。① 只有及时、全面、积极构建中国人权话语体系,并在国际人权话语中发挥作用,才能顺应当代国际人权法"国际共同体利益"和"国家利益"并重的发展潮流。

第三节 新时代中国人权话语体系的原则

原则源于实践,它是对社会发展规律的主观把握,是关于自然界和人类社会的理性认识。这种认识是对多种现象的总结、概括,即经过了从感性认识到理性认识的飞跃。它一般可以程度不同地反映事物的本质,反映客观事物内部的固有联系,反映客观事物间的普遍联系。② 原则作为指导人们处理和解决问题的根本立场和根本出发点,是对事物普遍本质和共性的反映。对处理问题具有普遍的指导意义和广泛的适用性,由此决定了人们处理和解决问题,必须要坚持原则。③ 因此,在中国人权话语体系的建构中,原则决定了中国人权话语体系的方向,反映了中国人权话语体系的根本立场,具有普遍的指导意义。

新时代中国致力推动新型国际关系的重建,并要求打破过去的不

---

① 参见谢海霞:《人类命运共同体的构建与国际法的发展》,《法学论坛》2018年第1期,第23—33页。
② 参见倪玉联:《关于原则性与灵活性几个问题》,《郑州大学学报》2004年第6期,第10页。
③ 参见刘朴:《浅议原则性与灵活性统一》,《社会科学论坛》2005年第4期,第163页。

平等状态，在国际上发出中国人权声音，客观上需要构建中国人权话语权及中国人权话语体系。人权话语权涉及人权话语的对象、方式、内容等。因此，中国人权话语体系，究竟用什么原则才能建构起来？笔者以为构建中国人权话语体系，需遵循主体性、平等性、差异性、开放性四个原则。

一、主体性原则

所谓主体性原则，就是要明确新时代人权话语体系建构的主体身份，是中国去建构，不是外国建构；是中国人权作为主体身份建构，不是人权中国作为主体身份建构。在国际上，人权话语都是"西强中弱"，其主体性都是西方主体凌驾于中国主体之上，指责中国人权如何。现以中国人权作为主体构建人权话语体系，并不是中国人权话语盛气凌人，而是要彰显中国人权话语体系的责任与权利。因为，主体意味着责任、义务和权利，中国在国际人权场域中主体地位的获得是其话语权的保证，而中国话语权的获得与提升又再次巩固其人权话语主体地位。主体性是指"主体自由自在的个性"①，即表现在自由、自主和创造性三个方面。自由话语是主体性的基础，是指中国在国际中能够不受西方人权话语掣肘而表达自我的主张、观点与看法。自主话语是主体性的表现，是指所表达的内容仅是中国对自身人权实践的理解阐释、经验概括、理论总结。创造性话语是基于自由、自主而实现新的超越，就是中国人权话语不仅要表达过去取得人权成就的经验，还要在国际上以更广阔高远的视野格局提出应对国际人权问题、

---

① 金炳华：《哲学大辞典》（修订版），上海辞书出版社2001年版，第203页。

未来人类命运的新观点。因此，中国人权话语体系建构，需要中国人权主体性觉醒与自觉，要意识到新时代中国人权话语体系建构主体性原则的地位和责任。

二、平等性原则

平等性原则是指对话主体之间权利、义务和责任相同或相近。在国际人权领域中，平等性意味着对中国作为话语主体地位的尊重和认可。巴赫金认为，"单一的声音，什么也结束不了，什么也解决不了。两个声音才是生命的最低条件"①，对话性是同意和反对关系、肯定和补充关系、问答关系，在这种体系中说话人与听话人是平等、独立主体。② 因此，国际人权对话中的言说者和接收者存在角色互换关系，言说者将人权主张作为信息符号发出后，必须接收对方的反馈信息，与此同时言说者又变为接收者。中西方只有在平等对话过程中，才可能产生人权观念与人权话语的碰撞、融合、生成。但在当前国际人权话语场中，西方借助国际人权机制提供的监督平台，掌握对中国及其他发展中国家人权状况的评判权，在此过程中西方国家通常占据着"监督者"或"法官"的位置，而中方则往往成为"被监督者"或"被告"的地位。③ 西方国家对国际人权领域的完全支配，使人权对话成为西方国家的"一言堂"，中国只能被动接受西方国家对人权状况的任意评判，没有权利提出自己的人权见解和疑问。可以说，中西

---

① 巴赫金：《文本·对话与人文》，河北教育出版社2002年版，第334页。
② 同上。
③ 参见毛俊响：《国际人权话语权的生成路径、实质与中国的应对》，《法商研究》2017年第1期，第157页。

方从未就人权进行过真正意义的平等对话。因此,重申国际人权公约的话语价值,仍具有重要意义。"联合国核心人权公约"生成其联合国人权话语,具有明显的形式共性和实质共性,具体表现为共同的制定机关、结构特征、主题指向和体系构成,实质内容的相似性、程序机制的同质性、规范解释的互补性等特点。① 因而联合国人权公约具有人权话语评判根据的正当性、合理性,使国际人权对话进入规则、程序框架内,以公约条款为逻辑演绎、修辞论辩的文本,西方国家强势的话语权力在此范围能够得到消减,而中国人权话语以公约为话语依据应对西方的话语攻势,并以此作出回应,这便有强烈的说服力,促进了我国在国际人权场合进行人权话语的平等对话和交流。

三、差异性原则

人权话语的差异性原则,主要指在尊重联合国人权核心公约的前提下,由于不同国家在历史、文化、传统以及发展程度等方面的不同,人权存在差异性。因此,在联合国人权标准之外,还应有地区和民族特点的人权标准。因此,人权话语的对话,必然是存在差异性的对话。完全同质化的人权话语观点和价值立场之间,只能是同声复制,不可能有真正意义上的人权话语对话,因而必须在差异中寻求人权话语共识,才能提升人权话语水平并推动人权事业进步。具体言之,人权言说者要进行话语调节,讲出让世界听得清楚、听得明白的人权话语,考虑到人权对象的"统觉背景",又要始终反省自我的人

---

① 参见毛俊响:《论"联合国核心人权公约"的共性》,《人权》2017 年第 6 期,第 113—124 页。

权话语是否存有缺陷与不足,看到人权内容的"外位性"。① 也就是说,人权话语对话既不能自说自话,也不能仅存在于抽象客观主义的封闭语言体系中。因此,为增强差异人权话语对话的可控性,在国际人权对话、商谈、交锋之前,一方面,中国需要通过大量对国外人权的考察研究,掌握全面的人权资料,对西方国家可能出现的各种人权言说,做出尽可能全面的预设,为开展合理有效的差异性人权对话奠定扎实基础。另一方面,要立足在联合国人权规则所确立和固定的人权共识基础上,只有在此权能范围内进行人权话语的解释和延伸,才能使中国人权话语体系的建构成为可能。由于人权话语场的非线性,无论做如何充分的准备,也难以穷尽所有的偶然状况。所以,以差异性原则的视角来看,偶然状况并非阻碍了中国人权话语体系的建构与表达,而是为中国人权话语体系的建构与表达提供了深化、全面拓展的契机,并从中找到生成性要素。

四、开放性原则

人权话语的开放性,意味着从人权概念转化到人权话语的过程,是一个不断创造、提炼具有前瞻性的话语体系的过程。人权话语具有相对性、差异性、偶然性和不确定性,多元人权观隐含了对不同的人权话语的理解与解读,无论是联合国人权话语或中国的人权话语所描述的内容,都内在镶嵌于历史的运动过程中。恩格斯提出,"自由是

---

① 巴赫金针对对话差异性原则提出两个概念:一个是"统觉背景",指言说者要考虑到接收者的文化背景、知识水平、价值立场等;另一个是"外位性",指人由于局限性不可能对自己、对他人进行全方位的观察。参见巴赫金:《文本·对话与人文》,河北教育出版社2002年版,第346—347页。

在于根据对自然界的必然性的认识来支配我们自己和外部自然界;因此它必然是历史发展的产物"①,人权的历史性决定了中国人权话语对人权概念的阐释永远处于开放之中。此外,人权对话中的言说者和接收者存在角色互换关系,言说者将人权主张作为信息符号发出后,必须接收对方的反馈信息,与此同时言说者又变为接收者。对话者自身具有未完成性和片面性,中国人权实践永远是进行时,决定了中国人权话语体系的未完成状态,应保持中国人权话语体系的灵活性与开放性,不断去融通国内外优秀人权成果,完善我国人权话语体系。西方人权话语并不是权威,西方人权状况也并非人权止境。我国要履行大国责任与担当,在人权话语体系构建方面,以开放性的姿态,发挥主观能动性,提供中国人权话语与体现中国智慧。

第四节 新时代中国人权话语体系的构造

一、人权话语构造结构

构造是指事物各个组成部分的安排、组织和相互关系,揭示了事物的基本特征、属性以及所反映的具有普适性的特性与规律。人权话语体系的构造是其内部结构、逻辑与转换关系,即人权话语结构、人权话语内容与载体逻辑关系以及人权话语阐释过程的关系。概念是话语的内容,话语是概念的载体。纵向上,人权话语体系需要人权概念体系支撑,概念与话语二者是载体与内容的关系,抽象人权概念需要不断推导

---

① 《马克思恩格斯选集》(第3卷),人民出版社1972年版,第154页。

和阐发,形成对应的"一阶—二阶—三阶"概念结构,二阶概念是一阶概念的话语,而三阶概念又是二阶概念的话语,从而形成一套概念人权话语体系。① 横向上,概念层面的人权还需要通过语义学、诠释学等多学科路径不断转换,才能从抽象的人权概念转化为具体的人权话语。

二、人权话语体系构造逻辑

人权话语体系需要人权概念体系作为载体。但迄今为止,还没有一个被全世界所公认的人权概念,但我们可以通过人权的主体、内容、存在形态和本原认识与把握它。区别于天赋人权、个人主义至上等西方主流人权观,我国学界对人权概念的研究立基于马克思主义人权观,认为人权的主体是个人和集体,个人是主要主体,集体人权是个人人权的保障;② 人权的内容是历史的、发展的,不仅包含公民权利与政治权利,也包括经济权利和社会、文化权利;人权的存在、表现于应有人权、法定人权、实有人权三类;③ 人权既源于人的自然属性,也源于社会属性。④ 一阶概念的人权需要二阶概念支撑,而这些二阶概念就是一阶概念人权的话语,包括自由权、生存权、发展权、财产权、平等权。展言之,自由权是指个人要求他人不干预自己行为

---

① 参见张永和:《全面正确理解人权概念、人权话语以及话语体系》,《红旗文稿》2017 年第 14 期,第 8 页。
② 参见徐显明、曲相霏:《人权主体界说》,《中国法学》2001 年第 2 期,第 53—62 页;李莉:《人权主体的思考》,《法学评论》1993 年第 1 期,第 23—33 页;李步云:《论个人人权与集体人权》,《中国社会科学院研究生院学报》1994 年第 6 期,第 9—16 页。
③ 参见广州大学人权理论研究课题组:《中国特色社会主义人权理论体系论纲》,《法学研究》2015 年第 2 期,第 56—79 页。
④ 参见李步云:《论人权的本原》,《政法论坛》2004 年第 2 期,第 10—17 页;何志鹏:《人权的来源与基础探究》,《法制与社会发展》2006 年第 3 期,第 105—116 页。

的权利,包括精神自由权、人身自由权、经济自由权;① 生存权主要指在一定的历史条件下和社会关系中,个人应当享有的维持正常生活的权利,核心部分包括生命权、健康权与人身安全权,随时代发展,生存权还包括受教育权、环境权、和平权等;② 发展权是指个人、集体参与、促进并享受其相互之间在不同时空限度内得以协调、均衡、持续地发展的权利,包括个人发展权和集体发展权,内在可分为经济发展权、政治发展权、文化发展权等;③ 财产权是指财产所有权,包括物权、债权、知识产权、继承法等私法上的权利,还包括具有财产权性质的国有土地使用权、水利权等公物使用权。除此之外,构成资产的一些其他权利,也可以被看作财产权中财产的范围,如股份、商誉、商业秘密、来自许可证的权利等;④ 平等权的核心内涵是禁止歧视和反对特权,国家平等地保护公民享有和行使权利,致力于为公民提供公平的竞争机会,使其得以平等地享有参与社会资源分配的权利,包括就业平等权、经济平等权、性别平等权、教育平等权等。⑤ 而作为自由权、生存权、发展权、财产权、平等权的二阶概念人权还需要三阶概念的支撑,同理,三阶概念又成为二阶概念人权的话语。以生存权和发展权为例,如狭义生存权、环境权、受教育权、

---

① 参见徐显明:《人权法原理》,中国政法大学出版社 2008 年版,第 169 页;郭道晖:《论作为人权与公民权的自由权》,《金陵法律评论》2004 年春季卷,第 6 页;谢海定:《作为法律权利的学术自由权》,《中国法学》2005 年第 6 期;杜承铭:《论迁徙自由权》,《武汉大学学报(社会科学版)》2001 年第 4 期,第 406—410 页。
② 参见徐显明:《生存权论》,《中国社会科学》1992 年第 5 期,第 39—56 页;李龙:《论生存权》,《法学评论》1992 年第 2 期,第 4—5 页。
③ 参见汪习根:《发展权法理探析》,《法学研究》1999 年第 4 期,第 16—24 页。
④ 参见谢立斌:《论宪法财产权的保护范围》,《中国法学》2014 年第 4 期,第 119—132 页。
⑤ 参见陈征:《我国宪法中的平等权》,《中共中央党校学报》2010 年第 5 期,第 87—90 页。

健康权、和平权等,生存发展权、政治发展权、经济发展权、文化发展权等三阶概念人权并不具有活力,还需要进一步推导和阐释。①

三、人权话语体系构造诠释

概念人权话语体系的形成,并没有走出人权本体范畴,因而人权话语转换还要找寻通往人权本体的方法论。人权概念世界与话语世界之间存在一种投射和映现关系,人权话语是人权概念的语言化、符号化和语义化表达,通过人权话语对人权形象的重构,形成一种人权现实的图景。而人权话语是一个立体的、全面的言辞表达系统,人权话语转换需要对整体概念进行诠释,理解与解释人权就是为塑造一种能够成为人权有关意义的所有研究的叙事基础。具体言之,人权话语的转换必须要依托于整体人权概念,"所要理解的意义只有在解释过程中才能具体化和臻于完满,但这种解释工作完全受本文的意义所制约"②,虽然解释必须展开人权概念的含义并用语言形式实现新的创造,但是这种创造不能违背概念的客观性,也就是说,被充分论证的人权概念作为话语叙事内容,不应被主观歪曲或脱离概念文本而任意阐发。可以发现,若人权话语脱离了人权概念,由此构建的人权图景必然陷入误区,这些误区将会导致人权真实世界的逐渐丧失和对人权认识的谬误。而当前西方国家虽然将人权解释为自由、民主及公民政治权利,构建出一套西方人权图景,但实际却造成了对人权的误读。

---

① 参见张永和:《全面正确理解人权概念、人权话语以及话语体系》,《红旗文稿》2017 年第 14 期,第 8 页。
② 汉斯-格奥尔格·伽达默尔:《真理与方法——哲学诠释学的基本特征》(上),洪汉鼎译,上海译文出版社 2004 年版,第 431 页。

由此，中国人权话语体系的使命和责任在于找回被遗忘在某个角落的人权概念世界。须指出的是，人权话语不可避免地要面对跨越语言、文化甚至历史的关系问题。"人的主观与对象实在，即解释活动与理解的'本文'之间具有意向性的内在关系"①，受众在理解人权概念本身无法深入其中的内涵、关联，这便产生了话语与概念之间的张力。西方人权的思想底色、人权文化、人权实际发展状况和我国都存在着历史间距，这意味着我们对人权的理解必然处于历史的形势之中。而西方国家常常忽视其他国家的人权价值，甚至尝试摆脱他国原本人权文化传统束缚，以西方人权为人权标准。西方人权话语最终走向历史虚无主义。不可忽视的是，人权主体因自身视域的多元化，因而对人权的不断解释和推导必然缺乏概念体系的整体观照，往往注重某一方面的精细分析或精细构造，不可避免地要受语境的特殊性、时机偶然性与视角偏好性等因素影响。

四、人权话语体系构造途径

为了满足人权概念及人权话语在新时代表达的需要，必须要对概念人权向人权话语转换进行历史的、比较的、辩证的整体学理研究。因此，我们提出新时代中国人权话语体系建构，须遵从效果历史法、视域融合法、解释循环法。② 展言之，第一，效果历史法是历史理解的方法，就是通过解释对文本意义进行的重构和再现，使文本某种新

---

① 亓光：《试论政治诠释学的根本任务、核心范畴和基本方法》，《政治学研究》2013年第4期，第16页。
② 参见高鸿钧：《伽达默尔的解释学与中国法律解释》，《政法论坛》2015年第3期，第11页。

的意义得以凸显出来。① 历史的客观存在,意味着"时间不再主要是一种由于其分开和远离而必须沟通的鸿沟,时间其实乃是植根于其中的事件的根本基础"②。我们必须置身在新时代中去解释中国人权,人权概念从本土传统人文精神到马克思主义人权观的再阐释,回到我国人权概念流变的历史语境中,就会发现我们应从中国人权概念发展史的角度进行思考。20世纪末期,首份人权白皮书突出讲生存权,③ 而截止到2017年3月,国务院新闻办共发表了41份人权白皮书,话语侧重点也由生存权向发展权转变。④ 因此,从生存权向发展权变迁反映出我国综合国力的增强和对人权的更加重视,这种历史变迁就是新时代中国人权话语体系的历史塑造过程。第二,视域融合法旨在承认话语主体双方偏见客观存在的情况下实现对话、商谈。视域融合并非使话语主体完全置身于受众的思想之中,或是设身处地地考虑他人对概念的成见。因为我们必须看到,人权偏见是绕不过去的,对人权概念的理解都是从自身所处视域中获得的,对其的阐释必不可免植根于此。因此,我们在国际人权话语场中应该积极主动发出中国人权话语声音、提供中国人权见解,才能使西方国家"体验"到中国人权的主张。但这种合理偏见并不同于过往的西方人权真理的标准,新时代中国人权话语体系是历史的、开放的,在保留合理偏见范围内进行对话,即"各美其美、美美与共",从而在东西方人权差异中寻求共识。

---

① 参见高鸿钧:《伽达默尔的解释学与中国法律解释》,《政法论坛》2015年第3期,第11页。
② 汉斯-格奥尔格·伽达默尔:《真理与方法——哲学诠释学的基本特征》(上),洪汉鼎译,上海译文出版社2004年版,第384页。
③ 金同小:《1991:中国人权白皮书那一小步》,《中国新闻周刊》2012年第2期,第82—85页。
④ 有关人权白皮书的数量主要参考中国人权网"政府白皮书"栏目记载统计,http://www.humanrights.cn/html/wxzl/,2017年3月21日访问。

第三，解释循环法通常采取从部分到整体，再从整体到部分的方法，通过循环往复从而使概念整体达成一致。应当看到，人权概念本体存在并扩张，循环解释又是对概念本体的理解，因而超越了方法论属性并随之具有了本体论的结构要素。中国人权话语主体是多元的和流动的，同时人权概念体系也在不断扩展，那么中国人权观点、人权评价、人权言说必然走向多元化。但多元化人权观不利于中国人权话语体系的建立，也提高了损害对外话语质量的风险。这就需要在人权整体概念与人权子概念之间不断循环往复阐释，才能建构其新时代中国人权话语体系，比如从人权推导出发展权再到发展中国家的发展权，又从发展中国家的发展权溯及至人权。如图7-1所示：

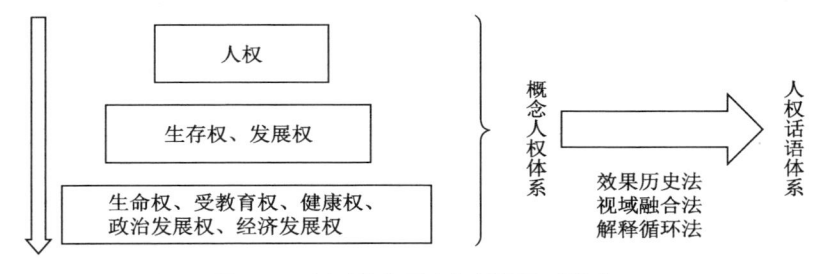

图7-1 新时代中国人权话语体系构造

归纳来说，新时代中国人权话语体系的构造，是人权话语结构、人权话语内容与人权话语载体逻辑关系以及人权话语阐释的过程。人权概念是人权话语的内容，人权话语是人权概念的载体。中国人权话语体系需要人权概念体系支撑，人权概念的诠释就是人权话语的生成。但将人权概念诠释为人权话语，还要通过语义学、诠释学等多学科路径不断转换，才能从抽象的人权概念转化为具体的人权话语。因此，新时代中国人权话语体系建构，须遵从效果历史法、视域融合法、解释循环法，才能完成对概念人权向人权话语的转换。

第五节　新时代中国人权话语体系的表达

一、"官学民"合力表达关系

从内部构造对话语进行分析，归根究底是一种对概念的逻辑阐释，而逻辑阐释本质上是关于范畴的框架解释，具有了观察框架，并不意味着就能对现实世界施加直接影响。① 要使话语观照及于话语实践，还需要对语境作细致分析。语境描述的是话语主体与话语符号，话语主体的责任与义务在于如何准确使用符号表达所描述客观对象的意义，以便使话语符号成为话语主体发挥作用的工具与媒介。中国人权话语体系表达的目标在于使中国人权话语及其话语体系走出中国，在国际人权话语场域中发出中国声音。因此，中国人权话语体系要正确处理话语主体和话语符号的关系，就要求中国人权话语的主体多元参与，整合官方、学界、民间三方人权话语力量，并生成具有中国特色、中国气派、中国风格的人权话语体系符号，提升中国人权话语体系的感召力。

新型话语媒介的出现，致使中国人权话语资源不再集合、垄断于一家手中，多元参与者在不同程度、不同层面获得了话语资源。而且，当前国际人权话语权竞争空前激烈，靠一方单打独斗也无法占领话语权高地。"寻找自己的话语，其实寻找的不是自己的话语，而是大于自己的话语"②，因此，要摆脱人权对话中的独白形式，吸纳其他对话参与者主体进来以及让他们发出各自不同的人权话语声音，形成

---

① 参见张健：《话语权的解释框架及公民社会中的话语表达》，《湖南行政学院学报》2008 年第 5 期，第 86 页。
② 巴赫金：《文本·对话与人文》，河北教育出版社 2002 年版，第 415 页。

中国人权话语体系合力之声音。而在人权话语表达过程中，多元话语主体展现了不同的话语表达方式和话语特征。国家话语本质是国家意志的表达，反映、整合与修辞了一个国家人权话语的基本立场，并引领了这个国家人权话语声音，因此，国家话语的权威性特征，决定了国家人权话语及其话语体系具有高度概括性与代表性。因而，就需要学界提出与完善人权理论和概念，从专业角度为国家人权话语提供足够的知识存量和智识支持。民间则通过经验感受发表人权见解，从而与官方、学界交相辉映，形成人权话语体系的"复调"关系。[1]

首先，我国政府人权话语居于主导地位，是执政党关于中国人权发展的性质、特点、经验和原则的高度概括，具有抽象性、原则性和指导性的特征。以往官方在人权话语表达上大多是宏大叙事，外宣色彩过浓，因而在国际舞台上难以产生信赖与说服的效果。鉴于此，官方人权话语需要改变叙事风格，所谓"中国故事，世界倾听"是新时代中国人权话语体系表达与传播的理想构型，通过讲中国人权故事，以循循善诱、引人入胜的方式，从接地气的百姓生活、社会变迁入手，多角度、微观细致地展示中国人权成就，让海外受众真切感受中国人权事业的进步。其次，有时候官方人权话语的宣传之所以难以达到良好效果，主要原因在于言语之困，而言语之困折射出的是思想之困。因此，人权话语体系表达的背后必须要有深厚的学理支撑。就学界来说，新时代给予中国人权研究摆脱过去"学徒状态"的契机，从而给学术界提出其本己的"自律要求"。[2] 中国人权理论研究要植根

---

[1] 巴赫金从《罪与罚》文本中分析得出，陀思妥耶夫斯基之所以能通过处理不同小说人物的各种见解和思想来反映出小说背后的社会政治问题，是因为他将所有小说人物放人复调对话关系，即不同话语各自独立，作为独立的话语结合在一个统一体。参见巴赫金：《文本·对话与人文》，河北教育出版社2002年版，第418—420页。

[2] 参见吴晓明：《论当代中国学术话语体系的自主建构》，《中国社会科学》2011年第2期，第5页。

于中国人权道路,要走出亦步亦趋的图式,立足于当代中国人权实践,展现中国特色社会主义人权理论体系的品格,并从中不断对人权理论进行提炼与人权话语的阐释。最后,民间话语源于不同的个体境遇,本质上是一种私人诉求的表达。时空境遇的不同决定个体话语的多元,同时又由于个体的分散性,因而相比较官方、学界而言,民间人权话语的音量最为微弱。但民间百姓是人权的亲历者、见证者,应是最有资格说出人权话语的主体。因此,民间人权话语表达具有正当性。所以,政府应当拓宽民间人权话语渠道,鼓励、推动民间人权话语发声,使其成为中国人权话语体系表达的"第二战场"重要力量;与此同时,官方对民间人权话语也要进行适当的调节和引导,比如通过学界对人权学理常识的普及、人权政策解说等,控制民间情绪的高涨,使得新时代中国人权话语体系形成合力态势,支援官方人权话语体系表达。而民间本身应自觉理解和认同国家人权话语体系,并通过新媒体方式积极对外传播和展示国家人权形象,并保持理性的态度同海外受众交流、互动,共同维护新时代中国人权话语体系的形象。如图7-2所示:

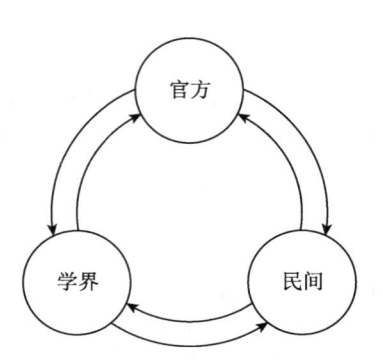

图7-2 "官学民"人权话语的合力表达

二、人权符号与人权话语转换的表达

符号是传播的意义中介,符号与话语的区别在于符号含义的准确性、稳定性、封闭性。符号不是意义本身,在理解人权话语意义过程中仅发挥工具价值。人权符号就是运用语言及非语言的符号,通过编码组合把中国人权话语传递给受众,受众对符号进行再解码,重建人权话语意义。理解人权符号,必须从两重维度进行把握:第一,符号与意义的勾连关系。一个符号的内涵就是它所指称、命名的对象。"所有的语词作为代表自身以外的某种东西的符号,在这种简单的含义上它们是有意义的"①,而符号就需要建构出与话语意义的连接通道,通过折射、体现、反映背后话语主张,以达到话语目的。第二,符号之间的编码关系。"由能指要素组成的能指结构,就是编码关系,而编码过程实际上是符号使用者之间的一种约定"②,也就是说,通过单位符号之间的特有的连接规则,形成编码关系从而表达出整体话语意义。编码关系又可以分为组合关系和聚合关系,符号和符号组合起来形成高一级结构是组合关系,而在语言符号组合序列上某个环节能够相互替换,就构成"类"性质的聚合关系。组合、聚合关系相互统一、相辅相成。回到中国人权语境,中国人权话语体系与人权符号的勾连,即是要求实现话语向符号的转化,中国人权符号的形态可以是多样的,但必须有外在的可感形式和内在意义。进而言之,中国人权话语体系需要符号载体来呈现。因此,对中国人权话语体系的内涵与

---

① Bertrand Russell, *The Principle of Mathematics*, Cambridge University Press, 1903, p. 43.
② 敬蓉:《大众传播符号与受众心理真实》,《思想战线》1998 年第 12 期,第 34 页。

外延要有精准把握。按照皮尔斯的符号模式,符号由符号载体、对象、解释项构成,每种载体的符号文本都同时关联着其对象和解释项、传播者和接收者。① 也就是说,一个有效符号的生成必须是,传播者发送的意图解释项与接收者的效力解释项构成共同解释项的局面。其实,新时代我国提出了许多人权新观点,大都可以作为符号载体。以"人类命运共同体"理念为例,"人类命运共同体"作为符号载体,所阐述的对象是人权话语,发送者是中国,接收者是世界各国。"人类命运共同体"不仅是我国人权话语主张,而且与国际人权话语的精神内核和目标也是一致的。国际人权话语并不意味着只有强势的西方人权话语主宰,不允许其他国家人权话语的表达。人权的自利逻辑已转换为推己及人、人饥己饥的道德逻辑。因而我国提出的"人类命运共同体",不仅仅是人权理念,更是中国人权符号与中国人权话语,其旨在坚持"世界各国要站在人类共命运的高度,不同国家、文明和族群之间应当相互交流和借鉴,实现共同进步"。此人权符号所指向的意义是人权话语的交流与商谈,并且因为此符号存在发送者与接收者的共同价值,发送者与接收者就可能构成共同解释项。所以,此人权符号具有可行性。新时代中国人权话语体系符号之间要形成编码关系,即意味着符号之间要形成组合关系和聚合关系。以"生存权和发展权为首要人权"为例,本句可分为"生存权""发展权""首要人权"三个人权符号,这三个人权符号的可行性自不待言,关键在于能否具有整体意义和替换关系。整个编码关系表达了这两个权利在我国特殊时空环境下的重要性和优先性,我们也可以将"生存权"替换为

---

① 参见王小英:《加强"一带一路"文化传播中的符号生产》,《中国社会科学报》2016年6月24日。

"生命权""安全权""受教育权"等权利,"首要"也可以语义变换为"第一""优先"等词,这些符号都表现出了某种"类"的特征,从而塑造了中国人权符号与新时代中国人权话语表达之间的转换关系。

由此看来,新时代中国人权话语体系表达是中国人权话语主体发出,世界受众接收中国人权符号的过程。学界提出理论、民间提供经验、政府表达共识,"三位一体",相互协调,是新时代中国人权话语体系的表达机制。运用人权符号载体将中国人权话语体系传递给受众,受众对符号进行再解码,结合中国取得人权共识,是新时代中国人权话语体系的表达内容。

第六节 新时代中国人权话语体系的功能

功能是指事物或方法所发挥的作用、效能。人权话语不仅反映了人权现实,而且建构了人权现实;人权话语不仅是制度外宣的工具,而且是制度改良的力量。因此,新时代中国人权话语体系的功能,不仅是符号体系,而且在中国人权事业发展过程中还具有对话功能、建构功能、制度功能。

一、对话功能

话语不但意味着一种言说方式,而且意味着对言说者地位和权力的隐蔽性认同。[①] 话语不仅是话语本身所包含的内容,而且还折射出

---

① 参见阮建平:《话语权与国际秩序建构》,《现代国际关系》2003 年第 5 期,第 32 页。

话语主体的实力。而话语权包括了话语权利的实现程度、话语权力的集聚状况及话语能力的运用效果。① 西方人权话语的强势,使得一些国家的人权话语声音被遮蔽,而作为人权话语声音的集聚和人权话语能力的运用,则逐渐成为话语权生成的主要逻辑。原本作为国际人权机构的人权话语权利,但在西方人权话语权宰制下的国际人权话语受到绑架。"像在所有政治中一样,权力欲也是国家政治中的显要因素,因此,国际政治必然是权力政治"②,而人权话语权力争夺、人权话语权力运用,便成为国际舞台上的扭曲常态。经过改革开放40多年的发展,我国综合国力取得前所未有的成就,有利于中国在国际上获取人权话语权。因此,新时代中国人权话语体系构建,其功能主要在尊重主体国家基础上,提倡对话与协商,以打破西方话语垄断现状,讲出中国人权故事,表达中国人权声音,为人类人权发展事业提供可资借鉴的中国人权经验,体现我国作为一个大国的担当与责任。

二、建构功能

个体对"自在"世界的认识,需要借助话语的媒介与工具作用,而话语形成后便形塑了个体世界观,这种个性世界观在交融中又再次构建出相对的"此在"世界。③ 也就是说,在对人权概念的不断阐释

---

① 参见史珊珊、骆郁廷:《国际话语权的生成逻辑》,《马克思主义与现实》2017年第2期,第177页。
② 汉斯·摩根索:《国家间政治》,徐昕等译,中国人民公安大学出版社1990年版,第43页。
③ 伽达默尔提出,语言对我们的多层次生活世界起着促进与调解作用,比如哥白尼论证了太阳与地球的位置关系,但我们仍可以说"太阳落山",我们关于太阳落山也是说出了一种实在现象。因此,关于太阳和地球的物理知识是绝对的"自在",而(转下页)

中形成人权话语,国家间的人权话语融合,在国际层面就形成了人权"此在"世界。因而,我们对于人权所有意义的来源不再是人权的自然面目,都直观地受话语所建构的相对人权图景的影响。以往的国际人权的"此在"几乎全部充斥着西方的人权意义,那就是西方的人权内容、西方的人权标准、西方的人权模式,因而世界各国不自觉陷入西方人权话语所建构的人权神话,生活于假象人权世界之中。中国人权话语体系的功能在于建构以中国人权经验与中国人权模式为主要内容的"此在"世界,并使其范畴不断扩大,进而打破西方人权话语所垄断的人权模式,为世界提供另一种人权"自在"的人权经验与声音。中国人权发展有着自己的方案与路径,包括理论方案和实践路径两方面。中国人权理论方案可以概括为顺应国际人权发展走势,融通中外、结合国情提出了一系列全球人权治理的中国智慧。中国人权实践路径的特点体现为自中央政府向地方政府推动,它保证了中国政局的稳定和人权的可持续发展。① 由于各国具体国情、所面临问题各有不同,我国作为最大的发展中国家,历史背景、所面对的困难与广大发展中国家更为接近。因此,新时代中国人权话语体系建构在功能上,为全球人权治理以及其他发展中国家提供了可供借鉴的中国人权发展方案与路径。

(接上页)"太阳落山"对于我们直观而言就是一种相对的"此在"。参见汉斯-格奥尔格·伽达默尔:《真理与方法——哲学诠释学的基本特征》(下),洪汉鼎译,上海译文出版社 2004 年版,第 582 页。

① 参见王林霞:《浅谈中国人权发展的独特模式及其经验意义》,《人权》2009 年第 1 期,第 28 页。

三、制度功能

中国人权话语体系的功能，还在于反哺与指导中国人权保障实践，促进概念人权向制度人权的转化。人权从观念人权转化到制度人权，是通过以宪法权利和以宪法权利为核心建立起来的法律体系所表现出来的。即便是以国际人权公约的国际人权体系，也需要主权国家及时转化为国内制度人权。因此，新时代中国人权话语体系建构，在功能上有利于普及人权观念，倒逼中国人权法治保障的逐步落实。人权是法治的核心价值，法治是实现人权的必然路径。就此而言，人权法治保障是人权话语的内核，而人权话语则是人权法治保障在功能上的外化。十九大提出要加强人权法治保障，不仅要在实体层面需要加强保障，也要在程序层面加强保障。就实体而言，国家需履行人权立法义务，及时把道德人权转化为法定人权，再从法定人权落实到实有人权。在程序层面，加强人权司法保障，就是要国家履行人权司法保障与救济义务。国家只有在实体与程序层面尽到人权义务，才能生成人权话语的硬度。

就此而言，中国人权话语体系建构的功能，除了推动国家间人权对话与协商，表达中国人权声音，为全球人权治理以及其他发展中国家提供可供借鉴的中国人权发展方案与路径，还在于在制度上促进概念人权向制度人权的转化。

小 结

习近平新时代中国特色社会主义思想为建构新时代中国人权话语

体系指明了方向，新时代中国人权话语体系建构是习近平新时代中国特色社会主义思想的一个重要组成部分。两者是派生与前提、子系统与母系统的关系。从背景来看，西方人权话语左右国际秩序与人权话语"西强中弱"态势是建构新时代中国人权话语体系的背景。从理念来看，习近平新时代中国特色社会主义思想是建构新时代中国人权话语体系的指导理念。从原则来看，主体性、平等性、差异性、开放性原则是建构新时代中国人权话语体系的原则。人权话语构造结构、逻辑、诠释与途径是建构新时代中国人权话语体系的具体内容。从表达来看，"官学民"合力表达关系、人权符号与人权话语转换是建构新时代中国人权话语体系的表达。推动国家间人权对话与协商，促进全球人权治理，提升中国人权话语体系的国际影响力，以及促进概念人权向制度人权的转化，是建构新时代中国人权话语体系的功能。

第八章　中国人权法学的人权话语体系表达

习近平总书记代表中国共产党在十九大报告中提出了新时代中国特色社会主义思想，为培育和践行社会主义核心价值观，不断增强意识形态领域的主导权和话语权，构筑中国精神、中国价值、中国力量提供了精神指引。同时，十九大报告明确指出加强人权法治保障，构建人类命运共同体[①]等内容，为新时代中国特色社会主义人权话语体系（以下简称"新时代中国人权话语体系"）的建构与表达指明了方向。

新时代中国人权话语体系是习近平新时代中国特色社会主义思想的一个重要组成部分。这是子系统与母系统的关系。习近平新时代中国特色社会主义思想是母系统、大范畴，是理论基础、指导原则、根本方向；而新时代中国人权话语体系则是子系统、小范畴，是其具体展开、具体深化。[②] 改革开放40多年的伟大实践所形成的习近平新时代中国特色社会主义思想，极其深刻地蕴含了新时代中国特色社会主义人权理论、人权话语体系的一系列新观点和新思想。所谓人权话语的体系，是人权理论、人权观点的系统化和理论化，而人权理论、人

[①] 参见习近平：《决胜全面建成小康社会 夺取新时代中国特色社会主义伟大胜利——在中国共产党第十九次全国代表大会上的报告》，载新华网，http://news.xinhuanet.com/politics/19cpcnc/2017-10/27/c_1121867529.htm，2017年10月31日访问。

[②] 参见鲜开林：《论中国特色社会主义人权理论体系的逻辑关系》，《人权》2012年第4期，第35页。

权观点则是人权话语体系的要素和原料。建构与表达新时代中国人权话语体系，既是当代国际国内人权形势发展的客观需要，也是站在新的历史起点上，反映习近平新时代中国特色社会主义思想与伟大实践应有之义。

话语范式研究来自 20 世纪福柯创造性的使用，他超脱语言学，在思想和哲学意义上谈论话语，让话语在权力与霸权的意义上进行延伸。① 一个国家的话语体系，是指运用本国语言文字，对由诸多观念、理论、价值和经验所组成的思想体系进行系统表达。话语权是指话语体系凭借其自身所负载的思想力量获得的权威性和影响力。② 换言之，人权话语体系是一国人权外交话语与对内话语的有机结合，人权话语体系的建构与表达受到人权传播立场、内容、形态、渠道等因素的制约。东西方国家之间的人权观念和价值层面的争论、国家之间围绕人权的相互碰撞，本质上旨在争夺话语权，而人权话语体系的传播影响力依然是各国国际政治经济实力对比的结果。至今，全球人权话语传播影响力仍呈现出"西强中弱"的格局。为了改变这一格局，开创新时代中国人权中国话语体系，是习近平新时代中国特色社会主义思想中一个重要的战略性课题。

须指出的是，新时代中国人权话语体系，一方面突出了中国主体性，另一方面于时空性建构的人权也包含共识性。③ 随着习近平新时代中国特色社会主义思想的指引，中国作为参与国际人权规范秩序的重要设置者，有必要对新时代中国人权话语体系建构与表达维

---

① 参见高玉：《论"话语"及其"话语研究"的学术范式意义》，《学海》2006 年第 4 期，第 104 页。
② 同上。
③ 参见刘志强：《论时空建构下两对人权范畴》，《法学评论》2017 年第 1 期，第 52 页。

度，从学理上展开梳理与论证。这不仅是中国理性回应西方国家的指责，也是中国"四个自信"的展示，更是中国人权事业发展的成就与共识。

第一节　国际人权主导话语的冲击

"当今，人类步入经济全球化时代，交往具有普遍性、世界性，在这样一个时代，谁的话语体系更具影响力、感召力，谁就拥有更强的国际话语权，谁就能在世界发展格局中占据有利地位。"[①] 自19世纪以来，西方的人权理论跨文化传播，逐渐形成国际性人权话语，并借助《世界人权宣言》《公民权利和政治权利国际公约》《经济、社会及文化权利国际公约》及联合国人权委员会等国际人权文件、机构与机制得以不断强化。同时，尽管中国基于历史国情对人权问题形成了自己的观点，但在人权观念价值的话语传播中却时常"有理说不出，说了传不开"。

西方体系化的人权思想最早可以追溯到古典自然法学人权观。格劳秀斯所著的《战争与和平的权利》探讨了权利的含义、人的自然权利概念，是西方资产阶级人权学说的基础自然法或自然权利理论的开创性著作。其后霍布斯从人的自然权利出发提出了最初的资产阶级国家学说；斯宾诺莎提出每个人有天赋的自由权利；洛克论述了人类的自然状态、自然权利和自然法；孟德斯鸠主张限制君权以保障人民的政治自由和生命财产；卢梭认为人是生而自由的，自由是人性的自然结

[①] 杨鲜兰：《构建当代中国话语体系的难点与对策》，《马克思主义研究》2015年第2期，第59页。

果，因而是最基本的要权。这些名家所言乃西方资产阶级人权观的奠基性论述，构成了西方有关自然法与自然权利人权观体系。① 经过 18 世纪美国《独立宣言》和法国《人权宣言》的集成，西方人权观在现实政治生活中得到了实现，应有权利得以转化为法定权利、实有权利。当代西方人权观仍以天赋人权论为核心，是古典自然法学人权观的进一步发展，并在规范法学"法赋人权"与社会法学"社会权利说"等人权理论的争论与开拓下进一步充实。

"与'天赋人权观'不同，在许多发展中国家的政治理念中，基本的人权与自由往往被视为政府或统治者对人民的赋予，而且人民享有权利与自由的程度也取决于政府。"② 人权来源观不同导致的国家主权与人权国际保护的关系的认识分歧成为东西方国家之间人权话语交往的一道隔阂。19 世纪末，西方的人权观念渐入中国，但由于破坏性和压制性的中西对话方式，人权观念在中国倍受抵制。西方国家的话语观点是"人权无国界论"，人权是普遍的，不因时间地点的变化而改变，而中国基于历史与现实的境遇认为人权不仅仅具有普遍性，而且也具有特殊性，坚持宣扬"主权高于人权"。人权与主权问题在二战结束、东欧剧变、苏联解体后国际高度空前，中国所持的"国家主权原则"话语主张受到很大冲击，而西方通过人权话语掌握了"国际人权发展战略、国际人权规则制定、国际人权实施监督、国际人权规则解释、评判一国人权状况的主导权"③，中国政治意识形态受到西方人权秩序压制与冲击，长期处于话语劣势，出现"话语逆差"。

---

① 参见中国人权网西方人权学说栏目，http：//www.humanrights.cn/cn/rqlt/rqll/xfrqxs/index.htm，2017 年 4 月 15 日访问。
② 陶林：《人权与主权之间的张力与契合》，《哲学研究》2013 年第 5 期，第 103 页。
③ 毛俊响：《国际人权话语权的生成路径、实质与中国的应对》，《法商研究》2017 年第 1 期，第 157、160 页。

人权既是普遍的，又是特殊的，"人从自然抽象的人向具体实在的人转变，权利从道德上的应然性向法律上的实然性转变，使得人权的属性出现了普遍性与特殊性之争"①，人权的超验普遍性往往体现在人权概念上，人权的超验特殊性往往彰显于人权话语实践中。国家间历史和现实的差异造成了对人权的不同理解，话语传播的内容与方式植根于具体、历史的时代生活之中。人权差异不仅是由各国经济、政治、社会发展水平的差别所决定的，而且与中西方历史文化传统的不同有紧密的关系。国际关系中"寸土必争、寸利必夺"，中西方国家之间人权观念和价值层面话语争论过程中展现出诸多方面皆存在不同的价值定位和选择。

中国超验特殊性视角的人权实践与西方具有超验普遍人权论针锋相对，中西方人权对话的障碍主要集中在对涉乎人权的五大关系范畴认识不同：人权普遍性与特殊性关系、个人人权与集体人权关系、人权政治性与非政治性关系、国际人权与国内人权关系、社会权与政治权利关系。第一，人权的普遍性与特殊性是人权应然与实然层面的属性，西方只承认或过分片面地强调人权的普遍性，中方强调人权的特殊性，强调人权实现上的差异性与多样化。第二，依照人权主体的不同，可将人权分为个人人权与集体人权，西方承认个人权利而否认集体权利，中方强调集体人权应当高于个人人权。第三，人权这种社会关系和社会现象同政治是否存在某种必然联系，呈现出政治性与非政治性，西方强调人权的超政治性，中方强调人权的政治性。第四，从人权的不同保障方式看，可以分为国内人权与国际人权，西方认为人权要依靠国际社会共同加以保护和实现，中方强调人权是在一国管辖

---

① 张万洪：《论人权主流化》，《法学评论》2016年第6期，第46页。

范围之内,主要由国家通过国内措施予以保护和实现的人权。第五,根据国际人权法律文书的架构,可以把人权分为公民权利、政治权利和经济、社会、文化权利,西方强调公民权利与政治权利,而中方强调生存权和发展权是首要人权。①

中国政府于 1997 年和 1998 年分别签署了联合国《经济、社会及文化权利国际公约》与《公民权利和政治权利国际公约》,加入国际人权公约意味着各国应当根据其加入的国际人权条约所承担的所有有效的义务,履行国家保障人权的国际义务,"从某一角度说,加入该公约意味着政府为保证国内人权向国际社会和国内民众所作的义务承诺,是国家取信于国际社会取信于民的标志"②。也意味着,人权不再是西方式人权,而是中国所认同的国际人权标准。国际人权公约下缔约国政府的义务是多层次的,程序的、非程序的、强制的、非强制的,明示的、默示的。③ 但事实上受国情制约,中国人权立法、司法、行政等方面的义务履行现状与国际人权公约标准存在一定差距,具体体现在死刑适用、户籍管理、工会权利、出版结社等方面。提高一国人权保护水平应当根据国际人权公约的要求正确及时地履行国家义务,这不仅是尊重人权的宗旨和原则的应有之义,也缘于国际人权规则的话语压力。作为软法的国际人权公约,其力量在于道德感之上商谈的过程,国家理性驱使国家通过作为介质的道德和商谈达成共识,

---

① 参见广州大学人权理论研究课题组:《中国特色社会主义人权理论体系论纲》,《法学研究》2015 年第 2 期,第 56—79 页;李步云:《论人权的三种存在形态》,《法学研究》1991 年第 4 期,第 11—17 页;秦强、解永照:《论人权规范》,《学术界》2011 年第 2 期,第 44—54 页。

② 韩大元、王世涛:《"两个人权公约"与我国人权宪政体制的整合》,《法律科学》2001 年第 2 期,第 29 页。

③ 参见莫纪宏:《两个国际人权公约下缔约国的义务与中国》,《世界经济与政治》2002 年第 8 期,第 31 页。

加入和遵守国际人权公约，对国家行为产生一种强大的约束力。① 此外，职能为解释和监督实施国际人权公约规则的国际人权机构的建立，事实上形成了以国际人权条约为基础的监督机制，这些文书、机制形成了国际人权话语场域，各国人权话语和人权机构在此场所开展的意识形态运作，生产出强烈的道德批判力和政治影响力。

如果说在联合国成立之前，人权系西方的人权观念与制度，那么在中国签署或加入"国际人权宪章"之后，人权观念与制度则凝结了东西方文化的结晶。中国政府目前参加国际人权多边条约共42件，中国外交代表在国际人权会议上发言近900次，中国与其他国家举行的人权对话近150次，② 中国作为联合国常任五大理事国之一，始终是国际人权公约的秩序的维护者，中国履约情况及报告时刻受到国际上的密切关注。面对其他国家人权话语竞争者，中国加强人权话语权还任重道远，中国还必须由被动变主动，在国际上表达新时代中国人权话语体系。因此，构建新时代中国人权话语体系，是新时代中国拥有人权话语权的前提。

第二节　新时代中国人权话语体系的构建

中国在应对西方人权责难时展示了中国促进国际人权交流的诚

---

① 参见张永和、严冬：《论软法的力量——基于国际人权公约视角的研究》，《思想战线》2013年第3期，第58页。
② 中国参加的国际人权多边条约数主要参考中国人权网"国际交流——多边人权条约"栏目记载统计，中国代表发言次数主要参考中国人权网"国际交流——在国际会议上的发言"栏目记载统计，人权对话次数主要参考中国人权网"国际交流——人权对话"栏目记载统计。参见中国人权网，http://www.humanrights.cn/cn/rqlt/rqll/xfrqxs/index.htm，2017年5月17日访问。

意,使得中国人权获得国际广泛认同,让世界聆听中国版本的人权话语,固然是中国人权理念制度国际化必然选择。而要进一步掌握人权话语权,则需要建构新时代中国人权理论体系,才能支撑新时代中国人权话语体系表达。从消极的回避忌讳到主动的话语争取,中国作为主权国对其治下保障与促进人权义务的履行是中国人权的理论源泉;从尊重、保障、救济、促进乃至实现人权,是新时代中国人权话语体系生成的硬实力基础;从概念人权到制度人权,再到人权文化,三者的良性循环是新时代中国人权话语体系建构的软实力基础。

1991年11月1日国务院新闻办公室发表第一份《中国的人权状况》白皮书,肯定了"人权"是一个伟大的名字,第一次以官方文件的形式阐明中国政府在人权和人权保护方面的基本观点和基本政策,向国际社会传达了中国有关人权的基本立场,人权话语开始正常化。首份白皮书突出地讲生存权,浓墨重彩地讲中国人民为救亡图存、争取做人的权利所进行的艰苦卓绝的斗争。[①]"生存权是我国人权理论和人权话语中的重要内容,人权首先是人民的生存权。"[②] 截止到2017年3月,国务院新闻办共发表了41份有关人权的白皮书[③],系统介绍和主动宣传中国人权事业的纲领政策、发展情况,人权白皮书表达的形式逐渐多元化,话语侧重点也由生存权向发展权、社会保障权利转变。此外,2009年、2012年、2016年中国政府发布了以人权为主题的国家规划《国家人权行动计划(2009—2010年)》《国家人权行动计划

[①] 参见金同小:《1991:中国人权白皮书那一小步》,《中国新闻周刊》2012年第2期,第82—85页。

[②] 周强:《浅析人权白皮书中的人权话语及其变迁》,《广州大学学报(社会科学版)》2015年第3期,第29页。

[③] 有关人权白皮书的数量主要参考中国人权网"政府白皮书"栏目记载统计,http://www.humanrights.cn/html/wxzl/,2017年3月21日访问。

(2012—2015年)》与《国家人权行动计划(2016—2020年)》。白皮书与行动计划所展示的中国政府人权话语是一种"抽象体",权力的话语构建把整个国家官方对人权概念、国情人权、特殊人权等理论实践活动的态度都涵盖在了其话里行间,通过人权符号化,人权原体被修饰、重塑、转化、变形,丰富表现了我国人权所处的社会文化结构。这些话语文书以大量的事实和数据介绍了新中国建立后中国人权状况发生的根本变化,有助于向国际社会宣传中国的人权发展状况。现代社会越来越巨大化和复杂化,人们由于实际活动的范围、精力和注意力有限,不可能对与他们有关的整个外部环境和众多的事情都保持经验性接触,文书发布不断探索与生成中国方面人权话语,其塑造的"拟态环境"将助于改变人们对中国人权所持有的固定化、简单化的"刻板成见"。①

中国人权的话语底气源于人权法律关系的缔结与塑造,人权法律关系的权利主体是个人,而义务主体主要是国家。中国政府人权话语的合理性与正当性需要国家权力履行国家义务来加以证成,人权国家义务包括道德义务、法定义务与国际义务:首先,人权不是国家的赐予,而是每个人与生俱来的应有权利,人权是普遍的道德权利,国家要履行相应的道德义务;其次,道德义务内容推导出法定义务,人权上升为法律成为国家权力运行的指导性价值,国家履行法定强制性义务;最后,国家在国际人权公约约束下针对个人履行承认、尊重、促

---

① "拟态环境"与"刻板成见"是美国传播学学者沃尔特·李普曼在《公众舆论》和《自由与新闻》等著作中提出的两个重要概念。所谓"拟态环境"并不是现实环境的"镜子"式的再现,而是传播媒介通过对象征性事件或信息进行选择、加工并重新加以结构化之后向人们提示的环境;"刻板成见"指的是人们对特定的事物所持有的固定化、简单化的观念和印象。参见宫承波、管璘主编:《传播学史》,中国广播电视出版社2014年版,第19—20页。

进和提供、保护人权的义务。由此，国家制度上对国家公权力进行约束，国家义务完成法律化进程，公民社会对政府实现法律控制。国家履行相应的道德义务、法定义务与国际义务，是政府拥有人权话语的基础。人权法律关系的内容，则是人权法规范权利清单。新中国立国之初，制定了具有临时宪法性质的《中国人民政治协商会议共同纲领》，确认"人民有思想、言论、出版、集会、结社、通讯、人身、居住、迁徙、宗教信仰及游行示威的自由"，"人民依法有选举权与被选举权"。1954年通过的《中华人民共和国宪法》，确认了我国公民的基本权利与义务，拓展了我国公民权利的主体与内容。[①] 1982年的中国宪法规定了广泛的公民基本权利，2004年宪法修正案把"国家尊重和保障人权"正式载入了国家的根本法。

改革开放40多年来，中国政府让7亿多贫困人口摆脱了贫困，农村贫困人口减少到2015年的5575万人。2016年10月《中国的减贫行动与人权进步》白皮书中，通过大量的数据与解说，表现了中国在扶贫、减贫的工作中，在维护基本生存权的同时，也注重保证公民的知情权、参与权、表达权、监督权等权利的行使。[②] 中国形成了以宪法为龙头的法律体系，着重建构民生与发展权带动人身安全、政治权利的社会保障体系，确保了人权的不可分割、相互依存、相互联系的整体性。截至2016年，中国人权事业，在发展权利、社会保障权利、民主权利、言论自由权利、人身权利、少数民族权利、残疾人权利、环境权利、人权领域对外交流与合作等方面取得长足进步。中国进入

[①] 参见方旺春、毕安盛：《论我国人权立法的缺陷及对策》，《甘肃社会科学》2005年第1期，第83页。

[②] 参见周力：《人类命运共同体话语下的人权促进与保障：中国的理念与经验》，《人权》2017年第2期，第16页。

了社会主义新时代，中国人权法律保障体系的基本形成也实现了从"观念人权"到"制度人权"的重要转变。国家遵从了人权实现的主体义务，把应有权利转化为法定权利，再把法定权利转化为实有权利，人权的转化构成了新时代中国人权话语体系的内涵。

话语体系传播的基础工程在于构建成体系的学科理论和概念。① 诚然，人权中国话语体系的表达需要中国人权话语体系的建构作为依托。纵观近三十年的人权研究，初步形成了中国人权话语理论体系。据统计，1991年至2016年间CSSCI来源期刊及扩展版来源期刊（2014—2015）中以人权为主题发表的文章共2189篇。② 通过标题与内容分析可以发现中国人权理论研究呈现出阶段性特点：第一阶段的文章主要引入、介绍和探讨科学马克思主义人权观、社会民主党人权观、西方人权观等等；③ 第二阶段的文章主要围绕人权普遍性的、一般性的理论展开意见交锋，关于国际人权、亚洲人权、发展中国家人权的研究文章增多；④ 第三阶段的文章步入对人权理论的

---

① 参见傅春晖、彭金定：《话语权力关系的社会学诠释》，《求索》2007年第5期，第79—80页。

② 统计方式为在中国知网上以"人权"为关键词检索篇名中含有该关键词的CSSCI期刊，并对每篇文章内容进行确认，事实上涉及人权问题的CSSCI期刊数量远大于笔者统计的数量，例如许尧等人统计过2004—2014年CSSCI期刊上发表的人权论文数量为1975篇。参见许尧、朱筱煦、王燕：《2004—2014年CSSCI人权论文的多维透视》，《广州大学学报（社会科学版）》2015年第9期。

③ 参见刘瀚、李林：《马克思主义人权观初论》，《中国法学》1991年第4期，第32—40页；张文显：《马克思主义与人权》，《当代法学》1992年第2期，第1—4页；王锦瑭：《美国人权的历史和现实》，《法学评论》1992年第4期，第70—76页；信春鹰：《美国学术界关于当代世界人权运动的两种观点》，《环球法律评论》1993年等，第21—26页。

④ 参见范国祥：《人权、主权、霸权》，《国际问题研究》2000年第2期，第9—14页；徐亦让：《批判"人权高于主权"的谬论》，《哲学研究》2000年第10期，第35—36页；陈忠林：《自由·人权·法治——人性的解读》，《现代法学》2001年第3期，第15—30页；张旭、刘鹏：《维和行动与人权保护——以国际刑法为视角的思考》，《法制与社会发展》2002年第4期，第15—23页；等等。

中国证成,①开始构建中国特色社会主义人权理论的体系与内容,逐步宣扬中国在尊重和保障人权方面的基本经验。②"在关于人权的学术讨论上,改革开放以来所开展的研究,已经涉及人权的方方面面,尽管在具体细节问题上还存在一定争议,但人权理论体系化的时机已经成熟。"③中国人权话语理论体系的基础与核心是"人权的概念是历史发展的产物,同一定的社会政治、经济条件,同一个国家的特定历史、文化和观念密切相关。在不同的历史发展时期具有不同的人权要求,处于不同发展阶段或具有不同历史传统和文化背景的国家,对人权的理解和实践也会有所差别"④。然后,人权问题的复杂性决定了新时代中国在人权研究过程中是多面相的,中国人权问题研究也是诸学科的统一,可谓"襟三江而带五湖":第一,国际关系研究与人权国内研究整体推进,形成以人权外交带动国内人权研究发展,再以国内人权研究支撑人权外交话语体系的格局;第二,人权社科外部研究与人权法学内部研究并重,社科外部研究对人权现象进行外部观察和外部描述,为法学内部研究提供必不可少的概念、范畴、原则、体系、解释、论证,再以人权法学发展带动诸学科对人权的全面立体式研

---

① 分割时间线结合文章内容进行数据统计后可以发现:中国人权问题理论体系趋于明晰,论述中国人权问题的文章数量缓增,在近十年(2007—2016年)中的占比是48.9%,在近五年(2012—2016年)中的占比是53.3%,而在1991—2006年,这一比例只有43.9%。
② 参见汪习根:《论加强人权司法保障——党的十八届四中全会精神的人权解读》,《法学杂志》2015年第1期,第1—8页;广州大学人权理论研究课题组:《中国特色社会主义人权理论体系论纲》,《法学研究》2015年第2期,第56—79页;张伟:《人权在中国的法律保障》,《红旗文稿》2015年第9期,第16—18页;袁正清、李志永、主父笑飞:《中国与国际人权规范重塑》,《中国社会科学》2016年第7期,第189—203页;等等。
③ 广州大学人权理论研究课题组:《中国特色社会主义人权理论体系论纲》,《法学研究》2015年第2期,第56页。
④ 刘华秋:《中国代表团团长刘华秋副部长在世界人权大会上的讲话》,《外交学院学报》1993年第3期,第2页。

究；第三，人权政治层面研究与人权学术层面研究，以人权学术研究为本位，影响与支撑人权政治话语的表达；第四，人权描述性研究与人权批评性研究，以事实描述性作为人权研究的出发点，以价值批评性提升描述性品位，逐渐缩小事实与规范之间的差距，最终立足事实层面形塑人权话语体系的真正实力。学术研究乃天下之公器。学术界要善于把人权观点转化为对外的人权话语体系。人权研究应关注个人权利和集体权利的统一，以及制度上的保障。人权是防御权和合作权两位一体。两者随着时代不同，研究重点有所侧重。在人权视野下，以个人与国家之间合作为主的模式，应成为人权研究主导范式。因此，学术界要针对新时代中国问题进一步加强人权研究，整合碎片化人权观点，并在共识基础上构建以中国问题为中心的人权理论体系，发出带有普遍性共识的人权观点，并为新时代中国人权话语体系提供理论支持。新时代中国人权话语体系的提出与建构，不仅为人权制度输送学理，也为中国人思考人权问题提供了世界观和方法论。新时代中国人权话语体系建构，摆脱了被他者塑造而失却自己的主体性，提出了表达自我的人权话语能力。因此，中国不仅是自我的中国，也是客我的中国，世界中的中国。通过新时代中国人权话语体系建构这一视角，从中国历史出发探寻中国的人权观念史，寻求对中国人对人权观念的理解，为新时代中国人权话语体系对外的表达提供了准备与前提，以便于在国际上讲好中国故事，在国内外表达人权好声音，也为世界人权的发展贡献中国智慧和提出中国方案。

第三节　新时代中国人权话语体系表达

新时代中国人权话语体系建构的目标是要在人权研究过程中,形成具有我们自己主体性、原创性的概念、范畴、原理,为解答新时代中国问题构建支撑话语理论体系。新时代中国人权话语体系建构绝非是自说自话,而是要在充分吸收域内外文明优长的基础上,形成有自己特色与见解且又能具有广泛吸引力、影响力的"中国人权好声音"和"中国人权见解",彰显中国精神、中国价值、中国力量。建构这样的人权话语体系,需要"统观内外"。把我们的人权话语体系建构好,提升对外讲好中国人权故事的能力,让世界听得清楚中国人权好声音,是人权话语体系建构所指向的一个方面,但非全部。人权中国话语体系,既要勇于、善于面对世界,讲给世界听;也要勇于、善于讲给国人听;既要让世界听得清晰,也要让国人听得透彻。让世界听清晰中国人权的声音,可以为中国人权发展赢得更多的尊重、理解和友善。① 人权话语体系建构与表达需要"融通中外",要义就在于:如果说这些人权理论体系是新时代中国人权话语体系对内建构的基础,那么,新时代中国人权话语体系则是中国人权理论体系的对外表达。

"中国故事,世界倾听",是塑造人权中国与人权话语传播正确关系的理想构型。"中国故事"是指中国形成聚焦中国问题的人权声音,民族文化的坚守将使人权的内涵更加多元;"世界倾听"是指时空观

---

① 参见沈壮海:《学术话语体系建设的理与路》,《光明日报》2017年1月6日,第11版。

下人权问题在中国的普遍性延展,世界全球化进程将减少国别间的人权分歧。一个国家在话语中表现出来的形象大致代表了整体国家形象,"纵观历史,环视世界,国际强国及其话语权无不立足自己的核心价值,彰显自己的个性,才有生命力、才有独特魅力"①。中国气派的人权中国话语体系应当具有时代特点、民族特色和人文关怀,展现出国家的人权战略构想、行动计划、价值理念与方针政策,能够在人权全球化的进程中保持自身话语的解释力、预见力与说服力。如何开创新时代中国气派的中国人权话语体系,关键应当把握"谁来说,怎么说,说什么"三大基本要素。

第一,构建"官学民"三维话语格局。在中国,国家机关、学术界、民间大众对人权皆有发言权,要将中国国家机关、学术界、大众百姓在人权话语生成上三维整合,构建中国人权话语多元主体模式,形成"党政主导、学界发声、民间参与"的话语格局。一个声音,多种表达。党政话语是一种"权力型"话语,学界话语是一种"知识型"话语,大众话语是一种"朴素型"话语。国家履行国家人权义务,折射、反映、修辞人权现实以引领人权话语;学术界完善学科理论和概念,同时为党政机关引领人权话语提供作为权力资源的知识存量与智识支持;而大众百姓依据亲身朴素感受、经验性接触的人权现象与事物表达见知,与政府话语、学界话语形成"复调"关系,② 相

---

① 江涌:《中国要说话,世界在倾听——关于提升中国国际话语权的思考》,《红旗文稿》2010 年第 5 期,第 8 页。
② 复调与对话理论是苏联符号学家巴赫金提出的重要理论,巴赫金在对陀思妥耶夫斯基的诗学问题的研究中,认为陀思妥耶夫斯基是复调小说的首创者,复调原本是音乐学的一个概念,指两个或几个旋律的同时结合,巴赫金认为复调的实质恰恰在于:不同声音在这里保持各自的独立,作为独立的声音结合在一个统一体。参见张杰:《复调小说理论研究》,漓江出版社 1992 年版,第 53—76 页;吴承笃:《巴赫金诗学理论概观——从社会学诗学到文化诗学》,齐鲁书社 2009 年版,第 96—110 页。

第八章 中国人权法学的人权话语体系表达

互认同、阐释并巩固,各自独立又统成体系。人权话语场域是各种人权组织机构开展意识形态运作的场所,具有流动性和开放性,国家话语的言说即是一种政治经济权力运作,是权力与资源在言语上的表达。国家与其他人权话语参与者之间相互关联、相互合作,在各种权力交织的作用机制中,国家机关应试图建立和维持官方主导的权力关系秩序,传播意识形态、人权价值与政治文明。对内而言,国家机关应当通过语言表述来建构一种富有意义、价值的制度秩序,规范涉及人权的思想行为与价值观念;对外而说,国家机关应当争取国际规范的制订权、国际事件的话语评议权。国家主席、国务院新闻办与外交部要在政府话语表态上各司其职,形成三位一体,让国家权力借助人权话语,转变成由"传统的政治法律强制、经济迫抑或心理压抑等各种力量组成的'漩涡'或者'螺旋'体系"[1],实现人权观念输出与规范重塑,推动人权话语场域中主流意识形态的树立。

国家人权理念在人权形象塑造与话语传播中占据基础性和统摄性的作用,国家秉承怎样的人权理念,很大程度上要借重学术界的智慧与话语影响力。学术研究与人权宣传不能成为矛盾,要深化对人权问题的研究与表达,更好地服务中国人权事业。人权中国话语体系的表达,需要通贯"言与道"。人权话语是"言",但并非所有的人权话语都能赢得听众、传之久远、形成人权话语权。有生命力的人权"话语"、能够形成人权话语权的"话语",背后一定有"道",有深厚的思想,有深刻的识见。人权话语体系与话语权之困,折射的是人权思想之困。因而,在建构人权话语体系的过程中,既要关注人权话语如

---

[1] 张秀琴、孔伟:《福柯的意识形态论:"话语—权力"及其"身体—主体"》,《国外理论动态》2016年第7期,第19页。

何言说的问题,更要关注人权话语言说什么的问题,把人权之"道"的纵深探索、人权思想内涵的充实提升与人权之"道"和人权思想理论的精美传神表达结合起来。换言之,人权中国话语体系表达,绝非"造词运动",其所要求的,是以高质量的人权研究作为依托。人权话语体系就是要依靠概念、词组、逻辑对人权的中国现实作出有说服力的解释与总结,为人权决策和人权行动提供科学依据和智力支持。一是应当形成内在价值一致和逻辑一致的人权理论体系,侧重于应然层面的人权理论研究,"创造更新、意义赋予"①,增加描述解释中国现象的人权概念知识存量,探索真理、阐明真相。二是应当构建独立的学术话语体系,督促国家正确履行人权义务,"指引导向、鉴定评判"②。一方面,对于符合人权价值、吻合人权发展潮流方向的人权主张与做法,学术界要给予理论支持、言论鼓励;另一方面,对于欠妥的人权主张与做法,学术界要拾遗补阙、评论反思。

大众话语是民间百姓在现实生活和日常实践中自发形成的朴素的语言风格与言语习惯,"民间意愿的表达往往也是一种重要的话语权的表现,而且其作用不可忽视"③,人权话语生成的重心应当由精英向大众转变,坚持群众本位、群众立言,因为"只有民间话语的参与,当代中国的故事才会传播得绘声绘色"④。与国家话语语态模糊、学术话语晦涩难懂不同,大众话语的特点是表达方式形象生动、朴实管用,

---

① 郑杭生:《学术话语权与中国社会学发展》,《中国社会科学》2011 年第 2 期,第 28 页。
② 郑杭生:《学术话语权与中国社会学发展》,《中国社会科学》2011 年第 2 期,第 29 页。
③ 梁凯音:《论国际话语权与中国拓展国际话语权的新思路》,《当代世界与社会主义》2009 年第 3 期,第 112 页。
④ 陈永斌:《当代中国国家文化形象的系统构建及其话语生成》,《社会科学战线》2015 年第 4 期,第 274 页。

表达内容通俗易懂、具体鲜活，大众话语最能表达人民群众对人权的直观感受、朴素思维和价值认同。开发话语的民间资源，要建立公平公正的人权公共话语秩序，保障人民群众基本谈论人权的话语权利，拓展人民群众表达朴素人权观点的话语空间。人权在中国社会需要减少人为敏感化、意识形态化与政治化，保持人权传播的主体意识与大众之间的适度张力，让符号化、概念化的人权转化成大众能够简易理解、认知、谈论的事物，让人权回到人权本身成为检验政治文明的最大公约数。

第二，掌控人权发展传播战略布局。国际人权对话交往有赖于国家的综合实力，又不完全取决于国家的综合实力，人权话语的目的、质量、逻辑与说服力常常会影响着国际人权交锋的结果；国内人权话语需要对人权传播内容与渠道进行调整和优化，致力于对社会行动者的信息供给，以达到表达政治利益、引导社会舆论、维护政治制度的目的。"传播不是一个偶然的过程而是涉及信息、信息传递、信道、编码、解码、再编码、信息冗余、噪音等等的问题"[①]，人权话语体系表达有着自己独特的方式、规律和经验，因此必须要掌控人权发展传播战略布局，学会灵活利用传播媒介与手段，形成相对稳定的话语策略和周密的话语设计，塑造人权中国形象，传播中国人权话语体系。人权话语体系的信息既来源于人权理论知识的内容，也来源于社会政治生活中所产生的关于人权的信息，离开了共知共识，人权传播将失去共同的信息解码机制而导致难以弥合的碎片化趋势。一方面要结合中国的社会制度、历史背景、文化传统展开学术攻关，改变人权学术研究场域的碎片化之态，挖掘中国传统文化特别是儒家思想之中蕴含

[①] 陈力丹：《试论传播学方法论的三个学派》，《新闻与传播研究》2005 年第 2 期，第 43 页。

着人权的因子等实质性的内容沉积,梳理中国近代以来逐步发展起来的人权理论与实践并从中汲取有益的理念、经验和教训,认真研究西方的人权理论,并与中国的实际做一番求同与辨异,从而提升话语内涵,在保留理论分歧的同时形成人权话语共识。另一方面要依据中国人的生活背景、思维方式、语言习惯进行信息整合,合理选择、采集、编排与发送社会政治生活中的人权信息。人权话语体系是让人权知识信息之间、生活中的人权信息之间、人权知识信息与生活中的人权信息之间的物理聚集转为化学反应。

"从'宣传'到'传播',不仅仅是话语的转换问题,它从一个层面和角度折射出当代中国政治的变迁和时代进步。"[①] 首先,从宣传主体,到传播受众。人权话语传播不仅关注主体,同时也关注受众,应当改变以宣传者为中心的方式,针对不同国家、区域、群体、阶层的不同需求,制定分众传播的策略和措施,优化人权传播内容与效率,提升受众的体验感。其次,从宣传教化,到传播认同。人权话语表达应当改变单方面灌输信息的话语独白方式,加强双向政治交流,从劝服性、观念性宣传转向交互性、差异性传播,从制造人权共识到传递人权共识,以减少对人权话语的对抗式解读,促进相互对人权的理性认同。最后,从宣传应激,到传播阐述。过去的人权话语大宣传往往是对中国人权被"妖魔化"的应激反应,人权话语表达要脱离"革命语境",不能再"用革命时期的假、大、空式语气描述当前的已经处于治理状态的政治形势"[②],应当诉诸人权实证与学理商讨的角度

[①] 荆学民、苏颖:《中国政治传播研究的学术路径与现实维度》,《中国社会科学》2014年第2期,第89页。

[②] 荆学民、苏颖:《中国政治传播研究的学术路径与现实维度》,《中国社会科学》2014年第2期,第94页。

来传播阐述，加强科学缜密的逻辑论证，减少政策性宣示。

第三，人权话语的本土化与全球化。人权全球化的趋势势不可挡，但"人权中国"说明了人权的现实特殊性与现实普遍性可以对接，人权话语的全球化不等于人权话语的唯一化，人权话语的本土化与全球化本身并不矛盾，中国人权话语体系是本土话语与全球话语的统一，中国气派与全球视野内在一致，通过更好地表达中国人权话语体系来认识、理解与沟通国际人权规范，更好地表达中国的意图。因此，新时代中国人权话语体系为推进全球人权治理提供了中国方案。所谓中国方案是以习近平总书记为核心的党中央统筹国内国际两个大局提出的重大理念和重大倡议，是对外话语体系创新的经典之作。既要深刻认识人权话语体系的重大理论意义和实践价值，充分运用专业知识优势，在报刊、网络等各种媒体平台多撰写发表文章，多接受媒体采访，多参加各类国际研讨会，积极宣介其对人权中国话语体系的重大意义，特别是中国对推进全球人权治理的重大贡献，努力提升中国人权话语权，积极利用联合国等多边场合进行宣介，提升我国在人权领域的影响力。[①] 而新时代中国气派的人权中国话语体系表达，是向世界扩散、接受、认同、内化人权在中国的知识存量与实践经验时的言语表达。"人权全球化是指人权制度从国内独立的设定与操作，走向各国之间协同议定和执行的过程和状态，与此相联系，也包括人权的思想、意识、观念和学说的国际交流和融合。"[②] 人权全球化让人权理念获得了全世界的接受，同时也使彼此之间意识到人权的差异。

[①] 参见崔玉英：《在"构建人类命运共同体与全球人权治理"理论研讨会上的讲话》，http://www.scio.gov.cn/xwbjs/zygy/cyy/jh/Document/1554783/1554783.htm，2017年7月20日访问。

[②] 何志鹏：《人权全球化基本理论研究》，科学出版社2008年版，第23页。

要想打破西方话语强势与垄断,结束中国人权话语体系被动式微状态,形成人权中国话语体系对外竞争力,应当做到以下三点:第一,消除国际话语的表达方式中存在的认同障碍,增强人权观念输出路径的可接受性,不能简单地将口号式的语言表达生搬硬套到国际场合,无视国际受众的理解思维与接受习惯。第二,主动参与国际人权规范对话机制,不断提升话语能力提出方案建议,从规则制定或者运作层面施加关键性影响,将自身利益和主张反映到国际人权规则之中。第三,增强国际人权机构中设置议题、提出议案的主导性,密切关注全球人权问题,"在国际人权机构中主动提出议题、就某项议题提出决议草案供讨论或表决、参加表决某项决议、对会议所设主题表达政府立场等"①,改变国际人权议题基本上都是西方国家垄断设置的局面。因此,新时代中国人权话语体系的表达,提倡在坚持主权平等作为促进和保护人权的根本、主张各国有权自主选择发展道路和社会制度的前提下,用对话协商促进和保护人权,用合作共赢应对各种全球性人权挑战,通过务实合作加强人权能力建设;用交流互鉴的包容精神,尊重不同文明的多样性,推动不同文化形成交流对话、和平共生、和谐共处的格局。②

新时代中国人权话语体系表达,是习近平新时代中国特色社会主义思想在国际舞台上言说的展现,让世界更好地了解中国,在全球治理格局中展现中国思想、发出中国声音、贡献中国智慧、提出中国方案、彰显中国力量,提高国家文化软实力。③ 这种新时代中国人权话

---

① 毛俊响:《国际人权话语权的生成路径、实质与中国的应对》,《法商研究》2017年第1期,第160页。
② 参见崔玉英:《在"构建人类命运共同体与全球人权治理"理论研讨会上的讲话》,http://www.scio.gov.cn/xwbjs/zygy/cyy/jh/Document/1554783/1554783.htm,2017年7月20日访问。
③ 参见张文显:《提高中国话语的感召力》,《人民日报》2017年10月25日,第14版。

语体系的基础就在于对本土人权理论与实践的文化自觉性话语方式，不能简单地套用西方国家既定的话语体系模式来解释中国人权现象。需要"活用传统"，开掘、采借、继承人权文化资源，这些资源也是人权话语体系建设所当尊重与关注的对象。人权话语体系的表达应以开放的胸襟面对一切优秀学术资源，同时注重开掘本土人权话语资源，活用、用活人权话语资源。① 因此，新时代中国人权话语体系的表达，拓展了传统的人权发展视野，超越了西方自由主义人权观的局限，立足世界整体性发展，谋求全人类的共同福祉，对人权理论的发展产生积极的指引作用。新时代中国人权话语体系表达，体现了各项人权相协调的原则，是个人权利与集体权利的统一，是政治、经济、文化、社会、环境等各领域各层次基本权利的统一，是生存权、发展权、和平权等的统一；体现了人权普遍性和特殊性相统一的原则，主张把握人类利益和价值的共性，既蕴含着对和平、发展、公平、正义、民主、自由等人类共同价值的基本追求，也包含着尊重各国在不同文化、社会、制度以及发展阶段中所表现出的特殊性和多元性。新时代中国人权话语体系表达，体现了中国与世界各国一道，构建人权之人类命运共同体，平等发展、互相尊重，以对话代替对抗，共同实现各国和各国人民共享和平安全、共享发展成果、共享价值与尊严的追求。

小 结

如果说，中国人权事业的进步及人权理论总结是新时代中国人权

---

① 参见沈壮海：《学术话语体系建设的理与路》，《光明日报》2017年1月6日，第11版。

话语体系对内建构的基础，那么，中国人权在国际上的话语权影响力则是新时代中国人权话语体系对外的表达。中国人权话语体系建构，是中国作为主权国对其治下尊重、保障、救济、促进乃至实现人权的制度性理论概括，也是学理上从概念人权到制度人权，再到人权文化，三者良性循环的理论构建。尽管如此，中国人权下的话语体系，虽然突出了中国主体，但中国人权是否掌握与善于对外表达人权话语体系，还需要进一步夯实人权在中国的基础，在中国时空下把人权提升到具有普遍性共识。因此，随着国家人权义务的履行、中国人权话语理论体系的建构，为开创新时代中国气派的人权中国话语体系打下坚实基础。

新时代中国人权话语体系的表达，绝非自说自话，而是要在充分吸收外域文明优长的基础上，形成有自己特色与见解且又能具有广泛吸引力、影响力的"人权中国好声音"。国际人权对话交往有赖于国家的综合实力，又不完全取决于国家的综合实力，人权话语的目的、质量、逻辑与说服力常常会影响着国际人权交锋的结果；国内人权话语需要对人权传播内容与渠道进行调整和优化，致力于对社会行动者的信息供给，以达到表达政治利益、引导社会舆论、维护政治制度的目的。中国人权话语体系表达有着自己独特的方式、规律和经验。因此，必须要掌控人权发展传播战略布局，学会灵活利用传播媒介与手段，形成相对稳定的话语策略和周密的话语设计，塑造中国人权形象，传播中国人权话语体系。就此意义而言，建构新时代中国人权理论体系，是新时代中国人权话语体系表达的基础，而新时代中国人权话语体系表达，则是新时代中国人权理论体系提炼的结果。

第九章 中国人权法学的"以人民为中心"阐释

"以人民为中心"发展思想是新时代以来,以习近平同志为核心的党中央提出的治国理政的基本价值理念,构成了中国特色社会主义思想的根本立场。由此,国内学界围绕"以人民为中心"发展思想展开深入研究,并形成了一系列阐释性成果。一方面,从内部考察"以人民为中心"思想命题的内在结构,从较为微观与细致的角度来把握这个命题的内涵及其内部要素之间的逻辑关系。比如,有学者指出,"该思想具有整体性、关联性、结构性、动态平衡性、开放性,是一个有机统一的整体性理论"[1]。另一方面,也有代表性观点认为,"'以人民为中心'与马克思主义理论中国化与民族化、人类命运共同体之间存在互构本质"[2],这即是从外部视角关注"以人民为中心"与其他重大命题之间的关联,探求其在新时代中国特色社会主义思想体系中的理论定位。

人权学界也敏锐意识到"以人民为中心"内在的丰富人权意涵。

---

[1] 朱文琦:《以人民为中心发展思想:一个系统思维的视角》,《社会主义研究》2020年第5期,第64页。

[2] 刘鹏:《新中国70年人权研究历程及理论面向》,《法律科学》2019年第5期,第23页。

譬如，有学者认为这个思想与人权系统在概念、定义上存在差别，但在运作上具有耦合性。[①] 也有学者提出可以将"以人民为中心"构建为人权主体话语，以"人民"作为人权主体概念。[②] 概括而言，我国人权学界对此重大命题的解读与阐发，揭示了诸多的人权话语资源。由此看出，"以人民为中心"作为人权话语的价值源泉、理论根基、思维方式和研究旨归，有助于形成一套具有新时代中国特色的人权话语体系。然而，对"以人民为中心"人权话语体系的内在法理的考察尚且不足，还需要更加纵深和清晰的梳理，才能促使该思想命题实现从"政治话语"向"学术话语"的转换。

第一节　作为结构构成的三重法理

"以人民为中心"人权话语体系在历时性和共时性层面，都具有回应重大实践问题的独特价值。从历时性角度来看，"以人民为中心"人权话语体系作为新时代对于过去中国特色社会主义制度经验和马克思主义人权原理中国化的概括与提炼，一方面在根本上区别于西方以个人为本位的古典自由主义思想传统，具有显著的思想原创性；另一方面对于由高度复杂机制构建的工业社会和以信息数据为特征的数字社会带来的时代问题之回应，也具有很强的理论解释力。从共时性角度来看，相比较于当前全球化语境的其他国家治理理念和治理思路，"以人民为中心"人权话语体系在具体的制度实践过程中，能够发挥

[①] 参见何志鹏：《"以人民为中心"：人权理论的中国化解码》，《人权》2020年第2期，第3—6页。
[②] 参见李超群：《"以人民为中心"何以作为人权主体话语？——基于马克思主义语境中"人民"概念之证成》，《人权》2021年第1期，第63—69页。

出明显的社会治理效果,特别在应对重大疫情等紧急状态时,更能彰显对人民生命权和健康权的保障。因此,不仅要看到"以人民为中心"的发展思想是此项人权话语体系的来源,相应地也需要理解话语行为带来的实践结果和社会效应。

然而,"以人民为中心"人权话语体系的学术逻辑更在于探寻其内在理据,要求对人权话语体系的观念脉络、话语载体以及目的功能的全面认识。这就需要法理思维的介入。其一,法理思维是对整体思维的批判性重构,"需要用到'整体/体系解释'方法,将不同理论思想和命题放入信念、主张中去,沿着……现有的整体思路'接着讲'"①,也就是说,法理思维实质上是运用逻辑法则将命题进行分解和再阐释,并在各主要的构成要素之间搭建起体系性构造,从而通过评价性论证得到正确的说明,使结论获得整个论证的支持和证明。② 其二,法理不仅作为判断实在法的某种合法性、合理性标准而存在,而且还可以用于证成政策、行为、主张以及某事物、某现象的正当性。③ 所以,法理除了出现在以立法活动和司法活动为主要特征的法治实践过程中,也广泛存在于政治生活和公共生活领域。④ 如果提炼一个概念用以概括法理存在其中并发挥它的证成功能的多元社会领域,⑤

---

① 王凌皞:《中国法理学应立足古典面向当代》,《中国社会科学报》2017年2月22日,第5版。
② 参见陈金钊:《法理思维及其与逻辑的关联》,《法制与社会发展》2019年第3期,第21页。
③ 参见张文显:《法理:法理学的中心主题和法学的共同关注》,《清华法学》2017年第4期,第25页。
④ 参见张文显:《法理:法理学的中心主题和法学的共同关注》,《清华法学》2017年第4期,第32页。
⑤ 邱本曾指出,提炼法理的首要步骤是"概括",而许多人从事多年学术研究,没有概括出一个概念、一个命题、一条原理,其研究、贡献由此大打折扣。参见邱本:《如何提炼法理》,《法制与社会发展》2018年第1期,第6—7页。

那么我们认为,法理是体现共同体的客观意义关联的本质特征,它为共同体的存续和发展提供了目的性理念,而个体作为共同体的构成部分也从法理那里获得了生活价值和精神意义。① 这就意味着,"以人民为中心"人权话语体系实际上是共同体内部关于人权治理的核心理念,其具体化就是人权制度及其配套的实践方案。它从总体上看是经验性和描述性的,是对我国人权治理成果的理论总结和概括。然而,若进一步对人权话语体系展开分析,就要求将人权话语体系和共同体的客观意义关联进行交互式重构,通过人权话语体系来言说存在于共同体之中的法理,也从法理之中为人权话语体系的内在阐释提供多元社会价值的说明和支持。

因此,"以人民为中心"人权话语体系的法理建构可以分为如下层次:首先,用"道德""规范""政治"指涉广阔的社会生活领域。从宏大视角的社会系统论来看,社会环境由法律、政治、伦理、经济、教育、科技、艺术等子系统共同构成,并且通过各种子系统的协作促进社会环境的发展和演迁。② 而本章仅选择其中的道德、规范、政治作为观察的参照点,是因为人权话语的调整对象和运作场域主要集中在这部分社会关系之中,它们分别代表了共同体生活秩序的人性基础、法权构造以及整体意志的表达。正是在此种共同体生活秩序的持续性建构过程中,"以人民为中心"人权话语体系的正当性和证成性得以同时展开。③ 正当性是人权话语体系的经验观察和逻辑结构被

---

① 参见鲁道夫·斯门德:《宪法与实在宪法》,曾韬译,商务印书馆 2020 年版,第 13 页。
② 参见李忠夏:《宪法学的系统论基础:是否以及如何可能》,《华东政法大学学报》2019 年第 3 期,第 24 页。
③ 参见周濂:《从正当性到证成性:一个未完成的范式转换》,《华东师范大学学报(哲学社会科学版)》2007 年第 6 期,第 21 页。

道德、规范和政治生活中的法理所充分证明;证成性是人权话语体系的具体阐释被这部分共同体生活秩序的法理所补充。其次,道德法理体现的是"以人民为中心"人权话语体系的人性基础,其中既包含对人民作为人权主体性概念的论证,① 也包括个人作为人权利益主体的推论和演绎。再次,规范法理表述的是"以人民为中心"人权话语体系的法权构造,即是在如网络结构般的人权法规范体系中提炼出"元法理",它应当是国家法秩序中的最高价值,具有根本性的指导原理地位。② 复次,政治法理是对"以人民为中心"人权话语体系的意志表达。如果将人权话语放置于多元共同体构成的国际人权社会时,就必须要面临着承认、商谈、合作或者是对抗、竞争、防御等话语实践情形,这就对我国的人权言说提出了挑战,那么便意味着从政治权力衍生而来的话语权问题成为人权话语体系需要关注的重要范畴。最后,整合道德法理、规范法理和政治法理的三重视域,从单一共同体的维度和"以人民为中心"人权话语体系的整体结构出发,阐发其所关注的中心命题及其对于人类社会的人权价值追寻。

第二节 作为道德法理的"人的繁荣"

"以人民为中心"人权话语体系奠基于"每个人自由全面发展",

---

① "以人民为中心"人权话语体系的逻辑起点是以人民地位为中心,而"地位"与"权利"却是两个不同概念。这就导致在人权主体概念上形成了独特的二元构造,由此区别于西方人权话语体系的一元构造。通过宣示"人民"的人权主体地位,使个体的实际权益从"人民"的主体地位中获得,也就是"地位高于权利,权利源于地位"。这意味着,"人民"所表达的意涵是文化和政治范畴的,而非具体权利。参见胡玉鸿:《"以人民为中心"的法理解读》,《东方法学》2021年第2期,第19页。

② 参见芦部信喜:《制宪权》,王贵松译,中国政法大学出版社2012年版,第179页。

即"人的繁荣"。"每个人自由全面发展"是马克思主义人权原理的核心概念,其意涵既包括了共同体不能遮蔽个人的向度,也指明个人不能脱离社会而独立存在。① 习近平总书记曾指出:"人民不是抽象的符号,而是一个一个具体的人。"② 这意味着,个人与共同体之间并不是对立的,共同体不过是联合起来的个体而已,社会的利益、福祉应当落实到每一个个体之上,而不能用集体利益来消解个体利益。另一方面,个人也是"社会关系的总和"。从马克思关于人的类本质的观点出发,自由个体不应当被视为自我界定的完全的唯一者,即不能把所有的社会关系排除在自由个体之外。③ 个人只有在与其他个体的交往互动和相互承认的过程中,才能在共同体内部确认自己的存在,也即是个人的个性实现及价值意义都需要在共同体内部的交往网络中得以体现。然而,尽管"每个人自由全面发展"命题从整体上概括了个体与共同体之间的双向互动关系,但个体的个性发展的具体方面以及个体与共同体的根本意义关联还需要在理论上更加细致的展开。

"人的繁荣"是用于描述这种关联性的恰当概念,我们将它作为"以人民为中心"人权话语体系的道德法理,因为"人的繁荣"不仅可以阐发出关于人性自由发展的诸项环节,也能充分展现个体依赖于社会整体秩序的关系。具体而言,早期的繁荣伦理学源于亚里士多德,他认为人的思考包括对残留的图像(Phantasms)的存在和处理,这种复杂过程包括了记忆、回忆、获得概念、推断、慎思解释、赋予

---

① 参见陈曙光:《论"每个人自由全面发展"》,《北京大学学报(哲学社会科学版)》第2期,第24—25页。
② 习近平:《坚持以人民为中心的创作导向》,载人民网,http://theory.people.com.cn/n1/2018/0103/c416126-29743613.html,2021年7月20日访问。
③ 参见宋建丽、曾晞:《人类繁荣的新范式:构建人类命运共同体》,《东岳论丛》2019年第3期,第166页。

人通过设置目标和设计各种路径支配自己行动的能力,从而使人可能在社会环境中获得德性和知识。① 由此在亚里士多德的目的论体系中形成了潜能、实现和繁荣等概念,进而在目的论体系的基础上可以想象一种"以保障基本权利为基础、以实现人类繁荣为目的的理论"②,由国家和社会来保障每个人实现其繁荣的制度基础,促使每个个体都能发挥各自的潜能,实现相对于个体能力而言的人生繁荣。阿玛蒂亚·森(Amartya Sen)则将繁荣理论进一步聚焦到人的可行能力上,他认为财富、收入、技术进步等固然都是人们追求的目标,但这些目标只具有工具性价值,而真正的实质价值在于人们具有免受饥饿、营养不良以及接受良好教育等的自由。③ 而玛莎·努斯鲍姆(Martha C. Nussbaum)认为,能力路径不是对生命意义或生命价值的完整诠释,它只涉及核心的基本政治原则,因此努斯鲍姆列出十项能力清单:生命、身体健康、身体的整全性(integrity)、感知与思考、情感、实践理性、亲密关系、与其他物种建立关系、玩乐、对自身环境的控制。④ 可以看出,森和努斯鲍姆的能力路径是一种中立主义立场的平等理论,认为有价值、有意义的生活秩序就在于个体具备如何生活的能力,非自治的生活不是通往"人的繁荣"的有效途径。并且,这种自由选择还应当是促使个体获得快乐和满足的追求,否则也无法成为个人福祉的来源。但是中立主义的能力观并未以正确的方式推进个体

---

① 参见特雷尔·拜纳姆:《繁荣伦理学:信息时代的一种伦理学理论》,童瑾译,《中国地质大学学报(社会科学版)》2012年第3期,第3页。
② 周濂:《后形而上学视域下的西方权利理论》,《中国社会科学》2012年第6期,第58页。
③ 参见杨兴华、张格儿:《阿玛蒂亚·森和玛莎·努斯鲍姆关于可能能力理论的比较研究》,《学术论坛》2014年第2期,第31页。
④ 参见玛莎·努斯鲍姆:《能力路径中的老年人权利》,侯干干译,《国外理论动态》2019年第3期,第79—85页。

福祉。其一，用"功能"来替代"能力"可能是更好的理论方案。因为过于主张人的能力或者潜能只具有人权的应然性特征，从应然人权到实然人权的转换才能推进个体福祉的现实享有。换言之，"福祉不仅包括有权获得令人满意的生活，或拥有这种生活的能力，还包括就是这么来过"①。应当承认，即使有的人获得了那些核心能力，但也只是具有实现个体人生繁荣的可能性，并不意味着结果的成功和平等。所以相较于能力而言，功能的内涵更加广阔：它既可以从功能失败的角度来推断能力的缺失，也可以在能力行使的前提之下，用社会政策的方式帮助个体实现繁荣。其二，功能的内容更有确切性和开放性。如果只以人的核心能力作为是否通往繁荣的判断标准，那么即便在理想情境中，各项核心能力都能对应人的繁荣，就意味着人权只是基本需求的满足。此种能力观不过是低限人权观的另外一种版本。从功能论的角度不仅能够清晰地对繁荣的各项标准作出描述，而且能使繁荣本身具有面向未来的开放性，因此随着社会变迁和观念演进就能促使繁荣不断被更新和补充。这就是马克思人权理论中的"充分实现人的自由全面发展"，"有可能随自己的兴趣今天干这事，明天干那事，上午打猎，下午捕鱼，傍晚从事畜牧，晚饭后从事批判"。② 从功能进路的繁荣观来看，既保留了个体的天赋和潜能，同时也考虑到共同体为个体创设有利的社会环境要素的维度，使个体能够把握通往幸福生活和美好生活的机会，而社会制度也为个体的失败风险提供了兜底性的保障。因而此种偏向于平等主义的繁荣观可以更加全面地保障个体的各项人权。克里斯汀·希普诺维奇（Christine Sypnowich）将平等主义繁

---

① 克里斯汀·希普诺维奇：《人类繁荣——平等问题研究的一种新路径》，孙晓静译，《现代哲学》2020年第2期，第37页。
② 《马克思恩格斯选集》（第1卷），人民出版社2012年版，第165页。

第九章 中国人权法学的"以人民为中心"阐释

荣观总结为六个原则：(1)以人民的生活质量为中心；(2)繁荣包括主观尺度和客观尺度；(3)繁荣不同于诸多标准的分配解释；(4)繁荣本身不能被均等化；(5)平等主义政策应当改善社会和文化环境；(6)平等主义的繁荣避免趋向家长主义的至善论。① 这意味着，强调个体的繁荣并非是模糊性的概念，而是可以运用数据或相关标准进行"测量"。当然，改善生活质量指数也不意味着放弃了个体如何更好地选择生活的权利，因为通过社会普遍支持了艺术、教育、自然和文化方面政策，这便潜在地教导了个体走向繁荣的途径和目的。② 另须指出的是，平等主义的繁荣观支持的是"无偿人权"的话语，③ 无论是积极有贡献的个体或是无业游民都有获得发展的权利，后者不应当被视为"逃避责任者"，而应被视为"尚未全面发展者"，④ 都可以通过社会提供的文化教育产品和制度体系的保障，向着美好生活奋斗和努力。

"以人民为中心"人权话语体系在道德领域奠基于"人的繁荣"，从新时代以来我国的各项人权政策和人权成就都能够体现出平等主义繁荣观的理论内涵。举例来说，2021年2月25日，习近平总书记在全国脱贫攻坚总结表彰大会上庄严宣告，脱贫攻坚取得

---

① 参见克里斯汀·希普诺维奇：《人类繁荣——平等问题研究的一种新路径》，孙晓静译，《现代哲学》2020年第2期，第44页。
② 同上。
③ "无偿人权"理论话语反对"有偿人权""预付人权"等观点，并且，"无偿人权"也可以奠基于平等主义的道德理论基础之上。不仅对于老弱病残幼以及其他弱势群体，国家和社会有义务无偿地保障他们享有人权，而且对于具备劳动能力，但因为懒惰而少劳或不劳的人们，也可以被教导何为好生活的理念获得全面发展。参见邱本：《无偿人权和凡人主义》，《哲学研究》1997年第2期，第46页；赵汀阳：《有偿人权和做人主义》，《哲学研究》1996年第9期，第18页；赵汀阳：《"预付人权"：一种非西方的普遍人权理论》，《中国社会科学》2006年第27页。
④ 参见克里斯汀·希普诺维奇：《人类繁荣——平等问题研究的一种新路径》，孙晓静译，《现代哲学》2020年第2期，第44页。

了全面胜利。① 经过全面脱贫攻坚战，不仅提升了贫困人口的生活质量，而且使脱贫群众的精神风貌焕然一新，比如贫困群体的主人翁意识显著提升，开放意识、创新意识、科技意识、规则意识、市场意识显著增强。② 由此看出，在全面脱贫攻坚这项最大的人权工程中，首先要包含实现"人的繁荣"的客观尺度，贫困地区的饮食条件、住房保障、卫生健康、收入来源、道路交通、文娱设施等多种评价要素都是脱贫攻坚过程中的硬性标准，而且从繁荣的主观尺度上看，也要求激发贫困群体建设家乡的热情，充分凝聚乡村发展的力量，推动贫困群体主动脱贫致富，追求新时代的乡村文明新风。另一方面，"人的繁荣"的开放性保证了"以人民为中心"人权话语体系在不断阐释的过程中可以更加充实和完善。由于我国的人权话语体系不仅强调机会平等，也包括从结果保障个体的繁荣，这就需要避免人权政策走向家长主义的至善论。比如，需要更为注重受教育权的保障和具体落实，特别是针对贫困地区的适龄儿童，除了开设通常的语数外课程，还要重视书法、绘画、音乐等艺术兴趣课程的培育，这样才能激发贫困地区儿童的潜能，从而使各项才能都能全面发展。③ 概言之，作为道德法理的"人的繁荣"既可从我国"以人民为中心"人权话语实践中彰显出来，同时也能为人权话语体系的扩张提供更多的理论命题。

---

① 参见中华人民共和国国务院新闻办公室：《人类减贫的中国实践》白皮书，载中国人权网，http://www.humanrights.cn/html/wxzl/2/6/2021/0406/58059.html，2021年7月25日访问。
② 同上。
③ 参见肖武、赵文丹、刚瑞琦、侯可欣：《均衡发展义务教育有效保障西藏适龄儿童受教育权》，载西藏在线，http://www.tibetol.cn/html/2021/xizangyaowen_0729/53180.html，2021年7月29日访问。

第三节　作为规范法理的"人格尊严"

"以人民为中心"人权话语体系体现在由人权规范构成的法秩序之中，即道德意义上的个体繁荣在民主政治过程中融入社会法治国家的宪法秩序，转换为人的人格不受侵犯的"人格尊严"法理，成为宪法秩序得以存在的根本规范。国家的法秩序由制宪权所创设，因而制宪权存在于国家之前，其主体必须是"人民"。尽管制宪权彰显了政治统一体的根本性决断，为民主正当性和政治统一体的存续奠定了权威，但并非意味着制宪权就是不受约束、绝对无限制的力量，否则就会导致"宪法变得时时都要从属于权力的意志"①。根据近代宪法基本价值和宪法构造中的法治原则，民主制原理和法治国原理并非二元对立，法治国原理的前提并不建立在一个政治统一体和不受任何限制的权力基础上，因为这会回溯至个人权利防御国家公权力的传统路径。相反的是，宪法构造中的法治国原理内在包含了诸项原则和程序性的规则，国家法秩序的基础就从这些原则和程序规则中被创制出来，而政治统一体则在法秩序的更新和实践过程中形成并不断稳固。② 如果将政治统一体被持续构建的过程称为"整合"，那么鲁道夫·斯门德的宪法整合理论将有助于我们理解宪法秩序的源流。他指出，宪法是国家生活的法秩序，国家在

---

① 芦部信喜：《制宪权》，王贵松译，中国政法大学出版社 2012 年版，第 35 页。
② 参见康拉德·黑塞：《联邦德国宪法纲要》，李辉译，商务印书馆 2007 年版，第 149、150 页。

此生活内部才能获得其现实性，也即在国家整合进程之中，国家生活才能被持续性地重新构建。① 这就意味着，法治国原理为国家的无数次整合过程提供了一种稳定的结构，而单凭民主生活无法达到这种目标。具体来看法治国原理所包含的诸项原则，其中包括了人格不受侵犯的基本价值、法之优位性、法之安定性、法之明确性、民主原理、自由权等。在诸项原则中，"人格自由与尊严是最为根本的法的原则，以该原则为核心价值与原理的总和是近代宪法的根本规范，即'规范中的规范'"②，由宪法构造中的人格尊严规范创制出来的整体法秩序需要以这项根本规范为前提，否则便失去规范的效力。汉斯·凯尔森指出，创造规范的权力从一个权威委托到另一个权威，低阶规范（inferior norm）只能从高阶规范（superior norm）中产生，这一回溯（regressus）以一个最高的规范即基础规范为重点，因为基础规范是创造这一规范体系的基本规则。③ 然而，凯尔森虽然指出了法秩序中的效力层级，但对于基础规范的具体内涵则语焉不详。人格尊严作为根本规范并非是只有空洞内容的理论预设，相反，人格尊严及其派生的原理具有实质性的内容和要求，直接地对政治统一体的整合过程提出了规范上的主张。人格尊严是保持共同体生活存续的最本质的联结环节，也最能体现个体的繁荣，因而以它为价值基础构建出来的规范体系必须能够从这里获得合法性，否则便会与根本规范冲突而丧失效力。

须指出的是，虽然我国宪法构造中的人格尊严规范与"人的尊

---

① 参见鲁道夫·斯门德：《宪法与实在宪法》，曾韬译，商务印书馆 2020 年版，第 98 页。
② 芦部信喜：《制宪权》，王贵松译，中国政法大学出版社 2012 年版，第 39 页。
③ 参见汉斯·凯尔森：《法与国家的一般理论》，沈宗灵译，中国大百科全书出版社 1996 年版，第 141 页。

严""人性尊严"使用了不同的文字表述,但在内涵上是大体重合的,不影响其作为根本规范的地位。从国际人权法和近代人权实践来看,尊严是人类价值的共识基础。1948年发布的《世界人权宣言》和1966年颁行的《经济、社会及文化权利国际公约》《公民权利和政治权利国际公约》都有明确规定:"权利源于人的固有尊严""人权源于人与生俱来的尊严和价值"。从国内宪法来看,有学者统计了联合国193个会员国的宪法文本,发现人的尊严、人性尊严、人格尊严等词汇出现在了143个会员国宪法之中。① 比如,德国《基本法》第1条规定,"人的尊严不可侵犯。尊重和保护人的尊严是一切国家权力的义务";日本《宪法》第13条、第24条提及了"一切国民均以个人而受尊重""……应以个人之尊严及两性之平等为根据而制定之";我国《宪法》同样在第38条规定了"中华人民共和国公民的人格尊严不受侵犯"。分析来看,我国宪法中运用了"人格尊严"的表达,尊严条款也不如"人的尊严"高居德国《基本法》第1条的显赫位置,但这并不妨碍从规范宪法学的角度将此"尊严"确立为国家宪法的基础价值。② 以日本《宪法》为例,即便"个人之尊严"被放置于有关婚姻、家庭和两性的条款之中,但可以被认为是客观法的基本价值,其主观权利化之后形成概括性人权再进一步分化为具体的基本权利。③ 因此,我国《宪法》第38条尊严条款需要与第33条人权条款结合起来理解,即"国家尊重和保护人权"在基本权利体系中发挥统摄功能,而作为客观价值的

---

① 参见齐延平:《"人的尊严"是〈世界人权宣言〉的基础规范》,《现代法学》2018年第5期,第23页。
② 参见白斌:《宪法中的人格尊严规范及其体系地位》,《财经法学》2019年第6期,第61页。
③ 参见白斌:《宪法中的人格尊严规范及其体系地位》,《财经法学》2019年第6期,第62页。

人格尊严可以作为人权原理的支撑结构，以此成为各种基本权利的基础价值。

由人格尊严价值创制的规范体系为"以人民为中心"人权话语体系提供了话语载体。在宪法构建的客观价值体系中，人格尊严具有基础地位，在宪法规范中被转化为基本权利体系，而在私法中则转换为人格权。首先，从人格尊严与基本权利的关系可以看出，基本权利宣告了"一种特定的文化、价值体系，该体系应该承载着由宪法建构的国家生活的意义"①，彰显了国家整体秩序对于个体人权之尊重和保护，人民之间的精神联结纽带就通过这种文化意义而被建立起来，使人民不断被凝聚，增强对国家生活的信心。第二，基本权利体系包含大量的人权子概念。平等权、人身自由权、政治权利、社会经济文化权利等公民的基本权利都能为人权话语的概念资源，这些人权子概念之间发生价值互相关联和构成，人格尊严成为它们的权利基础，而这些权利也成为人格尊严的目标。② 第三，无论是各个基本权利本身，还是基本权利与私法上具体权利的内在关联，都需要被置入基本权利体系所建构的客观价值秩序之中，才能体现人格尊严作为法秩序的正当性基础之地位。如前所述，基本权利在人权概念体系中具有典范意义，人权话语的文化效应就主要来源于基本权利的此种功能意蕴。因而必须以一种实质性的角度来解释基本权利的规范内涵，特别要求强调基本权利对于宪法构造中的民主原则、法治原则、自由权等原则的阐释，而至于文义上的细节则非解释基本权利过程中

---

① 鲁道夫·斯门德:《宪法与实在宪法》，曾韬译，商务印书馆 2020 年版，第 202 页。
② 参见王旭:《宪法上的尊严理论及其体系化》，《法学研究》2016 年第 1 期，第 53 页。

的首要考量环节。① 基于此,在人格尊严法理、基本权利、人格权之间可以构建出沟通联结。人格权在我国《民法典》中独立成编,强化了对人格尊严的保护,从根本上满足了新时代人民群众日益增长的美好幸福生活需求。人格权编分别规定了"一般规定""生命权、身体权和健康权""姓名权和名称权""肖像权""名誉权和荣誉权""隐私权和个人信息保护",凸显民法的"人法"本质,改变了传统民法"重物轻人"的体系。② 从人格权中的各项具体权利可以看出人格尊严就是贯穿其中的基本价值,宪法关于"公民的人格尊严不受侵犯"的规定也相应被落实,因而构成了"以人民为中心"人权话语体系在私法中的重要组成部分。还须予以说明的是,在解释基本权利时,不能局限于基本权利的传统意义,而应当主动探寻其与当下生活秩序和价值情态的整体关系。③ 所以重要的是,应当看到基本权利保护的共同体生活秩序中的个体利益,而非基本权利的主体或义务主体。因此,人格权编可以视作基本权利的具体化内容,人格权的解释需要以基本权利的客观价值作为参照。在基本权利的价值视域中,人格权能够快速地回应当下生活秩序的变迁,特别针对数字社会中个人信息权利的保护更具有显著的作用。概言之,人格尊严法理是贯穿"以人民为中心"人权话语体系的基础价值原理,为法律体系中的人权话语赋予独特的正当化功能。

---

① 参见鲁道夫·斯门德:《宪法与实在宪法》,曾韬译,商务印书馆2020年版,第204页。
② 参见王利明:《民法典人格权编的亮点与创新》,《中国法学》2020年第4期,第5页。
③ 参见鲁道夫·斯门德:《宪法与实在宪法》,曾韬译,商务印书馆2020年版,第204页。

第四节 作为政治法理的"相互承认"

"以人民为中心"人权话语体系的对外表达,为世界人权实践提供了中国特色的人权治理经验,并在此过程中提升了中国的国家话语权。人权话语表达的是国家人权生活秩序的总体意志,共同体内部的精神关联会在话语表达的过程中受到很大的影响,若是我国的人权话语在国际人权商谈场合中赢得积极的评价,那么对于国内人权生活秩序的正向反馈将强化共同体之间的精神关联,而此种纽带也使个体与共同体的关系更为紧密。对于个体而言,其思想世界与自我的身份认同是从人权话语的象征意涵中获得根基,因而对共同体秩序的正面评价无疑在人民群体之间"提振了一次士气"。① 因此,为了共同体的整合,人权话语权建构的传统路径通常包含评论、净化、学科设置三个环节。评论不仅是对既有人权现实描述的阐发,还包括对评论的再阐发,主要体现为公民生活质量和人权发展指数与评价。净化则是对评论的补充,剔除人权评论中与话语目的不符合的意见,保证话语传播链条的内部统一性和逻辑有序性。最后,需要通过学科设置来将人权评论和净化变得合法化与日常化,使人权话语取得真理和信条地位。② 西方人权话语体系在历史演进中完成了这三个环节,从而取得了强势的国际人权话语权。然而,如果我国的"以人民为中心"人权话语体系要重新取得话语优势,就必须突破权力话语范式的桎梏,否

---

① 参见赖骏楠:《清末立宪派的近代国家想象:以日俄战争时期的〈东方杂志〉为研究对象》,《中外法学》2018年第4期,第1002页。
② 参见刘志强、林栎:《中国人权话语体系研究范式的演进》,《中国社会科学评价》2020年第2期,第59页。

则难以经受文化相对主义的自我否定,只会再度陷入循环论的逻辑矛盾。因此,新时代"以人民为中心"人权话语体系应当建构新的政治法理,即致力于在国家之间形成"相互承认"的关系,取得人权的共识性理解。

承认理论源于黑格尔的理论观察。从历史演进过程来看,人类社会总是存在着主人和奴隶或者是征服者与被征服者的关系,但从主奴辩证法来看,被征服者在劳动的过程中实现了自我的教化,产生了精神层面而非自我保全层面上的自我意识变化,被征服者逐渐形成"被以一种正直与尊重对待"的自我权利意识觉醒,而征服者并未参与劳动,也就无法产生自我意识的变化。当被征服者从一阶欲望向二阶欲望转换时逐步形成了自由人格,便开始"为承认而斗争"。在斗争的压力之下,征服者的自我保全的欲望超过了"被正直与尊重对待"的欲望,从而屈服于被征服者的承认欲望。[1] 换言之,对原初的征服者而言,自我保全压倒了尊严。因此,主体之间的相互承认关系得以展开,构成了相互承认的人权,"被以一种正直与尊重对待"的权利则是其中最核心的人权。阿克塞尔·霍耐特(Axel Honneth)沿袭黑格尔的理路进路,进一步分析破坏承认结构的因素。他指出,"强暴摧毁了个体的基本自信;剥夺权利削弱了个体的道德自尊;侮辱伤害了个体的荣誉感"[2],这就意味着,承认的结构包括了一个从不成熟状态向成熟状态的一般性方法,即通过斗争来重新建构理想的国际双边关系以及国际人权话语生态的场境。从经验现实的维度来看,人权话语作

---

[1] 参见史蒂芬·B. 史密斯:《黑格尔的自由主义批判:语境中的权利》,杨陈译,华东师范大学 2020 年版。

[2] 参见阿克塞尔·霍耐特:《为承认而斗争》,曹卫东译,上海人民出版社 2005 年版,第 141—143 页。

为政治论据的功能仅限于"它们的具有公共影响的修辞功能,而不依赖合理的可接受性"①,政治论据并不主要强调有效性向度,其目的在于人权话语行为的效果。因此,重建承认关系至少遭遇两个难题:其一,如何界定人权话语的规范性基础。多个主权和区域的人权话语难以产生应然性标准,这些彼此竞争的世界观之间既包括主权国家之间的横向冲突,也包括主权国家与区域联合体之间的纵向冲突,各种类型的人权话语体系形成了交互交织的网络结构。② 其二,如何设置人权的议题和程序性规则。比如,有学者指出,中国对国际人权理念输出、发展战略和规则制定的影响力有限,缺乏对国际人权机构运行的深度参与,在国际人权机构中的主动性作为不明显,③ 这就意味着,通常要付出具有国际影响力的努力,在为承认而斗争的过程中,才能逐渐赢得政治议题的地位,进而使国家的人权理念从观念到议案、再转换为有约束力的决定。④ 因此,"以人民为中心"人权话语体系的政治法理为我国人权话语体系的表达提出建构相互承认关系的要求,这就必须同时把握抗争和交往双重维度的要求。首先,应当重建人权话语的规范性基础。比较恰当的方案是,以联合国制定的国际人权公约体系作为人权概念和共同价值,因为在国际社会中只有人权公约能够超越地方性的人权生活设想,才能使国家内部的共同体生活秩序获得外部的理解。因此,以一种国际性人权概念作为商谈程序得以开展

---

① 尤尔根·哈贝马斯:《在事实与规范之间——关于法律和民主法治国的商谈理论》,童世骏译,生活·读书·新知三联书店 2014 年版,第 365 页。
② 参见贡塔·托依布纳:《宪法的碎片:全球社会宪治》,陆宇峰译,中央编译出版社 2016 年版,第 188 页。
③ 参见毛俊响:《国际人权话语权的生成路径、实质与中国的应对》,《法商研究》2017 年第 1 期,第 159—161 页。
④ 参见尤尔根·哈贝马斯:《在事实与规范之间——关于法律和民主法治国的商谈理论》,童世骏译,生活·读书·新知三联书店 2014 年版,第 389 页。

的基本参照，使单一共同体的人权生活情境能够被外界真切地理解和感受。其次，在众多可选择的人权概念上，强调以发展权为中心的人权主张和人权诉求。由于发展权包含了平等主义的内容，可以有效避免商谈过程中的人权概念膨胀。发展权的实质即是"被以一种正直与尊重对待"的权利，我们从发展权的世界历史属性中可以看出，其能够激发发展中国家的共同体活力，因而可以作为通往理想的合作和承认关系的有效渠道。又次，在国际人权公共领域主动设置议题，提出报告。比如，我国代表团在人权理事会第47届会议上针对健康权、隐私权、受教育权等提出相应报告，① 使国际人权社会有充分的条件去察觉、公开和讨论那些对于人权治理不利的国家政策，从而深度参与了国际人权治理的过程，也为国际人权社会贡献了本国的治理经验。最后，纵深阐释"以人民为中心"理念，为人权话语体系提供原创性的思想命题和知识资源。"语言是理解为取向之行动的媒介，生活世界就是通过这种行动而再生产的"②，不能忽视话语对于人权实践的建构能力，特别是针对国际人权商谈过程而言，话语更是具有构成商谈内容、影响交往效果的功能。所以在人权理论的创制和阐发过程中，需要以寻求理解为基础，以推动相互承认关系的构建作为目的。

---

① 从相关发言来看，中方希望报告员关注系统性种族歧视对教育权的负面影响；中方呼吁日方不擅自以排海方式处置核污染水；中方对美国、英国、加拿大、澳大利亚等"五眼联盟"国家实施的网络窃密与监听表示关切。参见《中国代表团在人权理事会第47届会议与教育权问题特别报告员互动对话时的发言》，https：//www.fmprc.gov.cn/ce/cegv/chn/zgylhg/t1893247.htm，2021年8月2日访问；参见《中国代表团在人权理事会第47届会议与健康权权问题特别报告员互动对话时的发言》，载外交部网，https：//www.fmprc.gov.cn/ce/cegv/chn/zgylhg/t1886463.htm，2021年8月2日访问；参见《中国代表团在人权理事会第47届会议与隐私权问题特别报告员互动对话时的发言》，载外交部网，https：//www.fmprc.gov.cn/ce/cegv/chn/zgylhg/t1889452.htm，2021年8月2日访问。

② 尤尔根·哈贝马斯：《在事实与规范之间——关于法律和民主法治国的商谈理论》，童世骏译，生活·读书·新知三联书店2014年版，第438页。

总之,"以人民为中心"人权话语体系的表达是对共同体人权生活的整体展现,作为政治法理的"相互承认"能够推动我国的人权话语表达在国际人权场域中取得更多的理解和共识,而共同体的生活秩序必然与人权话语的表达处于共时共振的关联性中,即由交往理性而带来的合作型关系则促使共同体的生活秩序被再次确认,个体对于国家的情感归属和认同也再次被强化了,由此在承认关系中呈现出共同体与个体的精神联结。

小　结

综上,"以人民为中心"人权话语体系将人权话语体系和共同体的客观意义关联进行交互式重构,通过人权话语体系来言说法理,也从法理之中为人权话语体系的内在阐释提供理论命题的支持。因此,可以将"以人民为中心"的法理建构为道德法理、规范法理和政治法理,三者相互关联、相互支持。"以人民为中心"人权话语体系奠基于"每个人自由全面发展",即"人的繁荣",其意涵既包括共同体不能遮蔽个人的向度,也指明个人不能脱离社会而独立存在。"人格尊严"作为"以人民为中心"人权话语体系的规范法理,成为国家法秩序得以存在的根本规范。"相互承认"作为"以人民为中心"人权话语体系的政治法理,旨在为世界人权实践提供中国特色的人权治理经验,并在此过程中提升中国的国家话语权。须强调的是,"人的繁荣"指向了共同体秩序的道理与伦理世界,发掘了存在于个体的人性的诸种潜能,这些潜能促使个体充分发挥自我的道德能动性去追求幸福生活和美好生荣观,都必须依靠国家以承担消极义务或积极义务来完成，否则就没有现实意义。而人权主体与其义务主体的法权关系则需要构建在法秩序的框架范围内，如果以纯粹政治决断的方式来尊重和保障人权，那么一方面不能保证合理地调配生活领域中的各种复杂关系，另一方面也必然会导致消极作为和积极作为之间关系的紊乱。正如系统论指出的，政治系统的功能在于化约社会复杂性和作出有约束力的集体意见。就"以人民为中心"人权话语体系的政治运作而言，政治权力需要在国际人权社会中为共同体的生活秩序赢得正面的评价，这一过程需要在人权话语表达的过程中践行交往理性理念，立足于相互承认关系的法理，才能打破既往不公正、不合理的国际人权话语格局。与此同时，人权话语权的提升将再度强化人民这个政治统一体，使国家的整合进程得以持续性的形成和更新，而国家法秩序也此环节发挥其程序性功能，使国家的整合进程与宪法构造中的基本原则和程序性规则反复咬合，那么个体不仅能够分享共同体的统一精神构造，强化公民的身份认同和对国家的情感归属，并且个体的各项人权也会获得国家的尊重和保护，其人性繁荣因此得以充分实现。

第十章　中国人权法学的合作权功能

人权,是人生而为人应当享有的权利。从人权概念中,我们可以揭示出两个核心面相:防御权与合作权。① 随着人权学说不断发展深入,形成了诸多观点。学界主流学者一般将国家的人权保障义务分为四个方面:尊重的义务、保护的义务、满足或确保的义务、促进的义务。② 简要来说,也就是国家的消极义务与积极义务,前者要求国家不侵害公民的合法权利,后者要求国家积极采取行动、创造条件保障公民权利。但长期以来,诸多学者均将研究重点侧重于人权消极性的防御权的研究,人权的合作权被有意或无意、被动或主动地处于失语状态。作为一项普遍性的权利,人权不能单单依靠个人主体及其自身的防御性能,通过排除国家公权力侵害而完成人权实现的功能与任务,同时还应当依靠积极合作的另一面,使人权中的合作权成为在国家治理中不断提高我国人权事业的助推器。

在主体性支撑的现代社会当中,对于人权合作权究竟如何界定,存在什么具体内容,其外在特征与内部价值为何,学术界都语焉未详。为推动人权的主体性重建,打破原有的以个人主体为中心,及一

---

① 参见刘志强:《论人权法中的国家义务》,《广州大学学报(社会科学版)》2010年第11期,第18—19页。
② 参见韩大元:《国家人权保护义务与国家人权机构的功能》,《法学论坛》2005年第6期,第5页。

味强调权利的一面,人权核心要素中不仅有防御权,也有合作权,我们须转向到注重主体关系的主体间性视角,在合作中求共生来研究人权的合作权。

从理论上来说,人权作为一种应然和法定的状态,要转变成现实之中实然的状态,还需要公民私权与国家公权通力合作。所谓人权中的合作权,是指个人要实现自己的权利,不仅要防范公权力的侵害,亦要与国家公权力进行合作以达到私权更好促进人权实现的状态。这种合作权,是个人私权除防御权外的另一种权利,它针对个人私权而言。合作权中的合作,则是针对私权与公权之间的一项功能。如果说个人防御权是人权核心要素中原权利(或者说第一权利)的话,那么合作权则是人权中核心要素派生的权利(或者说是第二权利)。合作权既然是私权的一项权利,按照法理来说,既可以行使也可以放弃。私权如果一味防御公权,是达不到人权实现的高度的。因此,在国家治理中,要实现人权保障的饱满度,只有私权行使合作权,通过合作管道才能实现人权满足的功能。

人权中的合作权,在国家治理过程中,应该要区分日常政治下和非日常政治下的合作权,不同状态下呈现出不同的定位、功能和特点。比如2020年春爆发的新冠肺炎疫情,私权与公权之间进行合作共同抗疫,就是一个合作权中合作的典范。因此,本章拟以哈贝马斯的主体间性理论为视角,通过个人私权与国家公权二者沟通协调的交往行为来论述人权的合作权和合作功能。

第一节　人权合作权的历史逻辑

一、人权中防御权的局限

从人权的外延上看，近代的人权理论是以三代人权进行划分的：第一代是人权的自由权，第二代是人权的社会权，第三代则是集体人权。① 最初，人权是与一定的阶级利益相联系的，以此反抗其他政治势力以及要求对国家权力进行限制。因此，近代人权理论以保障自由权为核心。但随着社会经济政治文化的不断迁衍，学术界在研究人权时，同时也认为人权具有两个基本的方向，即自由权与社会权。

1919年德国《魏玛宪法》出现后，人权理念从原本反对国家干预的"自由权"逐渐转向了"社会权"观念，强调国家积极提供合理生存、便利生活的种种受益的权利，社会权被普罗大众所接受，此后也经由其他地区学者翻译被称为"受益权"，② 社会权亦与人权的合作权息息相关。另外，"防御权"的概念最早出现于1958年德国联邦宪法法院的"吕特判决"之中："基本权利的主要目的在于保障个人自由免受公权力的干预。"③ 许多学者将防御权与自由权相混淆。实际上，在许多人的观念中，防御权与自由权就是相同的概念，防御权不

---

①　参见朱孔武：《人权的内核——兼论"以人为本"的宪法涵义》，《西南政法大学学报》2005年第3期，第76页。
②　参见汤闽森：《社会权的确证与实现》，吉林大学2016年博士论文，第19页。
③　Donald P. Kommers, *The Constitutional Jurisprudence of the Federal Republic of Germany*, Duke University Press, 1997, pp. 361–363.

过是自由权的别称罢了。自由权在其最基本、最狭窄的意义上就是个人排除国家介入私人领域,以确保个人自由决定与自由行动的权利。① 但实际上自由权在现代宪法理论中有着多重的含义,防御权只是自由权的一个方面,是从自由权当中演绎出的。防御权在自由权中仅仅要求了国家的消极义务,是要求国家不作为,体现的是"自由法治国"的理念。此后,防御权才成为当代宪法学普遍使用的概念,但防御权并不能满足现代人权发展的需要。

随着社会与人权理论的发展进步,人权的内涵也在扩充,防御权自身的局限性愈发凸显:

第一,防御权无法诠释完整的人权覆盖范围。自第一代人权开始,人权的内涵包括了公民、政治等各方面免于被国家侵害,排斥国家干预的自由权,即所谓消极人权。但随后,第二代甚至第三代人权便涉及请求国家作为的权利以及集体性的权利,其方向及权利范围与防御权理论并不一致,人权覆盖范畴在防御权理论中出现了缺漏。

第二,防御权所体现的人权主体位置滞后于时代。自人权发展至第三代以来,人权涉及的主客体涵括了公民个体甚至于国家政府,人权的防御权理论实际上对公民个体来说,仅仅要求国家权力不作为以及不侵害其基本权利,公民与国家被放之于对立面。但人权发展越进步,主体间的关系往往就越复杂,人权中的主体并不总是对立的,也有可能是共同协作的关系。

第三,防御权保障与实现方式不利于人权进一步发展。防御权是一种消极的不作为性质的权利,其本能性地排斥国家对自由的干预。

---

① 参见张翔:《基本权利的规范建构》(增订版),法律出版社2017年版,第115页。

但人权并不总是孤立的,同样存在着集体性与社会性的方面。因此,单方面的沉默无益于进步,甚至滞碍了人权直面丰富现实世界所应保有的开放性与进步性。故而,在保持防御权底线的前提下,沟通、协调与合作才是未来人权的发展方式。

二、 人权从防御权到合作权的观念变迁

人权从防御权开始转向合作权是一个时代变迁过程。自17至18世纪以降,人权的系统理念逐渐形成,欧洲人文主义思想家逐渐开始强调解放人性与自然独立的主体性思想,主张在主客体之间树立主体地位,形成独立人格,并提出了人的主体性问题。随后,主体性哲学在笛卡尔到黑格尔的时代里,得到了基本确立,因而主客体完成了自身的二分形态,主体论逐渐成为思想观念理论的主流,客体则受主体所支配和影响。在这样的哲学理论影响下,个人主义、理性主义与人道主义为主的主体性支撑型社会[1]逐步确立,防御性的人权作为一种对抗性的权利概念也在西方思想变革与社会发展过程中渐渐深入人心。这在不同学说之中均有体现,如霍布斯提出的暴力起源论[2]、洛克的家庭起源论[3]或是卢梭的社会契约论。[4] 这些学说或多或少都从多个角度说明了国家权力与个人权利的关系,要求政府不作为。从立

---

[1] 参见郑智航:《转型中国法律现代化的共时性逻辑——基于一种主体性哲学发展的思考》,《江汉论坛》2015年第3期,第134页。
[2] 参见霍布斯:《利维坦》,黎思复、黎廷弼译,商务印书馆1986年版,第128—132页。
[3] 参见洛克:《论政府》(下篇),叶启芳、瞿菊农译,商务印书馆1996年版,第59—77页。
[4] 参见卢梭:《社会契约论》,何兆武译,商务印书馆2003年版,第18—22页。

宪主义的精神来看，防御权的功能在于对抗公权力，防止公民合法的人身财产权益受到公权力的侵害。① 西方社会百年来在此基础上制定了相关制度与法律保障人权，个人的权利意识与竞争意识极大地增强，主体论在其中作为一种哲学思想导向，发挥了巨大作用。只不过，在主体性哲学的主导下，资产阶级革命利用了人权的对抗性，鼓励人民以抗争方式追求自身权利，包含诸多自然权利的防御权作为一种斗争工具为新兴资产阶级所用。

但在人权的构成之中，不仅仅有对立抗争的一面，也存在着协调合作的一面。也就是说，人权构成要素中包含着防御权和合作权，从公权力的不作为与作为来看，也揭示了公权力与人权主体之间既有对抗又有合作关系。而人权的实现，不仅仅在于对抗，也在于合作。② 这是人权的天然性质所决定的。事实上，社会的发展主体在人权方面并非是如同哲学理论一样完全达到"主客二分"的理想境界的，它们大多时候是混同的、交替的、不完全分离的，人权的实行者某种角度上也是受影响者，相对的受影响者在一定程度上也是人权政策的践行者。③ 就此而言，无论在世界还是在中国来看，主客体的混同与交替代表着个人与国家社会之间并没有完全被划分成对立的状态。也就是说，个人与国家社会的发展之间是存在着息息相关的、利益相连的一种状态，过分夸大其中一方的主体性会引发更多的社会问题。

---

① 参见张翔：《基本权利的规范建构》（增订版），法律出版社2017年版，第113—114页。
② 刘志强：《论人权法中的国家义务》，《广州大学学报（社会科学版）》2010年第11期，第19页。
③ 参见郑智航：《转型中国法律现代化的共时性逻辑——基于一种主体性哲学发展的思考》，《江汉论坛》2015年第3期，第133页。

20世纪以后,防御权也开始在社会转型发展过程中显露出自身的问题,在此情况下,许多哲学思想家开始了对主体性哲学的自我否定与改造,偏向对抗斗争的主体性文化开始走向偏于沟通对话的主体间性文化。① 合作权也开始在人权中崭露头角。主体间性理论虽然是现代西方哲学的范畴,作为显性知识的主体间性知识多见于胡塞尔、海德格尔、伽达默尔、哈贝马斯等人的论著中。② 伴随着主体间性理论的兴起与进步,人权的合作权逐渐在越来越多的社会主体之间得到认同与实施,人权开始更多地转向协同合作的方向。

三、人权合作权治理格局

18、19世纪,国家的任务主要是"保家卫国",人民期待政府减少干预,更注重消极的防御性的自由权;20世纪后,因世界经济社会的发展变化,各国国家的任务开始发生转变,人民转而强调国家对受益性的社会权的积极保障。基本权利的功能不再仅仅涉及对国家权力的限制,而是在"结构耦合"中实现对国家权力的塑造,从而实现了一种双重加强,既强化了对个体自由的保护,又同时增强了国家在保护个体自由方面的权力,实现了对个体、对国家的双重功能。③ 时代的发展代表着理论的革新与目标的转换。

人权合作权的倡导是对防御权的超越,是对社会权的进一步诠

---

① 参见郑智航:《论法律内在逻辑的基调演变》,吉林大学2010年博士论文,第92—95页。
② 参见洪晓楠、蔡后奇:《文化自觉的主体间性维度——对文化自觉"空间轴"的哲学反思》,《哲学研究》2015年第8期,第117页。
③ 李忠夏:《宪法变迁与宪法教义学——迈向功能分化社会的宪法观》,法律出版社2018年版,第286页。

释，提出了具体且新型的人权实现方案。首先，使公民积极参与建设共建共治共享的社会治理格局。公权与人权之间从来不是非此即彼的关系，在公共生活中运用人权合作权，有助于化解社会矛盾。社会利益格局的不断调整使不同个体、不同群体、不同阶层表达出不同的利益诉求。与之对应，公权力主体无法对日益凸显的社会新矛盾、复杂纠纷和冲突视而不见。也就是说要以理性、务实、辩证的态度对待社会差异和矛盾，既不回避和掩饰，也不夸大和激化，而是以沟通、协商的方式加以解决，使诸多不稳定因素在对立共同体中相互依存、相互中和、相互同一，最大限度地化解乃至消弭当下一些社会矛盾、纠纷、冲突，从而促进社会稳定，维护社会和谐。其次，构建不同主体相互沟通，相互包容、相互借鉴的社会共同体也需要人权合作权的运用与深入。改革开放以来，西方自由主义思潮涌动，中国社会在一定程度上受到冲击，当下，将个人利益奉为圭臬的不良现象仍大倡其道，人权合作权强调个人是社会中的个人，主张社会是由个人构成的社会，倡导社会应为个人实现价值提供良好环境与必要支持、个人应以社会共同奋斗目标和共同行为准则作为自身的价值取向和行为标准。鼓励人权合作权对于解决当下社会与个人之间的价值冲突无疑具有一种补救和疗治功效。

第二节 人权合作权的法理基础

人权的实现，离不开多个主体的自我觉醒与共同分工协作。从普遍性到特殊性，从个体性到集体性，从政治性到非政治性，从国内到国际性，从自由权到政治权，人权合作权的具体内涵伴随着人权主体性矛盾冲突的发展而发展。究竟以什么样的方式去实现合作权,合作权的内涵、特点、原则为何?我们有必要厘清人权合作权这些具体内涵。因此,在人权的主体性重建过程中,我们可以以主体间性视角来诠释合作权。

一、人权合作权对防御权的超越

合作权是人权当中的两对核心要素之一,与防御权共同构成了人权概念的整体。从应有权利角度来看,合作权是人权中的派生面相,是由公民与国家基于人权义务共同保障的核心权利之一。从法定权利角度来看,合作权是宪法规范所规定的,国家与公民双方通过共识达成的作为权利。从实有权利角度来看,合作权是公民与国家之间就人权进行交流与妥协的实际权利。

在人权当中,防御权是第一位的,合作权是第二位的。人权中的防御权作为一种国家的消极性义务,是对抗性的体现。[①] 无论是否对其进行强调,它都会自然而然地在法律之中以抗争性的形式表现出来。但合作权不同,合作权要求的是国家应通过积极的交流与妥协,与公民进行合作,达成保障与实现人权的目标,这是从国家与公民的交往行为之中体现出来的。

通过与防御权的对比来理解合作权,可以说合作权与防御权功能是两个价值理念完全不同的概念,具有不同的内涵。作为人权的合作权的发展同防御权息息相关,但比防御权更有益于推动人权的实现,二者在覆盖范围、参与主体以及实现方式等诸多方面完全不同,有着

---

① 参见张翔:《基本权利的规范建构》(增订版),法律出版社2017年版,第119页。

不同的全新意义。

在覆盖范围方面，合作权有更具体的覆盖范围。合作权同样是一种积极性的权利，其内涵蕴藏于人权法理之中，是第三代人权的一种表征。比起防御权，合作权能够推动人权由理念性向实践性发展。在多主体的参与下，合作权所涉及的集体性人权可以推动应有人权向实有人权转化，并且能够表现出现代人权更加丰富的涵义与范围。

从参与主体上来说，合作权主张多元参与，甚至于没有主客体之分。合作权的实现所需要的是公民个人、社会群体甚至国家政府之间的平等沟通与合作，并不像防御权一般将不平等的主体置于对立局面。合作权目的是要国家在公民基本权利的实现中承担更为积极的角色，通过国家、社会与公民共同协商交流从而实现公民的基本权利。

从实现方式看，合作权能够发挥各个主体的自身优势，在社会实践过程中共同行进，促进人权保障。而防御权更多依靠的是国家机关的自觉以及国家强制力的保障，从立法、行政以及司法三方面提出相关的保障公民基本权利的消极义务。但仅有单方规范无力加强人权发展深度，集体性以及主体间性的发展意味着人权必须发掘出新的实现方式，合作权在其中就具有其天然性的优势。

因此，就人权的合作权来看，当下社会个人的权利和自由不仅与国家政府活动有关，还与其他个人主体和社会的关系有关。没有国家社会与其他主体的配合，单独强调个人利益优先容易破坏社会团结与平衡，[1] 无法充分保障自身的人权，也容易造成社会关系的紧张。这是人权防御权不适应于当下社会的重大症结所在，也直接派生了人权

---

[1] 参见李拥军、郑智航：《从斗争到合作：权利实现的理念更新与方式转换》，《社会科学》2008年第10期，第108页。

的合作权的用武之地。

二、人权合作权内部原理

1. 合作权中的间性思维

哈贝马斯提出的主体间性思想，可以作为人权合作权的主要指导理论。主体间性理论主要聚焦于如何在主客体之间通过相互的交往行为互相沟通联系对方，从而在交流与妥协之中形成共识与认同观念。① 在主体间性理论之中，主体不是孤立的，每一个主体都是处于公共领域之中的，互相之间存在联系，每一个主体都在互相面对，同时还需要面对社会。② 但目前，人权主体间沟通联系过分薄弱，再加上受当下大行其道的社会达尔文主义影响，导致以主体性哲学为指导的主客体二元，往往在社会公共活动中过分强调对方的责任与义务，不注重同其他主体进行沟通交流，致使现代人权内涵过度主体化与虚无化。一旦公民在人权活动中缺乏交流与引导，参与的自觉性与主动性都会更低，态度不一的主体参与方式与结果也会呈现两极化趋势。这样的做法既使公民人权无法更好地实现，又会削弱政府自身执行力，拖后相关社会合理建设，呈现无效乃至多输的零和博弈结局。无论公民在人权活动中是过激还是消极的态度，人权方面的沟通渠道与机制过少，一方面会导致人权合作权沦为主体对抗性的牺牲品，间接地造成人权活动失败，另一方面也不利于公民与政府以一个平等理性

---

① 参见于尔根·哈贝马斯:《交往行为理论》(第1卷)，曹卫东译，上海人民出版社2004年版，第99—100页。
② 参见于尔根·哈贝马斯:《现代性的哲学话语》，曹卫东译，译林出版社2008年版，第310—311页。

态度进行互相交往,共同保障社会秩序。

哈贝马斯曾言:"社会世界是由规范语境构成的,而规范语境则明确了哪些互动属于合理人际关系总体中的一个方面。有效规范所适用的行为者同样也属于这个社会世界。"① 也就是说,作为行为者的个人与国家无论如何都无法处于"独白"状态,因为所有的规则与活动都处于公共状态之中。在这样的情况下,主体的权利与义务则需以商谈与沟通的形式来互相赋予。涉及人权的社会公共主张,如果对于参与的主体而言,既要提出对他人的权利要求,还要承担对他人的义务,那么合作是实现社会利益的最优选择。

2. 合作权中的共识型范畴

主体间性理论与合作权具有天然的契合关系。依照哈贝马斯主体间性理论,交往参与者在解释过程中可以获得共识的解释模式,价值共同体的团结与社会化个体的能力,都属于生活世界的组成部分。② 两个以上的主体可以以一种平等且理性的态度,通过沟通交往行为在不同的行为主体间建立联系,互相之间达成理解与共识,从而实现双方目标。哈贝马斯在把不同的权利要素加以整合时,并不是简单将他们连缀和拼接起来,而是运用交往行为理论和商谈论,把它们整合成为内在关联和相互构成的整体,从而实现了对传统权利理论的一种超越。③ 这种主体间性理念可以通过沟通、联系、妥协与互相配

---

① 于尔根·哈贝马斯:《交往行为理论》(第1卷),曹卫东译,上海人民出版社2004年版,第87页。又参见马剑银:《哈贝马斯的基本权利观——商谈论视角的基本权利体系重构》,《北大法律评论》第11卷第1辑,北京大学出版社2010年版,第277—278页。
② 参见于尔根·哈贝马斯:《现代性的哲学话语》,曹卫东译,译林出版社2008年版,第312页。
③ 参见高鸿钧:《权利源于主体间商谈——哈贝马斯的权利理论解析》,载高鸿钧:《心寄治邦》,法律出版社2015年版,第189页。

合的方式强化主体之间的关系,打破人权自身双面性,推动人权的合作权找出除去斗争之外的实现方式。这从侧面来看也可以说明人权具有社会属性,个人主体之间、个人与国家之间的关系不总是经由想象建构出来的抗争性,真实世界中的人权面相及其发生是复杂的,还存在着一种合作关系,执其两项,无疑更有利于双方利益的协调、发展与进步。

在经济与社会不断的发展过程中,主体性理论已经充分发挥了自身的作用,但过度偏重强调个体地位或重要性也给社会发展带来了不良影响。人权方面,要想使人权的合作权得到充足的社会实践,以哈贝马斯的主体间性思想为指导,可以使个人主体与国家政府的关系完成一次主体性重建①的过程,在公民与国家之间建立合理的沟通渠道。因此,个人与国家可以通过磋商互相妥协。一方面,政府可以为公民实现人权提供表达与协商的政治渠道,另一方面,公民用沟通方式协调自身利益与社会公共利益的相关冲突。不同主体间政治期待均可在对话合作中达致个人与他人、个人与社会、个人与政府权限利益的合理平衡。

从双方关系上来说,主体间性理论可以推动人权的合作权的保障与实现,而合作权在现实当中的应用,也加快了主体性重建的进程,深化了主体间性理论的实践意义,二者是相辅相成的存在。所以,主体间性理论与合作权具有互相契合关系,如果各方均能通过主体间性理论多主体、多立场、多角度地看待人权合作问题,反思自身,积极运用交往方式达成合作,就能明确各个主体之间的权利与义务,缓解主体之间的矛盾,实现人权合作权的理念更新与发展方式的合理转

---

① 参见郑智航:《从互惠性到宽容性:法律责任构造逻辑的嬗变》,《山东大学学报(哲学社会科学版)》2018年第2期,第86页。

换,同时促进社会的发展进步。

第三节 人权合作权的逻辑展开

一、人权合作权的模型

1. 合作权的模式

依照哈贝马斯主体间性理论建立的人权合作权,人权的发展模式采取的是一种双主体的形态:权利与权利之间的双方主体关系,体现了尊重与妥协;对于权利与权力之间的双主体关系,则主张通过沟通实现人权状态圆满的模式,被称为通力合作。合作权的双主体模式是人权发展的新型模式。

不同地区国家选择人权发展的模式往往受到外部压力与内部因素影响,体现出不同的政治经济性与历史文化性,但大多与主体性理论内容的引导性有关。[①] 从哲学历史角度来看,主体性自身伴随着历史发展产生了多种意义:一是本原意义,即突出它与其他事物的主从关系;二是能动意义,即主体自身不同于其他事物的自主能动性;三则是交互关系意义,即着眼于主体之间的交互性关系。[②] 随着时代与社会的发展,主体性理论的历史局限性正日益凸显出来:第一,主体性理论无法解答主

[①] 参见广州大学人权理论研究课题组:《中国特色社会主义人权理论体系纲领》,《法学研究》2015年第2期,第61—65页。

[②] 参见韩庆祥、邹诗鹏:《人学:人的问题的当代阐择》,云南人民出版社2001年版,第263—264页。

体内部的矛盾问题，强行划分主客体导致唯我论与自我中心主义，造成人与自然关系的恶化，人与社会关系的恶化以及人本身的异化。第二，主体性理论受认识论影响，忽略了本质上主体与主体之间的关系。正因如此，人们在现代条件下扬弃了主体性理论而选择了主体间性理论。

合作权采取的双主体模式既能适应现代社会的发展需要，也可以弥补主体性哲学进行主客体划分产生的问题。假若合作权的模式依照主体间性理论建立起来，存在将会被认为是主体间的存在，孤立的个体性主体也会变为交互主体，主体内部的矛盾不会再像过去一样堆积堵塞，而是以交流的方式缓冲改善。无论是权利主体抑或是权力主体，都能在人权保障与实现过程中建立平等地位，以尊重、妥协与合作的方式建立平等关系。这就是双主体合作模式的优势所在。权力主体与权利主体的合作关系模型如图10-1所示：①

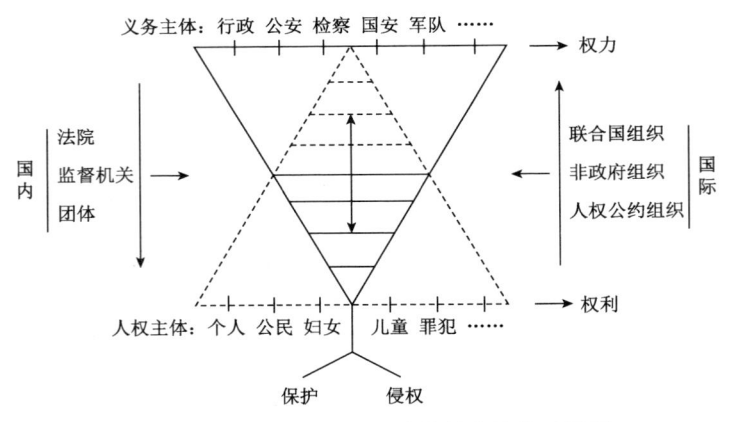

图 10-1　权力主体与权利主体的合作关系模型

---

① 此模型图的构思受丹麦学者林博(Lone Lindholt)博士的演讲启发制作而成。模型图由广州大学美术与设计学院研究生熊中华、广州大学法学院研究生李丽娜根据笔者手描示意图绘制而成，特向这两位同学致以铭谢。参见刘志强：《论人权法中的国家义务》，《广州大学学报(社会科学版)》2010年第11期，第22页。

在这个模型图中,实线倒三角顶点代表的是权力,虚线正三角顶点代表的是权利。实线倒三角顶点与虚线正三角顶点之间的关系,表示着权力与权利之间的合作关系,如模型图中间纵向粗黑线。实线倒三角权力顶点,如果由下向上,从点到面,说明权力受到越来越大的监控,权力服务权利越来越多,国家义务也越来越增强;反之,实线倒三角权力顶点,如果由点到点,意味权力大,尽管有对个别权利的重点保护。所以,实线倒三角权力顶点则需要正三角形权利主体进行合作。在虚线正三角形中,权利主体由点到面进行合作,形成了权力和权利的顶点均由点到面,形成合作权交集最大化,如模型图中间横向粗黑线,则权力的服务和权利的支持,两者关系的合作达到帕累托最优。这个模型典型说明了人权合作权关系。[1]

2. 合作权的方式

哈贝马斯认为主体间互相达成理解和共识是通过交往行为予以实现的。人权合作权的实现方式同样依赖于双方主体合理的交往行为模式的构建。根据辩证法三大规律之一的"否定之否定"规律,事物发展是前进性与曲折性的统一,事物发展遵循螺旋式上升规律。[2] 同样地,人权合作权的实现方式就像一个螺旋方程,它不是一次合作就可以完成的,而需通过不同主体多次交往合作,在交往合作中不断螺旋式地上升,通过交往行为合理化的实现从而不断提高人权水平。

首先,合理的交往行为以人权合作话语有效性为前提。人权合作

---

[1] 参见刘志强:《论人权法中的国家义务》,《广州大学学报(社会科学版)》2010年第11期,第22页。
[2] 参见黑格尔:《逻辑学》(下卷),商务印书馆2001年版,第314—316页。

话语的有效性包括人权交往话语的共通性、相互理解的规范性、一般前提要件的一致性等。现在的人权的保障与实现更需要公民与国家共同完成，但在人权的合作活动中，持不同话语立场的复数主体之间的利益划分与斗争势必会出现更加多层次的矛盾。主体之间也由于存在着互相吸引又互相排斥的趋势，造成话语场域内张力与链接的复杂情况，致使主体间的对话合作无法形成一致的前提。要达成合理的交往行为不仅需要坚持对人权实现的信心，各方主体以更加平和与开放的态度进行面对，更需要研究交往话语作为媒介的勾连功能，探讨公认的人权话语背景。

其次，合理的交往行为关键在于构建共同的规范标准。要在人权领域建立起主体间的秩序，毫无疑问要认可共同的规范标准，能够为交往各方普遍接受和遵循。对关涉人权的矛盾的争论与解决即通过沟通妥协的方式建立共同的规范标准，促使人权在合作发展过程中点滴进步，这也是人权多次合作的必要性所在。人权的合作权必须由共同的、普遍的规范标准来指导，通过这样的方式，个人与国家的关系在合作中不断深入与交集，同时，也对此过程中的因素既肯定又否定：肯定的是维持与推动人权发展的主体间性，否定的是过分强调单方人权责任的主体性。因而使社会互动和生活世界语境连为一体。① 人权的合作权就在这样漫长的矛盾转化过程中形成新的共同的规范标准，在原有基础上不断发展出新的历史含义与实质内容。

最后，合理的交往行为依靠良好的交往环境的制度化。"生活世

---

① 参见于尔根·哈贝马斯：《现代性的哲学话语》，曹卫东译，译林出版社 2008 年版，第 334 页。

界乃是为行为角色的创造性活动提供相互理解的可能的建构性范围的因素的总和。"① 从生活世界的视角追溯人权历史，不同的文化、符号系统、社会制度、个性自我相互交织，交往环境的发展时好时坏，也有前进和后退的过程，从地域、国家整体来看也存在着升降不定的情况，但总体而言，交往环境质量既不是一味退步，也不是一味进步，也不完全是循环轮回。主体间从共同的生活世界出发达成理解，人权的合作权在公民与国家的抗争过程中寻求合作，双方主体又在合作过程中不断解决新的矛盾点，伴随着公共领域再生文化、整合社会和个性主体的形成，交往环境从低级到高级，从简单到复杂，人权的合作权亦是如此往复，不断起伏，呈现出一种螺旋性的上升。

二、人权合作权的特点

合作权是不同主体打破原有对抗性模式，为共识而合作的权利，它是平等人权主体根据主体间性理论，在社会实践中以合作求共生的现实方案。人权的社会共识体现为，作为其中一种普遍性且具有最低限度的权利。合作权作为社会矛盾的缓冲阀，具有社会性、规范性、法定性与平等性等特点。

1. 社会性

合作权所希望达成的目标在于使每个公民享有应有权利，而它无法独立存在，社会性是其本质上的特征。这一点可以从多个角度上看出：其一，方式的社会性。通过构建合理的对话机制，我们可以在国

---

① 韩红：《论交往行为合理化的实现途径——哈贝马斯的交往行动理论的核心问题》，《学术研究》2002年第2期，第48页。

家与公民之间构建一种相互的社会关系,而社会关系则是人权存在的前提。① 社会的良法善治是人权合作权的一个目标,对社会来说,有效交流可以减少利益冲突。并且,合作是一种双向互动的反馈。其二,主体的社会性。人权受益的主体涵盖了全体公民,在实现当中也需要国家与社会的参与。权力行使越考虑公众参与,越有利于社会大众建立对于人权工作的信任,越能培养其人权观念。在权力话语中实现和保障公民的民主权利,能够更好地实现国家的民主法治和社会的长治久安。其三,目的的社会性。人权的合作权最终是为了促进人权的实现,为此必须调和解决人权与公权的冲突。合作使人权与公权在对话中调和,协调私人利益和公共利益,由此实现社会的和谐。

2. 规范性

公民与国家的主体间行为不是毫无章法的,人权的合作权既有道德规范部分,也有法律规范部分,多主体的合作行为一部分受到道德限制,一部分受到法律规范:

其一,从道德角度来看,道德规范可以存在于广泛的主体里,表现为社会当中的风俗、习惯甚至于自然法之中。公民与国家共同进行社会活动必须遵守社会的这些公序良俗,实际上也受到道德规范的限制,合作权自然也不例外。其二,从法律角度来看,法律规范赋予了公民应有的基本权利与义务,同时要求国家履行对于人权的积极义务与消极义务,公民与国家之间的合作行为受到法律在一定范围内的规范与保障,但仅依靠法律规范会造成合作权缺乏"柔韧性",或者导致社会成本畸高。

---

① 参见董石桃、万斌:《论人权"社会性"的内在逻辑和科学发展》,《湘潭大学学报(哲学社会科学版)》2015年第2期,第138页。

但无论是道德还是法律规范，单一部分对于合作权的管理行为都存在不足，需要二者进行互补。人权的合作权是以道德上平等主体的观念为基础，以人权大同为目标，但道德上的合作权若无法得到实际强制力的帮助是无法实现的，因此需要向法律方面转化，以国家强制力保障合作权，因此合作权具有道德与法律双方的规范性特点。

3. 法定性

法定性是合作权在道德与法律之间的界限。人权虽然始终更多地表现为一种道德上的权利，法律不能涵盖所有的人权，法律没有规定的也不应强行规范为人权，但人权的合作权始终会为法律所保障。

其一，对于公权力，权力的实施在不同主体之间是在法律的合理监督框架内进行的，超出了法律范围的权力行使会损害公民的应有人权，破坏社会的合理秩序。同时，法律限制了权力的实施范围，不会放任权力介入其不能也不应介入的领域。其二，对于私权利，法律明确规定了享有私权利的主体行使其自身合法权益需要兼顾社会公共利益，在合理合法的范围内进行，不得滥用自身权利。其三，公私主体的协同合作是由法律规定的，受法律保护。在这个道德与法律的区分过程中，各个主体对公权力与私权利的规范性合作都为法律所约束。

4. 平等性

在人权的防御权当中，公民与国家主体之间往往处于一种差异性的斗争位置中，二者一般不处于平等的地位之上。但在人权的合作权当中，根据主体间性思想，不同主客体之间以相对的平等理性交往为前提，具有平等性。要实现真正的人权合作权，就必须基于主体间性思想转变以往主体地位的看法,承认双方在人权方面是处于平等主体地位的高度,改变原有公民主体在人权合作活动当中参与率及认同率低的情况,真正将另一方当作人权对话的主体。[①]在平等地位的角度基于自愿的原则展开对话,有时候会收获更好的效果。选择更加温和对等的主体话语进行交流,这样有利于加深公民对于官方政策的理解,政府也可以以更流畅的方式行政。

三、人权合作权的原则

1. 人本主义原则

人本主义原则是指人权合作权一切以人为本,以推动人权进步为目标的原则,也是现代社会基本权利要求的基础反映。我国宪法明确规定了国家尊重与保障人权。人权之要义乃在于,"人权的彻底实现以人的全面解放、人的全面自由发展、人的需要的全面满足为标志。……一切为了人的解放,一切为了人的幸福,是马克思主义的出发点和最后归宿"[②]。揆诸人类人权发达史,尽管人权目标伴随着时代特点不断发生移转变化,但其最终都需要落实到社会大众之上。人权是为了保障人的基本权利与基本尊严而存在的,人权的合作权也不例外。

2. 主体协同原则

人权合作权的主体协同原则,是指个人权利主体与国家权力主体

---

① 参见杜明利:《主体间性视域下关于政治认同建构的思考——基于哈贝马斯的交往行为理论》,《湖北经济学院学报(人文社会科学版)》2015年第3期,第94页。
② 李步云:《李步云选集》,高等教育出版社2013年版,第402页。

双方积极沟通,共同作为,通力合作。人权在现代社会无法再单纯地通过主体性的方式保障自身的良好发展,为保障人权在应有权利、法定权利与实有权利①三种形态上的实现,人权合作权更需要公民与国家以一种交互性的合作形式进行发展。只有公民个人积极表达与配合,国家认真履行其社会保障义务,才能推动现代社会人权的主体性重建过程。个人主体在法律方面与国家合作交互的形式往往还有多种方式,国家对此设置了多种合法渠道保障公民与国家在人权与公共事业方面的合作,诸如政治协商会议等,这些也是法律视角下,公民与国家合作权的体现。

3. 自主能动原则

自主能动原则指的是,不同人权主体以平等的地位积极自主地发挥能动性促进合作权发展。个人与国家对于公共事业与活动的合作是由人权的本原性决定的,各有其任务所在。国家承认个人及其权利的存在,才有自身存在的合法性,才能产生如何去保障它的义务。而个人基本权利被侵害之时,若无法得到国家强制力的帮助,也很难得到保障。此外,国家主体在参与人权合作权的实践与建设过程中,由于其力量同其他主体具有天然性的差距。因此,除以外部力量对权力加以控制外,还需要权力发挥自主能动性进行自我控制,始终恪守权力源于权利、权力服务于权利、权力行使以权利为界、权力依靠权利发展更新的政治伦理。公民与国家双方都需要对方确认自身的地位与意义,自主能动原则也是合作权内核的应然之义。

---

① 参见李步云主编:《人权法学》,高等教育出版社2005年版,第20—25页。

第四节　人权合作权的功能

一、价值功能

国际人权公约的合作价值是为同一人权目标，集中力量打破人权文化差异，携手共同推进人类人权实现的精神。人权合作权，从某种意义来说就是承袭了国际人权公约合作价值。

首先，人权合作权体现了国际人权公约合作模式。从历史上看，《经济、社会及文化权利国际公约》（以下简称"A公约"）和《公民权利和政治权利国际公约》（以下简称"B公约"）是国际社会经过近30余年努力才完成的。诸多国家因政治利益、经济差距、理念冲突与历史因素等，就人权公约内容产生了许多矛盾，不同的政治力量、经济实力不断斗争与妥协，最终于1996年完成国际人权A、B公约。在人权的合作权当中，同样具有多个立场迥异的差异性主体，公民与国家之间、国家与国家之间也存在着难以调和的利益争端，甚至国家是公民所拥有的防御权的对立主体，而国家间则会因不同因素产生斗争，但合作权主张以商谈伦理树立共识，以此调和不同人权主体间的斗争性矛盾。2020年新冠肺炎病毒在全球多点爆发并快速蔓延，给全球公共卫生安全带来巨大挑战。"抗疫上半场"，中国曾得到了来自多个国家各级政府、企业、民间机构的无私援助，"抗疫下半场"，中国在做好国内疫情防控的基础上，为协助全球抗疫全力提供物资、人员、方案支持。截至2020年4月，中国已与全球100多个国家、10多个国际和地区组织分享了疫情防控和诊疗方案等技术文件,并与许多国家以及国际和地区组织进行了疫情防控经验交流;已与54个国家和地区以及3个国际组织签署疫情防控物资合同;已向意大利、伊朗、伊拉克、塞尔维亚、巴基斯坦等国派出医疗专家组;已向120个国家和4个国际组织提供了包括N95口罩、核酸检测试剂在内的物资援助。① 从客观、历史来看,单个国家及地区的资源分布与需求程度是不均衡的,能力存在着局限性,尽管国家之间存在着意识形态上的分歧,但一直存在合作。

其次,人权合作权扩充了国际人权公约合作价值内涵。国际人权A、B公约内容基本包括了《世界人权宣言》的基本内容,在这些公约实现的背后,打破了以往各国各行其是、画地为牢的狭隘思维。国际人权公约以人权为核心价值建立了全世界共同的价值目标,具有其独特的人权精神。从自由权到社会权再到集体人权②,伴随着国际人权公约的签署与三代人权的发展,国际人权公约合作精神一直在延续,它的存在与影响推动着各个国家对人权政策与实施方式的变革,合作方式也在不断进步。中国同各国一道合作抗击疫情、保护生命、重振经济,促进了全球公共卫生事业的发展。各国在分离还是团结,对抗还是合作的选择问题上,答案十分明显,任何反对合作、构筑壁垒、独善其身、置身事外的行为,皆是违逆潮流的。只有互信互助、互相援助、开展合作,用"睦邻互助"取代"以邻为壑",才能共赢共享,在更大程度上挽救更多生命。人权合作权的推行既是对于人权

---

① 参见《全球合作共战疫情:"中国行动力"树立典范》,载中国日报网,https://baijiahao.baidu.com/s?id=1663275921726911293&wfr=spider&for=pc,2020年4月7日访问。

② 参见朱孔武:《人权的内核——兼论"以人为本"的宪法涵义》,《西南政法大学学报》2005年第3期,第76页。

的理论丰富,促进人权向国际化先进水准发展,同时也可以丰富国际人权公约合作价值内涵。

最后,人权合作权推动了国际人权公约合作价值的传播与践行。国际人权公约不仅在世界范围内的国家主体之间产生了影响,并且对国内的人权制度以及人权观念产生了影响。[①] 但自19世纪以来,西方的人权理论跨文化传播,逐渐形成国际性人权话语。在西方人权话语体系处于垄断地位的情况下,国际人权公约对于人权发展的推行会受到一方独大的垄断压力,树立单一的人权价值标准,无益于人权发展。[②] 合作权则以其共识性打破了西方人权话语垄断局面,公民与国家共同携手参与国际人权规范秩序建设。在全球疫情战中,中国以实际行动彰显了人类命运共同体的理念和担当,消解了西方的民族主义。我们从对人权的实际理解出发,有力打击了西方纯粹形式上的"人权"的概念。中国在向世界无私出人、出力的同时,传播和践行了构建人类命运共同体的理念主张。因此,人权的合作权在行使过程中传播了国际人权公约合作价值,从而引导多元主体进行合作。

二、政治功能

人权合作权能为我国政治协商机制提供有力的法理依据,成为制度合法性证成的来源。多党合作与政治协商制度始于民主革命时期,是我国一项基本的社会政治制度,也是我国统一战线的基本形式之

---

① 参见严冬:《人权的价值与位阶——基于国际人权两公约的研究》,西南政法大学2014年博士论文,第148页。
② 参见刘志强:《新时代中国人权话语体系的表达》,《法律科学》2018年第5期,第15页。

一。从中国政治文明发展的历史逻辑来看,现代民主与现代化一样,都具有外生性。但是协商却具有内生性,其精神扎根于中国政治文化中的"和合"思想与传统。① 政治协商机制的前提在于对人权的尊重与维护,而任何协商民主都是权力的运作模式,其总体治理的目标都是为了维护社会秩序与促进社会发展,达成社会的良法善治。在基于价值多元化的前提下,合作权是以主体间的竞争性转换为互相合作性,即以互相合作来消解分歧,以达到维护社会团结和促进社会发展的终极目的,② 这与我国政治协商机制的目标殊途同归。

第一,人权合作权致力于调和政党之间的利益冲突。政治原本是各方权力主体维护自身利益的手段和方式,而基于合作权的政治协商制度以协商为基石,通过统一认识使得各方权力主体的利益方向具有一致性。从政治制度与方式上看,中国共产党领导的多党合作与政治协商制度既不是一党制,也不同于西方国家的多党制。这个制度打破了政党间原有的组织鸿沟,化解了基于政党的冲突与矛盾。民主党派的长期共存,是在拥有共同目标与领导的前提下解决了基于民主的社会参与问题。③ 它是公民有序政治参与的制度保障,也是扩大公民依法进行人权合作的制度载体。

第二,人权合作权利于政治决策反映社会各方的权益。从政治目标与功能上看,政治协商的主要功能在于权力决策,最终支持促进民

---

① 参见林尚立:《建构民主——中国的理论、战略与议程》,复旦大学出版社 2012 年版,第 232 页。
② 参见包心鉴:《新时代社会主义协商民主的地位与功能——兼论人民政协在推进协商民主中的重要作用》,《江汉论坛》2018 年第 11 期,第 31 页。
③ 参见王建华:《政党与现代国家建设的内在逻辑———项基于中国情境的历史考察和理论分析》,《复旦学报(社会科学版)》2010 年第 2 期,第 115 页。

主治理，而这也刚好是人权的政治目标。① 合作权在政治协商机制中作为一种民主模式能够开创社会治理的新角度，使社会各方通过政治协商制度与国家主体共同参与政治，进行民主监督，由此反映社会各个主体的利益、诉求与观点，有利于政治协商制度预期目标实现，提升治理绩效，迈向社会有机团结。

第三，人权合作权能推动公权与私权之间的对话与妥协。从政治形式与本质来看，私权主体在政治协商过程中是用一种间接性民主的方式同公权主体完成合作的，这也是一种使民主从应然转向实然的方式。与西方式的协商民主不同，我国的政治协商形式并非是直接的，而是主体间在共同价值前提下针对某一问题的集体磋商，再将其意见转给相关决策部门，实质上是为了一个宏观上的目标而采取的间接的合作性行动。合作权的适用可以以一种缓冲的方式改善政治协商机制的不连贯性，推动公权与私权之间的对话与妥协。

三、指导功能

人权的合作权作为对人民基本权利的保障，同样能够指导与推进法律政策制定。宪法是一国人权之法，也是一个国家的人权之本。② 我国《宪法》第 33 条第 3 款明确规定了我国"尊重和保障人权"，这是我国宪法人权原则的体现。合作权作为人权的一部分，自然受到宪法的规范与保障，进而受宪法统领的立法活动也应体现合作

---

① 参见王浦劬：《中国的协商治理与人权实现》，《北京大学学报（哲学社会科学版）》2012 年第 6 期，第 23—24 页。
② 参见朱孔武：《人权的核心：概念的提出与求证》，《学术论坛》2005 年第 6 期，第 102 页。

权的理念，塑造合作权于法的基本品格之中。立法（以及公共政策制定）的首要目的在于保护公民的合法权益，应在法律文本中表现出法的基本品格，这有助于统领整个法律文本的体系建构和内容安排。①

其一，人权合作权能在法律政策的制定过程中引导合理的制定方式。宪法的修改主要着重于解决中国社会发展的主要矛盾问题，而我国社会主要矛盾已经转化为人民日益增长的美好生活需要和不平衡不充分发展之间的矛盾。② 如何在法律政策制定的过程中解决法律矛盾，完成基本权利保障目标，需要一个稳定且合理的方式。要实现这样的人权目标，需要合作权解开多主体下公民基本权利保障的难题。事实上，在法律政策的制定过程中，艰难的并不是选择以何种方式进行制定，而是如何使得制定的法律政策能够找到其自身的现实价值所在，进而为社会大众所普遍接受。这就要求，各方主体以建议与反馈的交流工作方式，共同为法律政策的制定与实施，设计出新的人权保障渠道。因此，合作权可以引导国家同其他主体相联结，征集专家学者的专业建议以及社会大众的基本意见，保证基本权利在法律政策制定中不被无形侵害。发挥合作权对于法律政策制定方面的确认与建构功能，指引合理的法治发展模式。

其二，人权合作权能在法律政策制定过程中提供有力的观念导向。合作权重视平等、实用、主动等价值观念，为部分法律政策脱离现实、不堪一用的情况，提供了一种新型观念导向。例如在 2018 年修正的《刑事诉讼法》中所确立的认罪认罚从宽制度，就是人权合作权

---

① 参见刘志强：《人权研究在当代中国的变迁》，社会科学文献出版社 2019 年版，第 212 页。
② 参见韩大元：《加强人权法治保障，推进人权事业的发展》，《人权》2017 年第 6 期，第 13 页。

新型观念导向的体现。在以往的对抗式刑事诉讼中,追诉方与被追诉方互相博弈,但由于追诉方握有国家资源,处于强势地位,造成了一些冤假错案和程序不公。在人权合作权理念指导的刑事诉讼法修正中,诉讼双方从对抗转向合作,秉持合作态度并建立合作关系使案件事实更清晰、案件审理程序更顺畅,紧张对立关系得到缓解,有利于化解矛盾促进社会和谐,实现刑事诉讼法的立法目的和根本价值。

其三,人权合作权能在法律政策制定过程中保证公正的权力监督。法律政策制定过程中往往存在着各方力量对于法律内容与制度设计的冲突,国家公权力极易依靠强势地位影响制定过程,但法律政策的制定只根据国家公权力主体的意见很难保证公平,这就须积极引入社会公民主体参与。人权的合作权在一定的法律制度帮助下,便可以完成一定程度上的权力监督,保障现有政治制度下的大众民主与人权。在突发公共卫生事件应急状态下,法律政策需要赋予政府防控风险的必要权力与职责,但管控政策和措施的制定自身经常缺乏自觉意识,忽视了比例原则,过度限制了公民的权利。通过人权合作权的行使,社会公民主体可以呼吁要求受到最小侵害,最大程度保护自身正当权益,如此有利于完善我国法律政策制度的公正性、妥适性与完备性问题。

小　结

综上,在东西方国家激烈的人权争论之中,由于双方的政治、经济以及文化因素迥然不同,数百年来双方在人权关系的观念与价值问题上从未停止过碰撞,双方国家本质上都在试图让对方接受与认同自身的人权观念与模式。人权作为一种观念，虽然在理论上大多无优劣之分，但人权的发展有阶段之分、程度差异。立足本土国情、本地文化以及社会经济发展之现实境况，在人权的普遍性与特殊性之间，走出正题、反题单向思维，吸纳合题理念，有利于更好地吸收借鉴人类迄今为止人权事业发展进步的优秀文明成果为我所用。

至今，主体性支撑的人权话语方面仍然呈现一种"西强中弱"的格局，这是历史实践上人权发展的天然落差，也正是因为这样的明显主体性差异，人们过度关注着人权的对抗性，这不仅是国家与公民在人权实现过程中的对抗，也是中外人权价值观念孰优孰劣的对抗。但对抗不是人权的全部，人权的话语权不是靠争论与自我证立证明的，而是靠人权的实现程度，人民享有何种权利，人民的这些权利又受到何种待遇，才是人权成功与否的证明。时代在变，人民对于人权的要求也在变，哈贝马斯主体间性理论为我们思考新时代语境下国内人权理论与实践发展、人类命运共同体话语下国家间人权交流与人权文明互鉴，提供了新的观察视窗和研究范式。将人权的合作权同人民对美好生活的向往与不断丰富的现实需要相联系，促进我国人权主体性重建、推动社会的不断向前发展。与此同时，人权的合作权也必将丰富我国人权话语体系的内涵，推动中国人权事业走向新的境界、翻开辉煌篇章，中国作为超大规模性国家[①]，对于人权实现及其递进更新实践的持续性探索，有望为人类社会人权事业发展与进步贡献出中国智慧与中国方案。

---

① 参见泮伟江：《如何理解中国的超大规模性》，《读书》2019年第5期，第3—11页。

第十一章　中国人权法学的幸福生活权

2018年12月10日，时值《世界人权宣言》发表70周年，习近平总书记在题为《坚持走符合国情的人权发展道路 促进人的全面发展》的致信中首次提出了"人民幸福生活是最大的人权"这一伟大而深刻的人权命题，并指出："中国发展成就归结到一点，就是亿万中国人民生活日益改善。"① 这一命题的提出，对我国人权话语体系的构建完善，有着重要学术价值。

有学者认为，将"人民幸福生活是最大的人权"内化于中国特色人权发展道路及其所包含的中国特色人权观，是习近平新时代中国特色社会主义思想的重要组成部分，是推进中国人权事业发展的行动指南。② 有学者着重于中国特色社会主义人权话语体系的建构，包括客观基础、基本原则、核心概念及主要观点，将"人民幸福生活是最大的人权"解释为对于中国特色社会主义人权话语体系核心概念的重要指引，即人民权益、中国梦、人类命运共同体三个方面。③ 也有学者整理出一条以人民为中心的人权发展理念，将"人民幸福生活是最大

---

① 《习近平致信纪念〈世界人权宣言〉发表70周年座谈会强调 坚持走符合国情的人权发展道路 促进人的全面发展》，《人民日报》2018年12月11日，第1版。
② 参见李君如：《新时代中国共产党人权思想的集中体现——学习习近平总书记关于人权的贺信》，《人权》2019年第1期，第12—13页。
③ 参见张晓玲：《论中国特色社会主义人权话语体系的核心要义》，《人权》2019年第1期，第22—23页。

的人权"解释为站在人民的立场上对人权所作的定义,以此为落脚点阐述中国人权事业发展初心。① 更有学者站在新中国 70 年人权发展成果上,认为在回顾、总结、提升的同时,更为重要的是在现有的基础上推动新时代中国特色人权事业的创新发展,为其提供科学、深厚的法理支撑,并以七个理论命题为逻辑主线分别简要论述背后的法理。② 学术界在该理论命题提出后,从人权发展道路、人权话语体系以及人权发展理念等不同的角度,尝试探究"人民幸福生活是最大的人权"背后的理论内涵,将其融入我国人权理论体系中,具有一定的深度研究。但学术界没有从"人民幸福生活是最大的人权"中抽象提炼出一项新兴的人权种类"幸福生活权"加以研究,并探讨其作为新时代人权发展成果背后所潜藏的社会发展变革。因此,幸福生活权作为一项新兴人权种类,还需要对其进行学术体系化研究。何为幸福生活?幸福生活权为何是人权,是什么样的一项人权?作为人权其基本架构是怎样的?以及为何幸福生活权是最大人权?有必要从人权理论角度对上述问题进行纵深梳理与分析。

第一节 何为幸福生活

何为幸福生活?古往今来,不少先贤伟人都对此发出过诘问。有人认为幸福是寿、富、康宁、攸好德、考终命③,有人认为幸福是

---

① 参见柳华文、黄振威:《以人民为中心的人权发展新理念探析》,《人权》2019 年第 1 期,第 30—33 页。
② 参见张文显:《新时代的人权法理》,《人权》2019 年第 3 期,第 12—27 页。
③ 参见丛晓波:《何以幸福:论幸福感的社会文化性前提》,《东北师大学报(哲学社会科学版)》2014 年第 2 期,第 211 页。

"顺从"①，有人认为幸福是"道德的超脱"，也有人认为幸福是"享乐"。② 不同的人从不同角度看待幸福生活，如同管中窥豹，人言人殊。幸福生活作为一个动态的概念在不断发展，如何清晰界定其范围，见仁见智。但如果从马斯洛的"需要层次理论"为媒介来理解，则有其通约性。马斯洛通过研究人的行动动机，将人的需要划分为不同的层次，这恰恰对应在不同发展阶段人们对于幸福生活的层次化理解。这一理论的核心思想是，人类生活组织的主要原理是基本需要按优势（priority）或力量的强弱排成等级。给这个组织以生命的主要动力原则是：健康人的优势需要一经满足，相对弱势的需要便会出现。③ 若是将幸福生活融入其中理解，对于特定时期的人来说，代表了求而不得之物，也就是对于幸福生活的期盼。当这一时期的优势需要被满足时，人并没有止步对幸福生活的追求，而是出现新的优势需要（相对弱势的需要），这种马斯洛所表述的相对弱势的需要可以理解为人们所期盼的幸福生活。

马斯洛将人的需要分为五个层次，分别为生理需要（physiological need）、安全需要（safety need）、归属和爱的需要（belongingness and love need）、尊重需要（esteem need）以及自我实现需要（self-actualization need）。④ 前四个需要属于"匮乏性需要"，构成了幸福生活的根本，作为基本需要，其满足取决于后天的文化条件和社会环境，它总是表现为一定的日常欲望，例如呼吸、食物、人身安全、健康保障、

---

① 许慎：《说文解字》，段玉裁注，上海古籍出版社1981年版，第3页。
② 《尚书·洪范》："向用五福，威用六极。"所谓"五福"包括"寿、富、康宁、攸好德、考终命"。《礼记·祭统》："福者，备也；备者，百顺之名也，无所不顺者谓之福。"对于道德的追求源自亚里士多德的幸福观。享乐主义主要是以边沁为代表的功利主义的观点。
③ 参见亚伯拉罕·马斯洛：《动机与人格》（第三版），许金声等译，中国人民大学出版社2013年版，第32页。
④ 同上书，第15—25页。

友情、性、尊重等。而自我实现需要是一种"成长性需要",这是一个相对性的概念,因为在与外界的关系上,其能够在相当的程度上独立于他人和环境。五个层次两大阶层的划分表明了幸福生活并不是既得的一种状态,而是追求、享有、实现三个步骤的螺旋循环,由此可以引申出"幸福感"就是从低层次需要的实现跨越到高层次需要的追求瞬间所产生的一种情绪。因此,马斯洛理论可以为我们界定幸福生活提供一个理论参考。我们认为,幸福生活可以这样被理解:一种在客观条件下循环向上追求、享有、实现自身需要的一种状态。

既然幸福生活是一种在客观条件下循环向上追求、享有、实现自身需要的一种状态,那么我们从中提炼成幸福生活权,能否证立一项人权呢?接下来对此进行论证。

第二节 幸福生活权为何是人权

人权作为一个权利概念,其具备自身的运行逻辑及基本要素。每一项人权的确认,都经过了历史的长期检验和理论的反复论证。"人民幸福生活是最大的人权"蕴含深刻的法理,其作为新时代一项人权的存在,应揭示其人权属性。

一项权利欲成为人权,需要具备三个属性特征。从人权的主体和内容上看,人权是一种普遍权利。从人权的根据上看,人权是一种道德权利。从人权概念产生的社会历史过程来看,人权是一种防御权利。[①] 同时,人权之所以被看作一个伟大的名词,是因为它所包含的人道精

---

① 此处原文是指"反抗权利"。我们基于其他考虑,称之为"防御权利"。参见夏勇:《人权概念起源:权利的历史哲学》,中国政法大学出版社2001年版,第169—170页。

神、法治精神和大同精神,合乎人类进步的要求,构成了人类进步的动力。① 因此,幸福生活中内蕴人道精神、法治精神以及大同精神,是对其作为人权价值层面判断的最好尺度。

一、人权属性特征

1. 普遍权利

恩格斯在《反杜林论》中指出,权利"获得了普遍的、超出个别国家范围的性质",就"很自然地被宣布为人权"。② "一项权利不管它的主体有多么广泛,只要还有一个人被排除在权利主体之外,则此项权利仍然不是人权。"③《世界人权宣言》第 2 条第 1 款规定:"人人有资格享受本宣言所载的一切权利和自由,不分种族、肤色、性别、语言、宗教、政治或其他见解、国籍或社会出身、财产、出生或其他身份等任何区别。"这反映了人权的普遍特征已成为共识,意味着个人依此提出某种诉求并不依据特殊的身份,而仅因为其作为人的一般资格。幸福生活权,自其概念推演中已将作为人的非同质属性过滤,将人仅作为人考虑公约数特征,天然包含了普遍性的特征。其次,从权利的角度出发,普遍性意味着对于资格的确认,幸福生活权不论是在道德资格,还是法律资格上,都是人权主体——个人或人民的追求范畴。再次,从时空角度来看,从低层次

---

① 参见夏勇:《人权概念起源:权利的历史哲学》,中国政法大学出版社 2001 年版,第 181 页。
② 《马克思恩格斯选集》(第 3 卷),人民出版社 2009 年版,第 145 页。
③ 徐显明:《对人权的普遍性与人权文化之解析》,《法学评论》1999 年第 6 期,第 17 页。

需要的实现跨越到高层次需要的追求所产生的情绪,就是我们通常所说的幸福感。尽管个体对于幸福生活的理解不同、要求不同,但其因幸福生活而感知的幸福感是普遍的。因此,幸福生活权在内容上具有普遍性,具备作为一项人权普遍权利的属性特征。

2. 道德权利

人权的本质是道德权利,而不是法定权利。人权可以而且应该表现为法定权利,但法定权利不等于人权。① 理性主义所主张人权的"不证自明"因没有确切的源头而只能诉诸信仰,而信仰之间的冲突又导致这种"不证自明"陷入二律背反。反而,长期为启蒙思想所忽略的道德,却成为人权溯源的依据。道德存在于人类之间的相互关切之中,是一种社会实践性的事物。亚当·斯密指出:"人,不管被认为是多么的自私,在他人性中显然还有一些原理,促使他关心他人的命运。"② 道德情感让人感同身受某一情境下的他者处境,通过共情的机制使得人权意识得到认可。③ 人权观念的兴起是一种现实的"历史的偶然",而非先验的"理性的必然",依赖于人们受所处文化的影响而产生的社会心理,即对"人"与"非人"界限的认知。④ 幸福感具有强烈的共情属性,十分容易感染他人从而形成一种向上发展的社会氛围。幸福生活一方面营造这种道德氛围,另一方面,处于这种氛围中使得每一个体负有对他人幸福生活的无扰义务,这种义务就源于幸

---

① 参见夏勇:《人权概念起源:权利的历史哲学》,中国政法大学出版社2001年版,第170页。
② 亚当·斯密:《道德情操论》,谢宗林译,中央编译出版社2008年版,第2页。
③ 参见刘晗:《平等、移情与想象他者:普遍人权的道德情感基础》,《清华法学》2017年第4期,第61页。
④ Richard Rorty, *Human Rights, Sentiments, Rationality, in Truth and Progress: Philosophical Papers*, Cambridge University Press, 1998, p. 170.

福生活共情属性下的道德责任。因此,幸福生活权具备作为一项人权的道德权利的属性特征。

3. 防合权利

所谓"防合权利",是源于人权内在核心要素:防御权和合作权的合称。① 这里的"防合权利"不应作狭义理解,而应从积极与消极两个方面去理解与国家公权力的关系。人权作为社会契约中保留条款,一方面意味着其成为防御国家公权力侵犯私人领域有力武器;另一方面意味着要求公权力与私权利的合作,保障最低层次的生存发展需要,实现更高层次的需要。也就是说,人权兼具防御权和合作权于一身。幸福生活权作为消极权利而言,对世要求的无扰义务对象,不仅包括对其幸福生活存在威胁的个人,其中重要的主体包括来自公权力的威胁,在受到不公正的公权力威胁时可依此要求国家赔偿。幸福生活权作为积极权利而言,一方面要求公权力对现有幸福生活的稳固提供保障;另一方面要求个人与公权力之间进行合作,共同促进此项权利的实现。幸福生活权由消极权利发展为积极权利,需要在防御中合作,在合作中防御。因此,幸福生活权具备作为一项人权的防合权利属性特征。

二、人权精神内蕴

1. 人道精神

从人的发展和完善来看,幸福生活权作为人权负有人道精神。其

---

① 参见刘志强:《论人权的合作权》,《四川大学学报(哲学社会科学)》2020 年第 5 期,第 153 页以下。

一,从目的性角度看,将幸福生活权作为一项人权看待,通过强调人之为人应追求、享有、实现其需要的资格,使人负有尊严,从而"防止和扼制任何把人作为手段或工具的功利主义的、结果主义的考虑"①。其二,从主体性角度看,幸福生活将人权聚焦于每一个体对于幸福生活的需要,把人道的要求落实到具体的、实在的个体之上。"坚持人民在人权事业中的主体地位,把人民利益摆在至高无上的位置,让人民过上好日子,使发展成果更多更公平地惠及全体人民,让每个人更好地发展自我、幸福生活,让每个人都能够免于恐惧、不受威胁。"② 这表明了人作为人道主体的权利主体地位。其三,从权威性角度看,没有权力保障的人权只是一纸空文,随时有可能为其他利益所牺牲。在幸福生活被提升至人权高度之前,现实中便存在大量对于幸福生活的保障性制度,涉及医疗、教育、养老、生态、就业、民主等方方面面。与其说是幸福生活衍生其保障制度的权力合法性,不如说幸福生活是在保障制度的不断发展中被推到人权的高度。国家赋予这些维护幸福生活制度以某种权力或权威,间接保障幸福生活的需要以及满足这些需要的基本条件。

2. 法治精神

从依法治国来看,幸福生活权作为人权负有法治精神。其一,社会政治秩序的合法性的基础。幸福生活作为一项人权的存在,不但确立了通过保护个人权利的实现,从而加强了国家秩序维稳的正当性,而且作为道德权利,也使公民有权参加政治生活,为法治运行提供了

---

① 夏勇:《人权概念起源:权利的历史哲学》,中国政法大学出版社 2001 年版,第 176 页。
② 《为人民谋幸福:新中国人权事业发展 70 年》,《人民日报》2019 年 9 月 23 日,第 14 版。

合法性。其二,稳定社会和谐秩序。从辩证法角度来看,法治精神主要概括规则治理与良法善治、自由人权与平等和谐、官民共治与全民守法、积极履责与制约公权、惩恶扬善与以人为本、公平正义与效率效益。① 这些法治的精髓,对社会秩序的稳定和规制,不可或缺。幸福生活作为一种循环向上追求的状态,需要环节之间多层衔接,因此对于内部的秩序性有着相当高的要求。新时代背景下,随着法治建设发展,幸福生活权作为一项人权,必须在一定的稳定秩序中提升,并受到法治的保障。

3. 大同精神

从整个人类的进步来看,幸福生活权作为人权负有大同精神。其一,人权的概念本身的发展,就是人与人之间相互认同到一定程度的产物,意味着忽略种族、性别、智力、财富等差异,拥有人之为人同等的价值。幸福生活作为一种人权而言,跨越差异,赋予每个人追求、享受、实现幸福生活的资格,平视不同的幸福生活状态,每个主体享有同样尊严,是人权概念中大同精神的最好体现。其二,"大同之世,天下为公"② 的理念深深根植于中华传统文化,儒家君子以修身齐家治国平天下为己任,依靠"仁"的理念倡导和谐社会,认为人与人之间不应该是一种相争相索的利害关系,而应该是一种互爱互助的道德关系,人和人心心相换、德德相和。幸福生活权作为人权而言,继承了优秀传统文化,对内有阶层式的和谐,对外有平等型的社

---

① 参见江必新:《法治精神的属性、内涵与弘扬》,《法学家》2013 年第 4 期,第 7—8 页。
② 参见《公羊传》。三世说起源于《公羊传》,将社会治乱兴衰分为三世:衰乱—升平—太平。后康有为结合《礼记·礼运》中"大同"思想,系统提出了"三世说"的社会进化论,指出社会是沿着据乱世—升平世—太平世的轨迹进步的。

会和谐,更大程度上发挥止恶扬善的人权功能。

通过上述论证,幸福生活权作为一项权利,不仅符合人权的属性特征,而且内蕴着人权的三大精神价值,其人权属性不言而喻。

第三节 幸福生活权是怎样的人权

随着时代的不断向前发展,对于人权的理解,需要从法理中来把握其内在性面相。因此,幸福生活权究竟是怎样的人权,有必要深究之。

一、幸福生活权的基础性

人权的正当性源于人的尊严。霍勒曼曾言:"通观人权运动史,有一个主题比其他所有的命题更能证明推进人权的基本依据,这个主题就是人的尊严。"① 从权利观念到人权观念是对于人的尊严实现的一个重要升华,是表明权利主体在维护自己的利益和尊严时有了一种终极的凭借。② 因此,对于人的尊严的实现,即人的自由发展和理性成长两个阶层分析,可以有力诠释幸福生活作为人权的基础性。

1. 人的自由发展

自由作为一种根植于人性之中的成分,驱使人们去从事那些旨在

---

① W. 霍勒曼:《普遍的人权》,汪晓丹译,载沈宗灵等主编:《西方人权学说》(下),四川人民出版社 1994 年版,第 318 页。

② 参见夏勇:《走向权利的时代——中国公民权利发展研究》,中国政法大学出版社 1995 年版,第 6 页。

发展其能力和促进其个人幸福的有目的的活动。人的自由发展构成了人的尊严实现的基础阶层。从否定性自由角度而言，幸福生活权意味的对世的无扰义务就基本切合了这种不受干扰的免于约束的自由范畴。从肯定性自由角度而言，其所表现的是在适当的社会环境中追求目的和发挥个人潜力，也与幸福生活所包含主观性需要具有通约之处。可见，幸福生活作为一种权利的概念，契合人性中对于自由的追求，也即满足人的尊严的实现的基础阶层条件。

2. 人的理性成长

在康德看来，理性是人的高贵与尊严的象征，人仅出于理性的要求而行动，人权就是这种纯粹理性的人自由的外在运用。① 辨证来看，理性成长与追求幸福生活是一体两面的关系，人在不断的自我批判，理性在此过程中不断成长，成长的过程中所经历的正是循环向上追求、享有、实现自身需要的过程。从幸福生活角度而言，不同层次需要的不断满足继而产生新的需要，不正是人对于自身理性的思辨成长。由此而言，幸福生活符合人对于理性成长的要求，也即满足人的尊严的实现的跃升阶层条件。

人的自由发展与人的理性成长是实现人的尊严的两阶层构造，自由发展是基础阶层，理性成长是跃升阶层。幸福生活在内容上以及体系上与之相契合，证明其是新时代语境下对于人的尊严这一价值取向的最新表述，其涵盖范围更广，延展性更强，但从其根本而言，拥有作为一项人权的核心价值。因此，幸福生活权完全可以成为人权谱系中的一员。

---

① 参见伊曼努尔·康德：《道德形而上学原理》，苗力田译，上海人民出版社2005年版，第130—133页。

二、幸福生活权的综合性

幸福生活权不同于现有人权框架中具体性人权,如生存权、发展权、选举权等,而是在多元价值取向下的权利束概念,即包含整体视野下的集体重叠共识,也包含对于个体的多元价值尊重。其综合性的面向相对于具体性人权而言,所彰显的是新时代背景下对于人权的更加全面的认同与保护。

1. 权利束

幸福生活权并不是宪法抑或《世界人权宣言》当中某项单独或独立的权利,而是一项概括性权利,更确切地说是"权利束"。① 就幸福生活的概念构成而言,可以将其分解为三种权利:一是追求幸福生活的权利,二是享有幸福生活的权利,三是实现幸福生活的权利。在其内部构成中,具体性人权所对应的种类并不恒定,而是随着各个地方现实实践的水平而有所差异。例如同样是生存权,对于中国抑或发达国家的人民而言,属于享有幸福生活的权利,更多的是强调防御权的属性;而对于部分贫困地区的人民而言,属于实现幸福生活的权利,对于个别极度贫困地区的人民,更有可能归属于追求幸福生活的权利,两者所侧重的是国家抑或是政府的合作权属性。②

幸福生活作为权利束并非无止境的扩张,以至于逼近作为上位概

---

① 黄爱教:《论幸福生活权的目的论解释》,《人权》2020 年第 1 期,第 46 页。
② 参见刘志强:《论人权的合作权》,《四川大学学报(哲学社会科学)》2020 年第 5 期,第 153 页以下。

念的人权。权利束更类似于数学中"集合"的概念，位于具体性人权与人权之间，将现有的及将有的符合幸福生活这一"公因式"的人权提取出来所构成的"集合"。但将目光着眼于新时代的背景下，幸福生活权作为"权利束"将带上人民对未来信念的追求，囊括人权体系范围所有权利束的凝练。

2. 多元价值取向

多元化价值取向是现代社会的基本特征，每个个体的个性相较于历史上的任何时刻都被几何倍数地张扬与认同，价值日益碎片化、自由化、多元化。以赛亚·柏林认为："价值多元的最基本的含义是，价值，即人们认为好的、善的、值得追求的事物。"① 但在多元价值取向下，对作为权利束的幸福生活权如何进行客观性评价是个问题。但解决这个问题，可以借助"重叠共识"的方案，即"每项人权地位的确定，以及对人权间冲突解决方案的选择，其合法性并不是来源于价值的一贯性，而是来源于重叠共识"②。借助"重叠共识"的方案，在集体视野下，幸福生活权的涵盖内容更加明确具体，同时也兼顾了对于个体幸福生活权的价值多元化的尊重。

综合性是幸福生活权在现有人权框架中的内在定位，明晰了幸福生活权未来发展的方向以及在人权体系内所处的地位，对于追求幸福生活提供了更为强有力的支撑。

---

① 胡传胜：《自由的幻像——柏林思想研究》，南京大学出版社 2001 年版，第 230 页。

② Jack Donnelly, *Universal Human Rights: In Theory and Practice*, 3rd edition, Cornell University Press, 2013, p. 22.

三、幸福生活权的复合性

就幸福生活权内蕴的深度而言，其是多种权利结构的复合形态，即既有权与期待权的复合、政治权与经济权的复合、法定权与道德权的复合。多重的复合性使其可以得到较为全面的保护和实现，厘清与现有人权之间的联系，侧面突出了其作为最大人权的主张。

1. 既有权与期待权复合

不同于传统应有权利、实有权利及法定权利的分类，既有权与期待权是跨时空的相对性分类。幸福生活权立足于现实实践，一方面是对于既有人权的高度概括，另一方面也是对于未来人权发展的深刻期待。幸福生活权所涵盖的内容具有跨时空的特点，不仅将目光流转于既有人权的实现与保障，并且其不断生成的更高层次的需要决定了其包含对于未来期待人权的内容。随着时空的推移，幸福生活的需要不断得到相应的满足，期待权不断地向既有权进行转移，两者关系相对存在，随人需要的变化而相互转化。就此而言，幸福生活权是既有权与期待权的复合。

2. 政治权与经济权复合

自 1948 年《世界人权宣言》发布，其伴生的两则公约，即《公民权利和政治权利国际公约》与《经济、社会及文化权利国际公约》，代表了政治权与经济权作为人权的理解已为国际社会所广泛认可。政治权所代表的是以自由为核心的消极人权，反对国家权力干预；经济权所代表的是以生存为核心的积极人权，强调国家权力支持。幸福生活权自身反抗权利的属性特征中所分解出的防御权和合作权，正对应于强调自由的消极型政治权和强调生存的积极型经济权。就此而言，幸福生活权是政治权与经济权的复合。

3. 法定权与道德权复合

区分法定权与道德权的关键在于是否为人权提供了正当性理由。温斯顿认为："由于所有的人都是人这样一个简单的事实，我们通常把人权理解为平等地属于所有人的那种普遍的道德权利。"① 而卢梭认为："权利决不是出于自然，而是建立在约定之上的。"② 幸福生活权并不限定于某一正当性理由，从幸福生活对于不同层次需要的满足而言，幸福生活内生于道德，而外显于法定。从人权主体视野来看，重叠共识部分的幸福生活权源自法定，而多元价值部分的幸福生活源自道德。于幸福生活权而言，法定权与道德权并非"上帝的归上帝，恺撒的归恺撒"如此泾渭分明，更倾向于太极阴阳鱼所象征的相互交融。就此而言，幸福生活权是法定权与道德权的复合。

复合性是幸福生活权的独有特征，即体现了其包罗万象般的内容涵盖，同时也在内部结构中有迹可循。与现有人权关系而言，幸福生活权并非"空中楼阁"般一夜忽现，而是建立在既有人权理论上的复合性的产物。其复合性概括性地阐释了与现有人权之间的联系，同时侧面突出了作为"最大人权"的主张。

通过上述分析，幸福生活权作为人权，是人权理论谱系中新兴的且具有基础性、综合性、复合性特征的人权束。

---

① M. 温斯顿：《人权的性质》，陶凯译，载沈宗灵等主编：《西方人权学说》（下），四川人民出版社1994年版，第163页。
② 卢梭：《社会契约论》，何兆武译，商务印书馆2003年版，第8—9页。

第四节　幸福生活权的基本架构

追求幸福的权利是人类的权利，前文虽然论述了幸福生活作为人权的属性及特征，但对作为人权的幸福生活权的主体、内容、性质等架构，仍需要厘定。

一、幸福生活权的人权主体

前文已言，幸福生活权作为权利束，所表现的主体范围可因不同视野的变化而变化。倘若前置没有定语的修饰，那么幸福生活权毋庸置疑是一项人权。所面向的是每一个追求、享有、实现自身需要状态的个人和集体。这也是对于价值多元取向的前置性认同。若是前置存在定语修饰，又可依据"重叠共识"加以明晰集体幸福生活权中的主流需要。首先，从幸福生活的定义出发，其所描述的是个体需要的一种状态。从目的论角度看，幸福生活权的保护范围也应聚焦于对个人和集体幸福生活的特殊性的保护。其次，当幸福生活权存在定语修饰后，其前置性的隐含个体主语被取代，例如"儿童""民族""人民""人类"等群体性或集体性的范围限定词，那么此时幸福生活权所保护的内容，就从个体特殊性的幸福生活状态，转到集体或群体范围内幸福生活的氛围状态，这种氛围状态所描述的是在集体或群体中，每个个体之间幸福生活所形成的动态平衡关系，其所倚重的不再是对于个体的严格保护，而是对于整体氛围状态的保障。因此，从这个方面来说，幸福生活权是一项集体人权或群体人权。简而言之，幸福生活权的主体依据其范围的限定而变化，既是个体主体，也是群体主体。

二、幸福生活权的人权内容

幸福生活权的内容是多方面的，包括物质性需要、精神性需要以及制度性需要。其一，幸福生活权具有物质性的需要。从人的需要动机而言，马斯洛需要层次理论中前四层次的需要，作为"匮乏性需要"都是自身对于客观物质的要求。从人权的构成层次而言，罗隆基认为人权可以分为四个层次，其中作为最基础的第一层次需要就是对于衣、食、住的要求。① 因此，物质性的需要是幸福生活权的基础，是其不可或缺的一部分。其二，幸福生活权具有精神性需要。作为一项人权，幸福生活权天然内蕴着人道精神、法治精神以及大同精神，这既是对于人权的价值评价尺度，也构成了幸福生活权内在的基本需要。其三，幸福生活权具有制度性的需要。幸福生活权需要各个方面的制度，对其现有幸福状态的保护以及未来状态机会的维持，并对于干扰自身幸福生活的行为进行惩戒。从无扰义务而言，幸福生活权应包含对于幸福生活的合理范围的划分，在发生矛盾时有规可循，有理可依。

可见，幸福生活作为一项人权，其内容仍具有复合性的特征，是物质性需要、精神性需要以及制度性需要的综合产物。在实践的保护以及应用中，不能有所偏废，要全面把握幸福生活权的内容，才能做到有效地实现人权。

---

① 参见刘志强：《论罗隆基的功用人权观》，《现代哲学》2011 年第 2 期，第 112 页。

三、幸福生活权的人权性质

德国基本法中"主观权利"与"客观法"二分的理论，对于幸福生活权作为人权的基本性质，具有一定借鉴性。在德国基本法中，"个人得向国家主张"，基本权利是一种"主观权利"，同时基本权利又被认为是德国基本法所确立的"客观价值秩序"，公权力必须自觉遵守这一价值秩序，尽一切可能去创造和维持有利于基本权利实现的条件，在这种意义上，基本权利又是直接约束公权力的"客观法"。① 在此双重性质理论的框架下，德国宪法理论和实践构筑了一个严密有序的权利保障体系，使得权力得到有效整合。

对此，幸福生活权作为人权，也应具备这样的双重性质，即主观性和客观性。首先，幸福生活就是一种相对主观的感受，每个人对于幸福生活的认识不同，对于幸福的感受不同，很难有客观的标准去回答一个人是否幸福以及幸福到何种程度，谁相对于谁更加幸福这种问题。虽然从正面来揣度幸福生活变量较为复杂，但是幸福生活权，侧重于权利的维护，可以从反面回答什么是不幸福的感觉。正如俗语所说："幸福的生活各有各的好，而不幸的生活千篇一律。"幸福生活权就是给予了个人得以向国家主张杜绝自身陷入不幸状态的权利，从这种意义上看，幸福生活权具有主观权利的性质。其次，幸福生活权运行，对于每一个体在不同时间所承担的内容不同，但是其运行总是符合一定的客观规则，例如虽然我们不能准确定义幸福生活的方方面面，但是我们可以通过需要层次理论，划分不同层次的幸福生活的内

---

① 参见张翔：《基本权利的双重性质》，《法学研究》2005 年第 3 期，第 21 页。

涵，从而关注不同个体在不同需要层次中的需要。从这个角度而言，幸福生活权也是一种社会运行的客观规则。这两种性质共同内蕴于幸福生活权之中，内在地形成一种有序的运行秩序，维持幸福生活的状态。

作为人权的幸福生活权，其主体、内容以及性质，构成了其作为人权的基本架构。我们认为，幸福生活权无论在主体的涵盖范围、内容的包容广度，还是性质的双重表达上，都无愧于"最大人权"的称号，是新时代我国人权发展的重要成果。

第五节　幸福生活权为何是最大人权

在我国的人权理论体系中所绕不开的问题是，何谓最大人权？何谓首要人权？如何界定首要人权与最大人权之间的关系，则是亟须解决的问题，否则难以融通我国人权发展新成果与原有人权理论之间的关系。

一、同而不和——首要人权与最大人权的区别

1. 解释维度不同

首要人权的概念首次被正式提及，可以追溯至1991年国务院新闻办发表的《中国人权状况》白皮书。[①] 从人权原理上来说，人权并不能区分首要与次要，所有的人权都拥有同等的价值。但一个国家在人权的建设上是有选择的，在一段时间内把某项人权作为人权建设的重

---

① 参见董云虎、刘武萍编著：《世界人权约法总览续编》，四川人民出版社1993年版，第656—682页。

点，是一个国家人权政策的体现，是由这个国家的人权发展历史阶段所决定的。20世纪90年代以来，我国一直处于发展中国家水平，生存与发展的问题仍是困扰我国发展、实现中国梦的重要因素。因此，我国对内高举生存权的旗帜，致力于人民美好生活的建设；对外高举发展权的旗帜，致力于谋求国力发展空间，建构了中国特色社会主义人权道路。

最大人权的概念被正式提出，是习近平总书记在致纪念《世界人权宣言》发表70周年座谈会的贺信中提出"人民幸福生活是最大的人权"①。从人权的内容上来说，幸福生活权作为权利束，是物质性、精神性及制度性人权的复合性权利，其涵盖范围几乎可以囊括迄今为止所有已提出的人权概念。从概念的开放性而言，幸福生活的概念具有动态性的特点，可以随着时代的发展，不断更新自身的解释空间，这就使这一人权在新时代几乎拥有着无限的生命力。

可以看到，首要人权的解释主要是基于特定时期人权建设重心的不同，从时间维度来说，是相对性的概念。而最大人权主要是对于该人权所涵盖的范围所作出的解释，从时间维度来说，是绝对性的概念。

2. 发展程度不同

首要人权作为中国对国际人权发展的重要成果，多年的发展使得生存权与发展权基本得到世界上大多数国家的认可。著名法学家卡雷尔·瓦萨克（Karel Vasak）提出了"三代人权说"，分别被归结为自由权本位的人权（消极权利）、生存权本位的人权（积极权利）、发展权

---

① 《习近平致信纪念〈世界人权宣言〉发表70周年座谈会强调 坚持走符合国情的人权发展道路 促进人的全面发展》，《人民日报》2018年12月11日，第1版。

本位的人权(连带权利)就是对此的最好证明。① 作为我国基本人权命题，首要人权已成为我国人权学界的基本共识，是人权理论中不可或缺的一部分。相对而言，最大人权作为一项新兴人权，通过前文梳理和论证可以得知，作为人权的幸福生活权，还需要进行深度研究和实践，才能得到国际层面的认可。最大的人权是新时代背景下我国人权话语体系中最新的成果，其发展和成熟还需要长时间的实践和理论提升。

二、和而不同——首要人权与最大人权的联系

1. 递进向上的发展

首要人权包含两个部分，分别是生存权与发展权，两者之间是紧密联系的。生存权涵盖了从生命权到经济、社会和文化权利的基本内容。1991年国务院人权白皮书中提出：人权首先是人民的生存权。没有生存权，其他一切人权均无从谈起。② 我国是世界上的人口大国，千年历史以来，人民的温饱问题一直是国家发展的"警示钟"。新中国成立后，随着社会生产力的大幅提高，人民的温饱问题稳定解决，国民人均寿命延长了，新生人口的死亡率降低了，这些就是我国长期坚持将生存权放在首位的成果。恩格斯曾说过："人们首先必须吃喝住穿，然后才能从事政治、科学、艺术、宗教等等。"③ 1986年联合国通过《发展权利宣言》指出：发展权利是一项不可剥夺的人权，由于

---

① 参见严海良：《人权论证范式的变革——从主体性到关系性》，社会科学文献出版社2008年版，第9页。
② 参见董云虎、刘武萍编著：《世界人权约法总览续编》，四川人民出版社1993年版，第658—659页。
③ 《马克思恩格斯文集》(第3卷)，人民出版社2009年版，第601页。

这种权利,每个人和所有各国人民均有权参与、促进并享受经济、社会、文化和政治的发展,在这种发展中,所有人权和基本自然都能获得充分实现。① 发展问题是中国共产党执政兴国的第一要务,我国自1978年改革开放以来,坚持以经济建设为中心,曾连续十余年保持GDP增速10%左右,成为世界经济发展史上的神话,一跃成为世界第二大经济体。习近平总书记在致"纪念《发展权利宣言》通过30周年国际研讨会"的贺信中强调:"坚持把人权的普遍性原则同本国实际相结合,坚持生存权和发展权是首要的基本人权。"② 由此,生存权与发展权具有基础性、初步性的特征。

从人权意义所蕴含的深度来看,幸福生活权不仅是人民对于幸福生活的憧憬期待,而且还蕴含着中国共产党以人民为中心的执政理念,其中不仅突出我国现有阶段社会主要矛盾已经转化为人民日益增长的美好生活需要和不平衡不充分的发展之间的矛盾,而且包含了对于我国的执政方针、前进方向的强烈认同,是对于过去人权发展的肯定,也是对于未来人权发展的信心。从这个角度来说,幸福生活权作为最大人权具有复合性。从人权内容的广度来看,幸福生活权不仅具有主观性的个体视角性质,同时具有客观性的整体视角性质,既包含了马斯洛需要层次理论中的低层次需要,也包含着对于自我实现的高层次需要;既包含了为世界人民所认同的人类共识,也包含了为中国人民所独有的文化共识;既有着一定的普遍性,也有着一定的特殊性。从这个角度来说,幸福生活权作为最大人权具有包容性。从人权

---

① 参见陆德生、纪荣荣等:《人权意识与人权保障》,中国长安出版社2014年版,第544页。
② 《习近平致"纪念〈发展权利宣言〉通过30周年国际研讨会"的贺信》,《新华社》2016年12月4日。

结构的秩序来看,幸福生活权的各个层次需要有着从低到高的顺序层级,而且在人权系统中,幸福生活权借由需要层级分解实现结构有序,在人权保障方面,医疗、教育、住房、扶贫等各个方面从上位的法律到下位的政策办法都呈现出井然有序、层层递进的关系。从这个角度来说,幸福生活权作为最大人权具有体系性。因此,幸福生活权具有复合性、包容性、体系性的特征。

2. 以人为本的理念

以人民为中心的理念一脉相承。首要人权与最大人权是不同时代中国共产党所提出的两个深刻的命题,这两个人权命题的背后都蕴含着以人民为中心的理念。中国共产党自诞生伊始就秉持着为人民服务的理念,即以人民为中心的人权保障理念。但每一个国家都有自己的人权道路,并没有放之四海而皆准的固定模板。中国共产党始终以人民为念,在人权实践上将人权的普遍性原则与中国自身的实际情况相结合,形成了一套系统的以人民为中心的人权理论。70余年的人权事业成就就是交给人民最好的答卷。因此,无论是首要人权还是最大人权,在中国特色社会主义人权理论体系中都蕴含着以人民为中心的理念。

因此,首要人权与最大人权之间既相互区别又有联系,两者都是我国人权理论的宝贵成果。通过以上对两者关系的厘定,可以看到从首要人权到最大人权,它们都是作为人权的幸福生活权,是在我国人权建设事业中不同阶段的经典表述,既是实践的义务和承诺,也是人权理论的总结,为世界人权发展提供了中国智慧。

人民幸福生活是最大的人权,不仅代表了我国人民对于幸福生活的不断追求,也反映了中国共产党执政的初心,是我国新时代人权理论发展中的重要命题。党的十八大以来,在习近平新时代中国特色社会主义思想的指引下,中国共产党领导人民取得了举世瞩目的成就,探索出一条符合国情的人权发展道路,"人民幸福生活是最大的人权"的提出,不仅践行了中国共产党人的承诺,也为世界人权治理提供了中国经验,为丰富人类文明多样性作出了重要贡献。

小　结

综上所述,就人权话语研究范式而言,新时代中国特色人权话语体系研究,因应学界对本土学术话语缺失现象的反思而兴起。中国特色社会主义人权理论体系的基本形成构成了新时代中国人权话语体系的内在支撑。我国人权学界关于人权话语体系的"概念阐释说"和"建构表达说",都是从权力话语范式角度来描述"西强东弱"的人权话语权现状。但由此陷入了"话语人权"的理论困境,造成我国人权话语体系规范性基础的丧失,带来了人权功能性的消退。为了缓解经验性的不足,交往共识范式主张交往理性行为作为国际话语权斗争形式,通过真实性、真诚性和正确性的话语沟通来形成公正、合理的人权话语格局。可是,交往共识范式的局限在于理性行为和策略性行为无法完全割裂,以致人权话语效果有限。因此,必须立足于全球化语境,从中国实践中提出新的理论来重构新时代中国人权话语体系研究范式,正确处理经验和规范、斗争和理解、对抗和互动等关系。人权概念与人权话语不仅在形式上有直接勾连,而且在实质上也存在着复杂的关系。依照语言学人权能指与人权所指这对范畴,能够揭示出人权概念与人权话语之间繁复交织的逻辑关联。人权概念向人权话语转换可以通过组合型模型和聚合型模型进行互构,前者对人权概念进行分解与推演，并进行简单组合；后者则有赖于对同种类型、同种性质的人权概念展开进一步的诠释，两者应当被平衡使用。从共时性与历时性的角度来看，人权概念与人权话语的转换机制应考察两者在具体社会中发生的变迁，并从中寻找语境中的历史线索。在中国语境中，人权话语的言说格局表现为官方主导、学界论证的二元主体模式，为了进一步提升人权话语权，重构一种相辅相成、互动平衡的人权概念与人权话语的关联机制成为必要。就新时代中国特色人权话语内部构造而言，人权是一种既包含防御性又存在合作性的权利，以斗争性方式追求人权，而忽略人权中的合作权，则会有害于对人权的全面把握。人权中的合作权，是公民与国家公权力之间的妥协和通力协作的模式。从主体间性理论来看，合作型的人权，其实现的模型、特点、原则与功能，都超越了防御型的人权。从主体性到主体间性理念的转变，人权合作权是人权事业不断进步的主要途径。幸福生活权作为最大人权，从构成要素来说，不仅具有道德权利、普遍权利和防合权利等特征，而且内蕴着人权的三大精神价值。从人权理论谱系来说，幸福生活权作为人权是一项新兴的且具有基础性、综合性、复合性特征的人权束。从基本内容架构来说，幸福生活权作为人权，其主体、内容以及性质，构成了其法权结构。首要人权是当前初级阶段的共识，具有基础性、初步性的特征，是相对性的概念。而最大人权，则具有复合性、包容性、体系性的特征，是绝对性的概念。从首要人权到最大人权，是我国人权建设事业中不同阶段的经典表述，既是人权实践的义务和承诺，也是人权理论的总结，更是新时代我国人权事业发展的一项重要理论成果。如此，才能融通新时代人权成就与我国现有人权理论体系的统一性，以期发展中国特色人权话语，提升我国人权理论软实力。

第十二章　中国人权法学"三大体系"构建

2016年,习近平总书记在哲学社会科学工作座谈会上提到,要"不断推进学科体系、学术体系、话语体系建设和创新,努力构建一个全方位、全领域、全要素的哲学社会科学体系"①。这是新时代中国哲学社会科学领域的重大学术命题。作为法学领域的新兴学科,人权法及其派生的中国人权法学是近年来我国学术界持续关注的领域,并逐渐形成了中国人权法学研究的基本问题、方法及其理论体系。② 然而,人权法学的诸多观点、概念、命题仍然存在原创力不足的问题,难以为建构中国特色哲学社会科学的新时代任务贡献应有的知识创新体系。本章拟从整合中国人权法学学科体系、学术体系与话语体系(下文简称"三大体系")的视域出发,提出一系列新观点、新命题、新表述③,致力于构建具有中国特色和国际视野的人权法学"三大体系"。

---

① 习近平:《在哲学社会科学工作座谈会上的讲话》,载新华网,http://www.xinhuanet.com//politics/2016-05/18/c_1118891128_3.htm,2020年10月18日访问。

② 关于人权法学的研究状况,参见孙世彦:《大学法律教育中:人权法教学的现状与思考》,《人权》2005年第6期,第43—46页;齐延平、连雪晴:《论中国人权法学研究的转向——以2015、2016年研究成果为分析基础》,《山东大学学报(哲学社会科学版)》2017年第6期,第164—176页;于文豪:《试论人权法学研究的定位、内容与方法》,《人权》2017年第6期,第56—70页。

③ 参见张文显:《习近平法治思想的理论体系》,《法制与社会发展》2021年第1期,第54页。

第一节　人权法学现有问题及重构思路

人权法学学科研究对象和研究方法均体现出独立性，端赖人权概念与法学研究的耦合。人权法学以国际人权标准、具体人权、人权理论作为学科对象，并主要运用价值分析和规范分析作为研究方法。从人权法学学科体系的发展脉络来看，"二战"后对"人的尊严"的关注促进各类人权活动的兴起，人权由此成为各学科研究的重要范畴。从哲学、政治学、法学、伦理学、社会学、教育学、历史学等都可以对人权展开研究，并能形成彼此相对独立的学科知识领域。[①] 除了"二战"后国际人权活动的蓬勃发展，近代法治国学说也日益成熟，由此宣告尊重和保护基本人权乃是国家的应尽之责，基本人权得以成为国家的使命和目标。人权作为根本性的内容规定于国家宪法之中，并经由宪法与部门法的价值沟通，作为基本原则规定于各部门法内部，使思想、观念范畴的基本人权转换为受法规范体系保护的基本权利及具体权利。有学者据此提出"关涉人权保障的法规范体系即是人权法"[②]，这种观点阐明了人权法研究的学科范畴。但需指出的是，"关涉人权保障的法规范体系"不仅包括国内人权规范体系，国际人

[①] 在非法学领域，国内学界关于人权研究的代表作包括赵汀阳：《"预付人权"：一种非西方的普遍人权理论》，《中国社会科学》2006年第4期，第17—30页；徐勇：《祖赋人权：源于血缘理性的本体建构原则》，《中国社会科学》2018年第1期，第114—135页；尹力：《教育人权及其保障——新〈义务教育法〉何以落实和完善》，《教育研究》2007年第8期，第39—46页。

[②] 罗豪才、宋功德：《人权法的失衡与平衡》，《中国社会科学》2011年第3期，第5页。

权规范体系也是其重要组成部分。据此可以认为，人权法学的学科体系就是以人权法规范体系为研究对象而形成的全面、系统的知识分类体系。从目前我国人权法学学科体系设置来看，一是直接以国际人权条约、国内人权规范为中心，分析、论证以及阐释人权规范的原理，形成了人权法学的一系列理论和范畴；二是以人权原理与部门法相结合，通过阐发人权原理的内涵，促进对部门法研究的创新。① 因此，我国人权法学科体系的既有设置，其实已经形成了统筹国际人权规范体系与国内人权规范体系的研究格局，为法学研究乃至更为广阔的哲学社会科学研究注入了人权知识资源，推动了国内人权保障的发展。

我国人权法学研究取向于国际人权条约与国内人权法规范两类制定法的客观意义，完成了对实证法的法律科学层面上的初步加工。但仍然存在关于如何建构自主性的人权法学学术命题以及自我更新、生产的学术命题之未竟事业。② 学科体系为学术体系的搭建提供了基本学科对象、研究任务及必要的组织机制，也就是指学科体系决定了学术体系的形成与发展。我国人权法学研究在致力于解释人权法规范的过程中，逐步形成了人权法研究的"内部观察"范式，在获取人权法规范的客观意义层面上取得了重要的进展。但所运用的基本原理大多是20世纪90年代确立的马克思主义中国化人权理论，即早期人权法

---

① 参见王利明：《人格权的属性：从消极防御到积极利用》，《中外法学》2018年第4期；易延友：《刑事诉讼人权保障的基本立场》，《政法论坛》2015年第4期。

② 对于实在法的法律科学加工至少需要完成三个层面的作业：首先，通过解释获得关于法条的客观意义；其次，经由对客观意义的分析，提炼实证法内部的规律，从而实现重构具体法律制度；最后，根据实证法内部的核心概念来阐释法秩序整体的正当性。人权法学研究正应当从这三个层面递次展开，而人权概念的政治属性甚至决定了后两个层面的研究相对更为紧迫与重要。参见古斯塔夫·拉德布鲁赫：《法哲学入门》，雷磊译，商务印书馆2019年版，第8—9页。

"外部观察"范式取得的一系列学术成果。① 比如，从人权的主体、人权的内容、人权的形态等来定义人权概念，从普遍性与特殊性的关系、权利与义务的关系、政治性与非政治性等理解人权的本质与属性。这些既有的理论原理在长时段的研究中未能得到再次反思与诠释，缺位于人权法学的学术演进历程。由此对于人权法学学术体系的消极影响表现为，既有的原理难以回应中国特色社会主义人权实践的发展和变迁，无法提炼出具有标识性的概念与命题。这种现象可被概括为人权法学学科体系的"内部观察"与"外部观察"的二元对立。一方面，人权法学学术体系由人权法学学科体系所决定，缺失了对基础性原理的持续思考，使人权法学学术体系的建构过程走向封闭与静止状态。另一方面，人权法学学术体系是人权法学话语体系的理论根基，而人权法学话语体系则是前者的具体阐释，二者是一种内容与载体的勾连关系。② 话语体系的生产机制、变革动力和表达效应与概念和命题的思想深度、关切广度及其解释力度紧密相关。如果概念和命题难以为话语体系输送源源不断的内容，便会导致中国人权法学话语体系在国际人权学术研究中的缺场，进而带来中国人权话语权的弱势局面。对于人权话语权范畴而言，学界多从"权力支配"的竞争性角度来为话语权提升指明解决方案。③

---

① "内部观察"与"外部观察"是卢曼系统论中的一对重要范畴。"内部观察"旨在从认识上为一个系统确立界限，从而为系统的独立性与统一性奠定基础。但"内部观察"的展开不意味着系统就能够脱离环境，因为"内部观察"实际上也只是环境的特殊性的展现。因此，从人权法学的学术研究特征来看，"内部观察"与"外部观察"涉及学术命题的特殊性与普遍性之间的张力，前者以人权规范的解释与运用为中心，后者则以人权基础理论为出发点。参见卢曼：《社会的法律》，郑伊倩译，人民出版社2009年版，第14—15页。
② 参见张永和：《全面正确理解人权概念、人权话语以及话语体系》，《红旗文稿》2017年第14期，第8页。
③ 参见毛俊响：《国际人权话语权的生成路径、实质与中国的应对》，《法商研究》2017年第1期，第153页。

这种策略当然具有现实合理性和可操作性，但仍须看到取得人权话语权的根本在于拥有一套具有自主性的人权法学话语体系，因为除了在现实国际人权实践中存在的诸多策略性不足，中国人权法学话语体系的缺陷还在于思想与理论的相对匮乏。而解决这个问题的出路是，使我国的人权法学学术体系能够充分解说新时代中国特色社会主义人权实践，从而替换既往陈旧的人权法学命题，并承载其解释与说理的首要功能。

从既有人权法学"三大体系"的一体化结构来看，人权法学学科体系、学术体系、话语体系三者的逻辑关联体现为依次递进，因而建构中国"三大体系"的问题和任务也就逐渐明晰了。本章的论证思路是，首先，需要突破人权法学科体系的范式藩篱，寻找沟通人权法内外视角的渠道。如果说，人权法学学科体系被界分为内外视角是将其看作两个整体，而为了实现更为细致的区分，则要求对各子学科的本质、特点、功能及各自子学科之间的逻辑关联有更深入的认识。其次，在人权法学学科体系的建构工程初步完成时，在此基础上提炼全新的人权法命题，并将其系统化为学术体系。再次，完成人权法学学术体系向话语体系的逻辑转换，形成一系列具有新时代中国特色的人权话语，全面提升我国人权法学话语体系的感召力与说服力。

第二节 人权法学学科体系的独特构造

一、传统人权法学学科体系的范式桎梏

以往人权法学学科体系论证主要从内在面向和外在面向两个维度

展开。这两重面向的根据是实证主义与非实证主义。① 实证主义致力于寻找"客观性"与"公理性"的知识,因为近代科学观认为科学思维、科学方法、科学范式应成为鉴定一门学科是否合格的标准。在沃格林看来,自然科学的辉煌进展使人们普遍认为数理逻辑是分析、建构一门学科的必要方法,并且运用此种分析经验世界的方法足以在社会科学上取得同样的成功。② 而持守传统社会科学研究进路的学者指出,与自然界不同的是,人类社会内部还存在独立的精神世界,它由人的各种意图、各种最高的善、各种价值存在的原理组成,这二者存在不可通约性。③ 因此,从非实证主义出发,人权在人类的精神世界中具有独立自存的本体,学者的任务在于发现、证成这些人权的样态和内部构造。另外,从实证主义来看,某些在制定法中已经得到认可的具体人权获得以国家公权力为支持的效力,从而可以进一步在法律运行和实施的过程中逐步实现。根据人权融入的具体部门法种类构成的具体人权规范,学者从各自部门法的角度对此开展研究,形成了不同知识范畴的学术格局。就此而言,随着中国法治建设的发展及权利意识的成熟,在部分人权基础理论已具备初步共识的基础上走向具体人权的研究是推动人权实践进步的必然选择。

关于人权法学学科体系的类型划分有两类具有代表性的观点。一种观点是从人权是什么和怎样实现人权这两个问题的角度,将人权法研究分为国际法中规定的人权研究、国内法中规定的人权研究、对国

---

① 参见罗伯特·阿列克西:《法概念与法效力》,王鹏翔译,商务印书馆2015年版,第5页。
② 参见埃里克·沃格林:《新政治科学》,段保良译,商务印书馆2018年版,第10—11页。
③ 参见威廉·狄尔泰:《精神科学引论》,艾彦译,译林出版社2012年版,第19页。

际法中人权机制研究、对国内法中人权机制研究四类。① 这种观点有其合理性,因为从对国际法和国内法规定的人权的研究来看,其目的在于厘清法规范体系中的已经确立的具体人权。在分析、讨论这些具体人权的过程中,前提预设通常以当前国际人权条约及国内制定法中的相关人权规定或表述为预设前提,由此使之能够为"社会生活中的人权"与"应然人权"设立界限。虽然具体人权的分析需要从"元权利""综合性权利""补充性权利"等维度全面考察才能与总体人权体系的框架实现契合,② 难以做到完全的价值无涉,但这种策略可以在一定程度上避免陷入人权本原的繁杂争论中,进而形塑从具体人权的规范化确立到权利实现机制的理论线索。另一种观点认为,可将人权法研究分为人权法原理、具体人权、国际人权、特殊群体人权、刑事司法与人权保护五类主题。③ 这种分类方式更为细致,大体囊括了我国人权法研究的几种路向。与前一种观点相似,具体人权、国际人权、特殊群体人权都可归类于"人权规范化"中,刑事司法与人权保护则属于"规范人权化"。与之相区别的是,人权法原理是涉及人权的主体、属性、类型、特点的基础性原理,属于一门"通过研究基本概念来致力于法律知识的一般化与体系的关于实在法的规范学科"④,

---

① 参见孙世彦:《人权法研究:问题与方法简论》,《法制与社会发展》2008 年第 2 期,第 88 页。
② 譬如以发展权论,叶传星指出,发展权的首要功能是政治性的,即便进入人权法治的框架内,也难免遭遇与其他权利的关系以及如何体现人权的功能和价值旨向等议题。参见叶传星:《发展权概念辨析:在政治与法律之间》,《东岳论丛》2019 年第 12 期,第 161 页。
③ 参见齐延平、于文豪:《中国人权法学的学科独立性初探——以 2008 年的研究成果为基础》,《山东大学学报(哲学社会科学版)》2009 年第 3 期,第 99 页。
④ 雷磊:《法理论:历史形成、学科属性及其中国化》,《法学研究》2020 年第 2 期,第 33 页。

即人权法学者从内在观察者的角度提出的一般人权法理论。综合上述两类观点来看,我国人权法学者对人权法的学科分类基本上是从法学研究中的分离命题和联结命题的视角加以考察,总体上概括了我国人权学科体系的设置。"人权规范化"侧重于对人权存在论的探讨,虽然从实证法体系出发,但亦涉及对人权价值的关注,而"规范人权化"则是注重回答如何在法律制度实践中保障既定的具体人权。然而,从学科现状中就产生一个疑问:"应然人权"与"社会-历史实在中的人权"的问题在学科体系中应当如何安放?如果对这个问题的回应及学科建构可被视为人权法学学科体系的外部组成部分,那么此种外部组成部分对于人权法学学科体系的重建有何意义?这便需要重新反思人权与法律的关系及其相关的人权与政治、道德、伦理等概念之间的关系,以此理解人权法的独特构造。

二、人权法的构造类型及其关系

重构人权法学学科体系需要以人权法的独特构造为前提,而分析人权法的构造类型则需要从人权与法律的关系入手。从人权与法律的关系,可进一步推论出道德人权与法律的关系、政治人权与法律的关系、伦理人权与法律的关系、社会人权与法律的关系以及历史人权与法律的关系五对相辅相成的范畴。政治人权、道德人权、伦理人权、社会人权、历史人权是指人权在政治民主、道德价值、伦理惯习、社会环境、历史现象中的存在样态。在人权尚未引起人类的广泛关注时,人类的境况始终是按照其自身无限制的意志和激情来建构社会制度以及获取更多自然资源的野蛮生存状态。而这种生存状态在"二战"后才得到充分反思,由此带来自然权利与自然法的复兴,人权作为其中的一部分便成为各国的核心关切，目的是使人类从此不再遭遇那些无视自由、正义与和平的野蛮暴行。人权实际上与人的具体生存状况密切相关，在任何特定的时代，人权都要发挥调整、塑造人的具体生存状况的功能意蕴。所以，从生存论的角度来看，人权展开为两个向度：其一，应然人权。应然性认知是人们通过理性思维活动整理和加工所获取的感性材料，从而获得普遍必然性知识的过程。[①] 应然人权主要是指一些具有普遍必然性的具体人权，其不因时空变迁而发生改变。应然人权能够使人们反思自我的具体生存状况，促进人权观念的觉醒。我们所说，"人之所以为人的权利"，就是在应然人权的层面提出的。其二，实然人权。实然性认知是人们利用观察和实验手段获取经验事实的过程。[②] 实然人权不仅包括法规范体系中规定的人权，也包括上文提到的"社会-历史实在中存在的人权"。实然人权可以指明当下时空环境中存在的各类人权，并促使这些具体人权为法律所规定，进而推动法定人权向实有人权的转换。

依照应然人权与实然人权的划分，可以更为细致地考察五对人权范畴。首先，道德人权属于应然人权。道德价值是指适用于所有人类社会、对人的内在生活具有普遍精神要求的准则。比如，康德指出，"所谓先天的知识非指剥离个别经验而独立自存之知识，乃指绝对离开一切经验而独立自存之知识"[③]，道德价值正是在人的先天性认知层面被提出的，认为人先天能够获取一种具有普遍性和规律性的道德认识。人权因为符合道德价值的这种"普遍法则"特质，因而得以成为

---

① 参见王春梅、李世平：《实然、应然、本然》，《人文杂志》2007 年第 3 期，第 17 页。
② 同上。
③ 康德：《纯粹理性批判》，蓝公武译，商务印书馆 2009 年版，第 32 页。

一切外在实证立法的根据。① 其次,政治人权、伦理人权、社会人权、历史人权属于实然人权。政治实践、伦理惯习、社会环境、历史现象都是对当下经验事实的把握和判断。从政治实践来看,关涉主权者对政治状态下的人权的选择及决定;从伦理惯习来看,要求借助过去的集体记忆宣示共同体内部积聚的人权文化内涵;② 从社会环境来看,强调关注社会现代化发展及科技信息技术的更新带来的人权更迭;从历史现象来看,主张发掘在本土历史传统演进中变动不居的人权观念。另外,被规定在制定法体系中的人权也是实然人权的重要组成部分,但与其他实然人权不同的是,"人权规范化"以具体制定法作为载体,而其他实然人权则是一种由经验事实观察而来的思想或观念。基于对应然人权和实然人权的梳理,人权法学的学科构造及人权与法律的关系本质被转换为应然人权、实然人权与法律的关系。人权法学科的独特性在于如何将各类流变不息的人权为法律所规定并实现,因为人权只能从人的具体生存状况来加以理解,并非固定存在一个闭环的人权体系。

基于上述分析,我们主张超实证体系的"包容性联结命题"方案来实现应然人权、实然人权与法律的融贯性,即"法律与道德之间既具有概念上的必然关联,也具有规范上的必然关联"③。第一,从概念

---

① 普遍法则就是指自然法则,它本身虽然不是外在立法的产物,但却是一切外在立法的"实证的法则"(positive Gesetze)之所以可能的前提,因为这种法则是能够"被理性先天地认识的"。这正是"自然法"作为自然规律自从亚里士多德和斯多亚学派以来所推崇和强调的那种传统含义。参见邓晓芒:《康德论道德与法的关系》,《江苏社会科学》2009年第4期,第3页。

② 参见鲁楠:《现代法律的道德向度与伦理向度》,载高鸿钧等:《商谈法哲学与民主法治国》,清华大学出版社2007年版,第429—436页。

③ 罗伯特·阿列克西:《法概念与法效力》,王鹏翔译,商务印书馆2015年版,第23页。

上看,各个层次的法律参与者都必须作出"正确性的宣称",即正确解释有效的实证法规则,而此种正确性必然包含一些低限道德的要求。第二,从规范上看,原则与规则的关系也可以借由"安置命题""道德命题""正确性命题"推导出法律与道德的关联。"安置命题"认为法律体系必然包含原则,"道德命题"指出原则至少与某一项道德相关,而"正确性命题"主张原则背后的道德仍需要证成其正确。① 在上述命题的基础上,将人权视为法规范体系中道德证成的正当化理由。质言之,"人权规范化"仅是作为实然人权的一部分,在具体人权的阐释过程中,须将"人权规范化"与前述整个人权体系联结起来进行分析。"规范人权化"则是纯粹的法律技术的问题,不涉及人权证成的讨论,主要指落实人权的法律机制设置及实施。

第三节 人权法学学科体系的构筑方案

人权法学需整合为一个全面、系统、科学的创新型学科体系。人权法学的学科构造说明学科体系的外在组成部分对于体系完整性具有重要意义,那么重构囊括内在组成部分和外在组成部分的人权法学学科体系,就需要有多层次、多范畴的立体纵深化学科设计方案。具体而言,我们从三个层面提出重构人权法学学科体系的初步方案:元学科、一般学科、具体学科。每个层面均涉及不同的学科范畴,这些在学科内部相对对立的范畴能够为该层面的学科注入不同视角的原创性

---

① 参见罗伯特·阿列克西:《法概念与法效力》,王鹏翔译,商务印书馆2015年版,第77—86页。

知识，从而推动各层面的人权法整合为全面、系统、科学的创新型学科体系。

一、元学科：作为价值前提证成

元学科的设置目的在于证成人权法学学科体系中的价值基础部分，而元学科只能以抽象样态存在于其他学科体系内部，成为其他学科体系内部的重要组成部分。元学科不可能独立自存的原因在于，当下的学科壁垒和专业细分程度决定了人权法学的研究者需要通过概念与话语的转译实现对其他学科的研究成果的学习和接纳。这就意味着，为了广泛整合其他学科的理论资源，人权法学应主动打破内在体系的封闭性，从其他一级学科的学科特点入手，多层次、多角度融入其他学科的结构之中。其中包括人权与马克思主义理论、人权与哲学、人权与经济学、人权与政治学、人权与社会学、人权与历史学、人权与教育学、人权与新闻传播学、人权与体育理论等。马克思主义理论、哲学、经济学等学科都是当前我国哲学社会科学学科建置的一级学科，因而在多数大学都有相应的课程开设，从而为人权法学的研究提供了更多的哲学社会科学理论资源。元学科的功能和定位在于发现人权面临的现代挑战以及奠定人权的社会观念基础。从上述初步梳理来看，只有从哲学社会科学体系的外部视角才能全面、深刻地理解广泛存在于社会各领域的人权现象，因而人权法学的元学科需要全面依托于我国目前大学中的学科设置。也就是说，人权法学学科体系中的元学科部分应当像"毛细血管"一样植入我国大学中的诸项学科的构造之中，促使人权成为这些学科研究领域中的重要范畴，从而全面发现"道德价值和'社会-历史实在'中散见的人权现象"。举例说明，哲学学科之下又分为马克思主义哲学、中国哲学、科学技术哲学等二级学科。马克思主义哲学和中国哲学能够阐发出马克思主义经典文本和中国传统典籍中的义理，而人权思想也在此种阐发过程中得以彰显，因而可以将马克思主义人权哲学、中国人权哲学作为其二级学科中的重要内容，并以开设必修课程、作为研究方向以及作为课题项目申报指南等多样化的方式将其现实化和具体化；科学技术哲学对于回应当下数字社会带来的文化变革具有重大意义，因而大数据技术、数字化管理技术、人工智能技术与人权之间的关系也需要重新梳理，才能观照当下人权所面临的挑战和威胁，因此也可将大数据时代下的人权保障、数字社会中的人权议题、人工智能的人权风险等作为其二级学科的重要组成内容。须指出的是，在这些外部学科中增加人权内容，其观察视角仍然是从该学科自身出发，只能发现人权在这个学科所关注的社会领域中的挑战和威胁，但还不能证成一项具体的人权。换言之，哲学、伦理学、政治学、经济学等学科中对人权现象的所有观察都是一种描述性的研究，其规范性的分析需要从人权法学的内部视角出发才能证成。因此，除了人权法学需要主动寻求与哲学社会科学体系的融合，其他相关学科也应当保证足够的开放性，否则人权法学的元学科设置和人权"脱敏"便无从谈起。

二、一般学科：作为价值沟通渠道

一般学科的设置目的是为人权法学学科体系提供一般性理论的支撑。人权法的一般学科的任务在于，引入元学科所发现的各类人权现象以及相应派生的人权保障问题，促使各类人权在实证法体系中得到恰当的安置，从而成为哲学社会科学体系与法学之间的沟通渠道。我国的人权法学是法学一级学科之下的二级学科，这一学科设置其实恰恰吻合了人权法学的学科特点。一方面，在一般学科的维度上，人权法学能够观察人权法学元学科所带来的学科创新以及挑战；另一方面，也需要将这些知识变化适时引入法规范的视域之中进行考察。在具体操作上，应当进一步发挥我国自2011年开始相继成立的国家人权教育和培训基地(国家人权基地)功能，大力支持这些国家人权基地和研究中心的人权学术研究工作，鼓励其参与到所在大学的特色学科及前沿技术的研究工作之中，从而实现人权法学"科际整合"的目的。如果国家人权基地研究人员具有不同的学科背景及知识体系，便应当鼓励研究人员广泛参与到元学科的课程教学、项目调研、课题研究等过程之中，促进国家人权基地与所在大学的深度交融。另外，还需要将这些人权基础理论与宪法及其他部门法的实证法规定相互融合，从而发挥其中枢转接和沟通渠道的功能。譬如，"数字人权""环境人权""工商业与人权""体育与人权"这些新兴人权议题指出了人权保障面临的当代挑战，而既有的人权体系可以为这些新兴人权议题奠定人权法规范性的基础，有利于理解新兴人权的内容和性质，由此才能与部门法体系相互衔接。这就需要与既有的人权体系结构进行关联论证。

人权体系结构主要是梳理各种人权之间相互交织的逻辑关系，并为特定的人权寻找其体系定位。由于人权体系同时具备纵向结构和横向结构，因此对人权体系的梳理变得尤为重要。纵向上，人权包含一阶人权概念、二阶人权概念、三阶人权概念甚至四阶人权概念，高阶人权概念向低阶人权概念的推导是从抽象化到具体化、从模糊化到清晰化、从理念化到生活化的过程。横向上，则要处理具备不同价值基础之间人权概念的关系，也就是人权概念之间的价值冲突应当如何解决的问题。在人权法学的学科体系框架内,并无其他学科无节制入侵的隐忧,因而也不必要专门设置一门关于法的一般学科作为"边哨"来检测、过滤、吸收相关学科的信息。① 对于人权法的一般学科来说,比"边哨"更为恰当的隐喻应该是"接口管理",但其功能在于以特定的标准对人权进行甄别和安置。② 也就是说,寻找实证法体系的内在逻辑,以更为包容的态度来面对人权的价值融入和信息沟通。

只有梳理出新兴人权与人权体系结构的关联,才能锚定人权法学一般学科的课程设置和研究范畴。譬如"数字人权",以言论自由权、通信自由权、个人隐私权为主的第一代消极人权在数字时代有了内容拓展,由劳动权、休息权、获得物质报酬权等构成的第二代积极人权也有被数字化侵蚀的风险,网络接入权、数据可携带权、数据遗忘权等新兴数字权利亟须获得法律设施保障。③ 由此可见,人权法学的一般学科应当致力于整合其他学科范式中的人权论述,并将其转译为既有人权体系框架内部的具体人权,进而在概念上进行"范畴转换"。就此而言,以人权法学这项二级学科建置为平台,其中应划分为新兴人权证成、人权叙事以及人权法理三个方向,进而再根据各外部学科的特点进一步划分子课题。比如,证成环境人权、幸福生活权、工商

---

① 陈辉指出,法理论作为"边哨学科"或"防火墙学科"将与实证法不相关的东西排除在外,由此通过筛选以保证共识的形成。但是,建构人权法的一般理论的定位与功能并不在此。参见陈辉:《作为共识凝聚框架的法理论》,《法制与社会发展》2021年第1期,第86页。

② 雷磊认为法理论的任务是对想要涌入法学领域的相邻学科知识进行"接口管理",以特定的标准对它们进行甄别、过滤和筛选。然而,在人权法中,"接口管理"应识别各种人权,但主要的任务不是过滤和筛选,而是如何依照人权在实证法中的运行规律将这些人权放置于各部门法内部。参见雷磊:《法理论:历史形成、学科属性及其中国化》,《法学研究》2020年第2期,第36页。

③ 参见龚向和:《人的"数字属性"及其法律保障》,《华东政法大学学报》2021年第3期,第77—78页。

业人权等新兴人权,叙事上关注国际人权话语的引入、建构与传播,法理上阐明人权与人格尊严的关系、人权与国家义务的关系、人权与政治共同体的关系,等等。由此促使"法外人权"以合乎法律科学和法律逻辑的方式进入实证法体系。所以,人权法一般学科起到沟通规范内外人权的作用,为人权法学学科体系提供了融通功能。

三、 具体学科:作为规范实践机制

具体学科的设置目的在于关注人权法学学科体系中的规范实践部分。人权法学的具体学科分析对象是人权保障及实现的机制化问题,旨在考察人权法规范的实效性。因而在具体的规范保障上,需要公法与私法、实体法与程序法、国际法与国内法的通力协作,其中包括国际法与人权保护、宪法与人权保护、行政法与人权保护、刑事司法与人权保护、民法与人权保护、劳动法与人权保护、数字法与人权保护,等等。因此,人权法学的具体学科与其元学科相似,只有依托于既有的法学二级学科建置,才能使人权不断具体化,并在具体的部门法规定中进一步被解释和适用。以宪法学为例,上述"人权叙事"可以为人权法学的具体学科提出一系列的学科任务,即新时代以来的中国特色社会主义人权理论体系中包含大量的新表述,而如何分析、阐释这些表述的宪法逻辑和宪法内涵应当成为宪法学的重点范畴之一。譬如,"以人民为中心""全面脱贫""共同富裕""国家治理"等人权新表述如何在宪法的视角下予以阐释,这不仅涉及学理上的分析和推演,而且也关系到作为抽象价值的人权如何得以现实化保障的问题。在此问题意识下,我国有学者指出,在德国社会国原则中存在社会平衡理念,而"共同富裕"则是作为社会平衡理念的中国表达,旨在为

经济上的弱势群体提供平衡性的设施。① 又如在刑事诉讼法学的研究之中，一般学科中"新兴人权"也为其提出学术任务，即如何在运用大数据侦查手段的过程中兼顾侦办效率和人权保障。就此而言，有学者提出"厘清实体正义、程序合法、目的意义上的人权保障是重构大数据侦查人权保障规范体系的关键"。②

归纳来看，人权法学的具体学科必须以法学二级学科作为载体，成为这些学科的重点研究范畴。首先，人权在部门法内部作为基本权利和具体权利规定其内，部门法的解释和适用实际上也就是人权从法定形态向实有形态转换的过程。其次，直接存在于宪法及制定法之明文规定的法律原则中。在各部门法内部以法律原则的形式将人权理念或人权价值融入其中，因而具有实证法上明文规定的地位，法官应受其约束；或虽然没有明文规定在特定实证法体系内部，但其他规定实际上已经以该人权法律原则作为规范基础，以该法律原则之实践作为目的。③ 这就是说，人权立法的根本目的在于使它有效实现，因而必须建构有效的人权司法保障机制。国际人权宪章体系和实证法体系中的具体人权规定，有利于推动司法程序的启动，这就要求，司法制度、司法体制、司法机制都应当把人权保障及人权保障的程度作为出发点。④ 这样，人权法的具体学科为人权法学学科体系提供了技术机制功能。但释放人权法学具体学科的学术活力主要在于，提升人权法

---

① 参见张翔：《"共同富裕"作为宪法社会主义原则的规范内涵》，《法律科学》2021年第6期，第23—26页。
② 参见刘志强：《论大数据侦查与人权保障规范体系重构》，《学术界》2021年第8期，第165—174页。
③ 参见黄茂荣：《论民法中的法理》，《北方法学》2018年第3期，第7页。
④ 参见李璐君：《"人权司法保障"的语义分析》，《华东政法大学学报》2019年第4期，第144页。

学一般学科为法学二级学科提出学术命题的能力,而此种能力则以人权法学元学科的多元知识体系的整合为基础。基于上述分析,人权法学的这三种学科均具有不同的功能定位,各自分担其学科内部的理论任务,共同构建了中国人权法学学科体系。

第四节　人权法学学术体系的三个命题

如果说人权法学学科体系由元学科、一般学科、具体学科共同构建而成,那么,人权法学学术体系则由元命题、一般命题和具体命题构成。人权法学学科体系为人权法学学术体系奠定了基本研究对象和理论任务,而人权法学学术体系的理论原创力是评价、衡量人权法学学科体系是否具有民族性、时代性、专业性、系统性的核心标准。人权法学学科体系因问题而生,通过运用科学知识对中国特色人权实践进行持续不断的研究和回答,从而形成学术体系。① 也就是说,要善于从我国改革发展的进程中发现新问题、提出新观点、阐发新思想、构建新理论。② 用学术化眼光来看人权法学学术体系的建构路径,就是从事实向命题升华的推演过程。"事实的逻辑形象就是思想,而思想是有意义的命题。"③ 可以说,人权法命题是人权事实在逻辑空间中的筹划,高度概括了人权现实的多重事实。因而,人权法学术命题之提出回应了人权实践中普遍关注的重大问题。当然,理论创新是艰难

---

① 参见徐勇、任路:《构建中国特色政治学:学科、学术与话语——以政治学恢复重建历程为例》,《中国社会科学》2021年第2期,第171页。
② 参见张东刚:《构建具有中国特色的哲学社会科学学科体系、学术体系、话语体系》,《文化软实力》2016年第6期,第7页。
③ 张继承:《事实、命题与证据》,《中国社会科学》2001年第5期,第141页。

的，即便是一个新命题，也有提出、演进和完善的过程。① 基于此种学术关注，我们从人权法学学科体系的元学科、一般学科、具体学科层面尝试提出人权法学学术体系的三个新命题：代际革新命题、合作权命题、融贯模式命题。经由学术命题的初步逻辑筹划，使人权法学学术体系得以不断地推演与展开，从而形成自创生的本土化理论演化路径。

一、人权法学学术体系的基础原理：代际革新

从元命题层面来看，人权法学学术体系在于从各种人权保障的学科语境中提炼出相应的新概念、新范畴和新表述，进而才能从人权法一般理论的角度思考如何对其加以现实化的问题。如果要将元命题所涉及的复杂、多元的学科知识体系向人权法学领域进行范畴转换，还需要一个根本性的原理奠基。换言之，若人权只限定在应有人权或"人之所以为人"的范围内探讨，那么显然当下的所有新兴人权论证都无法成立，仅仅是既有人权的"具体形式"而已。我们认为，必须从人权历史演迁脉络和国际人权规范出发，以人权的代际革新作为学术体系的正当性基础。其功能有二：一是从动态生成的角度来关注人权的发展和更新，超越了传统人权法学对于人权体系的静态理解，用一种以现实和未来为中心的关注视角替代了传统上往历史回溯的认识方法；二是在对多元学科体系进行整合时，也不意味着人权话语、人权修辞的过度膨胀，不会消解其规范性的文化涵义，因为人权的代际

---

① 参见刘曙光：《中国特色哲学社会科学的建构方略》，《北京大学学报（哲学社会科学版）》2017年第2期，第9页。

革新同时也属于人权意义脉络中的一部分,在此种"无矛盾的脉络关联"中受到制约。①

人权证成与人权体系之间存在相互构成、相互支撑的辩证关系。一方面,人权证成为人权体系注入新的具体人权,推进了人权体系的完善和更新;另一方面,人权体系为各类人权建立了逻辑联系,也就是要求在人权之间形成"无矛盾的脉络关联",而人权证成需要进入此种"无矛盾的脉络关联"结构。因而在这种视角下,人权的代际革新包含三个维度:其一,获得人权体系的规范性基础,为人权代际更迭找到参照基准。人权体系中最稳固的规范基础即《世界人权宣言》②,所有的人权历史文化考据和人权哲学证成都应当以《世界人权宣言》的规定为框架,否则人权只能陷入漫无边际的"普遍性"与"特殊性"之争中。而《世界人权宣言》一次性地宣告了人权既非"普遍",也非"特殊",它就是所有国家、地区经过平等的商谈,融入了多元文化观念所取得的价值共识,即以促进与保护自由、平等、尊严、安全、和平为基础的"共同价值",③从而把人作为目的而非手段来看待。其二,从人权代际划分与人权代际更迭中建立各种人权之间的意义关联,从而能够克服人权的历史偶在性。人权代际论者从人权观念与政治经济社会历史耦合的角度提出了三代人权观,④ 由此使

---

① 参见卡尔·拉伦茨:《法学方法论》,陈爱娥译,商务印书馆2003年版,第320页。
② 《世界人权宣言》的稳固性在于其价值内容的包容和开放。有学者通过对《宣言》制定过程的回顾,提出制定者并未意图为《宣言》设定一个统一的哲学或宗教根基,而是通过思想的商谈甚至争论来尽最大可能寻求和延展国际人权理念的价值公约数。参见化国宇:《人权需要统一根基吗?——〈世界人权宣言〉起草过程中的宗教和哲学论争》,《政法论坛》2020年第5期,第11页。
③ 参见道恩·奥利弗:《共同价值与公私划分》,时磊译,中国人民大学出版社2017年版,第31页。
④ 参见卡雷尔·瓦萨克:《人权的不同类型》,张丽萍译,载郑永流主编:《法哲学与法社会学论丛(四)》,中国政法大学出版社2001年版,第468页。

具有动态历史属性的人权概念与以《世界人权宣言》为核心的国际人权宪章体系形成融合，使得第三代人权涵括了前两代人权，形成了以发展权为范式的第三代人权体系。[①] 在发展权的视角下，以《世界人权宣言》确立的"共同价值"具有更加现实化和清晰化的实践意涵。一方面是国际秩序的安定和团结，将人类作为命运与共的整体来看待；另一方面则是人的个性的培育、成长和发展。在整体和个体的关系之间生成了人权体系的意义关联。其三，将新兴人权的证成融入人权之间的意义关联进行细致考察，分析新兴人权的权利结构是否吻合此种客观意义构造。考察新兴人权的主体、客体与权利内容，从整体与个体二元结构中为其找到意义脉络。换言之，"人类命运与共"与"个性之发展"应当成为人权论证以及相应人权保障的根源和目的性理念，使人权体系的扩展融入人权的"意义之流"。可以说，元命题是人权法学学术体系的基础，从人权历史演迁和国际人权规范体系中提炼出的人权代际革新原理，解决了人权研究中的价值疑难问题。

二、人权法学学术体系的一般原理：合作权

在厘清具体人权之间的客观意义脉络后，需要建立具体人权与法规范体系的联结。设置人权法学一般学科的目的是从人权规范与人权法治实践中提炼出统一性的构造与原理，即通过概念建构的方式发现存在于人权法规范秩序中的内在结构，将其作为奠基于中国特色人权法治实践的理论命题。从中国特色人权理论与实践的变迁来看，人权

[①] 参见常健：《以发展权为核心重构人权话语体系》，《前线》2017年第8期，第111—112页。

主体与义务主体之间的关系不再体现为公权力与私人之间的对抗和防御，而逐步呈现出一种合作型关系。这种合作型关系不同于西方古典自由主义的防御权理论。其原理在于，人权主体与义务主体之间的防御型关系源于启蒙运动的理性主义传统，人的理性能力应当在充分的自治领域内才能彰显，而这便需要压缩公权力对社会的控制范围，因而私人自主与公共自主之间毋宁是相互制约和相互对抗的关系。但现代社会中成员内部的交往关系进一步复杂化，古典自由主义理论的防御权范式难以有效地完成社会治理的任务。也就是说，社会成员更加依赖国家的积极行为能力，以便国家能够承担庞大的社会治理任务以及完成国家目标，从而使国家与社会、公共自主与私人自主之间的关系发生了根本性的改变，即从防御权到合作权。

一方面，人权作为限权规范，限制了国家公权力的无序扩张和恣意，在人权法秩序的控制下，政府机关正在经历从"有限政府"到"良好政府"的转变。另一方面，人权赋予了国家更多的任务和目标，增加了国家的职能，这便极大提升了"应有人权—法定人权—实有人权"的转换效率。[①] 如果将此种普遍性结构运用到对人权法规范体系的审查过程中，就能够实现对人权法规范体系的矛盾消除与再造更新。因而既发挥了正当化人权法秩序的功能，也通过人权自身的客观意义脉络，使人权规范体系与人权保障的多种制度机制建立价值上的关联，并将这种关联运用到对人权规范体系的理论建构上。以对我国宪法文本的分析为例。在我国宪法文本上，存在大量的人权规范，这些人权规范分散在宪法的各部分，其中公民的基本权利与义务部分是人权规范数量最多、内容最集中的部分。择其要而言，公民享有向国

---

① 参见李步云：《论人权的三种存在形态》，《法学研究》1991年第4期，第11页。

家、社会请求获得基本的物质帮助、医疗救助的权利(如《宪法》第33条第3款、第45条第1款);国家应当采取维护社会的安全与秩序、为市场经济运转提供规则、对社会财富进行再分配等必要的步骤,为公民的基本权利提供保护(如《宪法》第4条第2款、第11条第1款与第2款、第15条第2款、第21条第1款等)。① 而合作权除了体现于宪法文本上的社会经济权利,也可以在我国的宪治实践和人权保障中得到进一步印证。从脱贫攻坚战的全面胜利到全面建成小康社会,再到扎实推动共同富裕,中国特色人权发展道路充分彰显"以人民为中心"的人权理念,从学理上表达为国家与个人关系的合作。因此,从合作权命题来看我国的人权法秩序的建构和更新,就需要将人权规范与人权实践统一起来,即人权规范不仅作为宪法文本中的基本权利规定,它更是一种在人民内部形成的关于人权文化的共识。申言之,作为人权规范体系重要组成部分的基本权利,其合作权意涵体现于人权文化全面融入中国特色人权实践的过程之中,不仅促进了个人的权利保障,而且共同体的凝聚力也在这种合作关系中增强。

三、人权法学学术体系的具体命题:融贯模式

关于人权法体系的规范协调与规范适用的研究,构成了人权法学学术体系的具体命题。人权法学界对于具体命题的探讨,既要赓续人权法学元命题与一般命题的学术体系脉络,又要观照现实的国家人权法规范体系。因此,我们认为,人权规范要落实为人权的具体保障需

---

① 参见王晨光:《时代发展、学科交叉和法学领域拓展——以卫生法学为例》,《应用法学评论》2020年第3辑,第10—11页。

要在"人权入法"与"人权规范体系协调"上体现融贯性。换言之,人权法学学术体系应当以融贯模式作为其理论的具体组成部分。

融贯模式一方面要求概念具有连贯性、无逻辑矛盾,另一方面要求具体规范之间的相互支持和证立。① 融贯模式在人权规范体系上的适用至少包含两个层次:其一,从概念连贯性来看,"人权入法"注重在实证法之外的人权与实证法内部的人权之间建立积极的关联,即在"法外人权"与"法内人权"之间形成无逻辑矛盾的意义联系。其二,从人权规范体系的融贯来看,则要涉及对人权规范体系整体的协调一致,即要求统观国际人权法、国内宪法及其他部门法在内容与目的上的相互支持。如果说人权代际革新命题解决了人权本体的内容正确性问题,那么在具体的人权保障与实践层面,就应进一步使人权法学学术体系与法规范体系实现交融,从而不仅使新兴人权获得规范上的支持,也使规范中的权利可以融入既有的人权法学学术体系框架内。譬如以环境权论,环境权救济主要是由于国家在环境保护上的不作为与给付不足,即是一种请求国家在环境权上积极给付的权利。② 环境权构建的人权法律关系是合作型关系,而非防御型关系。所以,环境权不属于以自由权为核心的第一代人权,而只能被纳入第二代以社会权为核心的人权体系中。在这个意义上,人权法学学术体系的具体命题既要在概念上与元命题、一般命题建立联系,也要在人权法规范体系上实现融贯,从而在整体上逻辑自洽并具有开放性。因此,根据人权规范广泛存在于各类制定法体系的特点,可以发现,人

---

① 参见劳东燕:《功能主义刑法解释的体系性控制》,《清华法学》2020年第2期,第32页。

② 参见王锴:《环境权在基本权利体系中的展开》,《政治与法律》2019年第10期,第27页。

权法是一个多层次、多部门、多类型的综合性规范体系。为了实现体系内部的协调一致以及提升系统性回应社会复杂问题的能力，应把人权法看作一种"领域法"，它与我国新时代以来不断重视对"人的尊严"的关怀息息相关。① 各类人权规范对于"人的尊严"有着共同的关注，所以不同法域、不同类型的人权规范之间应当融贯。② 比如，国际人权规范与国内人权规范的交叉融合。国际人权规范需要体现协商与共识的理念，而国内人权规范也需要具有开放性与沟通性，推动形成国际人权价值共识，从而可以持续地相互贯通、相互渗透和相互影响。③ 又比如，实体法规范与程序法规范的有效衔接。一方面，实体法规范的实体正义与程序法中的程序正义应当并重，不可偏废。另一方面，注重实体法规范与程序法规范的协调和对接，程序法规范需要根据实体法规范的设置，及时调整不一致的程序制度，并在诉讼程序中对实体规范的遗漏缺失进行填补。④

结合上述分析，我们可以认为，人权代际革新命题为人权法学学术体系完成了人权价值前提的证成，以防御权为基础和以合作权为派生的人权规范构造建构了人权法学学术体系的价值中枢功能，而以融贯模式作为人权的保障机制关注了人权法学学术体系的人权价值实现。因此，人权法学学术体系承袭人权法学学科体系的任务与旨趣，从元命题、一般命题、具体命题三个维度构建了新时代中

---

① 参见刘剑文：《论领域法学：一种立足新兴交叉领域的法学研究范式》，《政法论丛》2016年第5期，第3页以下。
② 参见于文豪：《试论人权法学研究的定位、内容与方法》，《人权》2017年第6期，第68页。
③ 参见赵骏：《全球治理视野下的国际法治与国内法治》，《中国社会科学》2014年第10期，第84—85页。
④ 参见张卫平：《民法典的实施与民事诉讼法的协调和对接》，《中外法学》2020年第4期，第936—938页。

国特色人权法学理论。

第五节　人权法学话语体系的类型及转换

人权法学学科体系为人权法学话语体系奠定了方法论基础,而人权法学学术体系则为人权法学话语体系提供了理论与知识资源。① 从话语实存的角度来看,人权概念与人权话语一体两面,不可分割。然而在话语言说过程中,原初的概念意义与话语之间出现滑动的现象,人权法学话语体系需要与人权法学学术命题保持同一性。而概念意义对话语的制约在于将话语分为三种类型的载体,每种话语载体都有较为稳定的诠释思路和表意方法,使在各层次类型中的表述内容都在框架范围之内得到限定。于是,基于人权法学学科体系和人权法学学术体系的启发,并依人权法学话语的抽象程度,可将其分为法律型人权话语、法治型人权话语与法理型人权话语三类。法律型人权话语是对人权规范体系的教义学解释,法治型人权话语是对实践中的人权法秩序的总体描述,而法理型人权话语则是回应人权的人学关切和中国主体性奠基问题。

一、诠释学层面的构建:法律型人权话语

建构出一套以诠释学为支撑,且符合形式逻辑的法律型人权话语,是为切要。法律型人权话语是将人权法规范作为一门专门化的修

---

① 参见刘志强:《论人权概念与人权话语的关联互构》,《政法论坛》2020年第6期,第82—91页。

辞，把人权话语中的关键词联想作为嵌入思维方式内部的结构中，从而影响乃至决定人们的观念想象及行动理由。① 从法律型人权话语的特点来看，模糊性、精确性与规范性是法律型人权话语的三种典型特征。② 由于法律型人权话语仍然需要以语言作为载体，而语言本身不像数理符号那样具备精确的外延和内涵，必然在存在前提上具备一定程度的模糊性，因此话语的可能意义因其"该当的情况、指涉的事物、言说的脉络以及在句中的位置和用语的强调而可能有不同的意涵"③。但模糊化的法律话语会由于指涉不明、概念混淆导致法律尊严和权威受到损害。所以，即便法律型人权话语不可避免地具有模糊地带，解释者也要致力探求承载意义的法律文字，通过合乎逻辑法则的解释程序使人们能够更加精确地表达它、运用它，使法律话语可以传达给他人。应当指出，话语在创制过后就会在使用过程中逐渐与话语原初指称的意义产生张力，即话语如同艺术作品一样获得自主性和生命力。但是，法律适用的对象是所有社会成员，因而不同于其他学科的语言特征，只有规范化的法律型话语表达才能被社会成员认同和接受。因此，减少法律型人权话语的模糊性，提升其精确性和规范性就是当下话语构建亟须解决的问题。诠释学认为，无论是单向度考察立法者意志或者仅仅探求法律文字的客观意义都不构成法。④ 只有同时兼顾主观解释论和客观解释论才能充分呈现人权法文字在当下时代背

---

① 参见陈金钊：《权力修辞向法律话语的转变——展开法治思维与实施法治方式的前提》，《法律科学》2013年第5期，第46页。
② 参见张清、段敏：《法律话语：一种特殊的话语体系》，《外语教学》2019年第6期，第15页。
③ 卡尔·拉伦茨：《法学方法论》，陈爱娥译，商务印书馆2003年版，第193页。
④ 参见阿图尔·考夫曼：《法律获取的程序——一种理性分析》，雷磊译，中国政法大学出版社2015年版，第172页。

景中的规范意义,反映一般人的社会日常生活,由此使这种一般性的规范意义能够为普通民众所广泛理解。所以,此种人权话语的生产应符合如下标准:第一,法律型人权话语的形成应当立足于制定法的文字规定。字义是一种按照通常用法的语词意义,与社会一般民众的理解标准相近。第二,法律型人权话语还须考量语词在法律意义脉络中的含义,即联系上下文来发掘相关人权概念在规范体系中的一致性解释。第三,如果文义解释和体系解释还无法实现人权话语的精确性,则要借助于历史解释来考察立法者的意志和立法时所必须考虑的事实条件。第四,假使上述标准仍然存在不足,那么解释者就要求助于客观目的论的标准,即将作为规范对象的事物之本质、人权规范整体的原则也纳入考虑范围内。① 进而言之,人权法规范在经过文义、体系、历史及目的作为标准的解释过程后,形成了一套符合形式逻辑的法律型人权话语。这种人权话语不仅是一种权利话语的表达方式,而且在话语的运用中会逐步使尊重人权成为人们思维方式的内部构造,可以有效排除决断式的权力话语实践。

二、 叙事学层面的提炼:法治型人权话语

法律型人权话语是人权法学话语体系的基础,但法律型人权话语的观照对象只能局限在法律文本的教义学基础上,还无法全面关注到法律的运行与操作的过程。只有从法治型人权话语的层面来加以学术阐释,才能发现我国人权法治实践的真实场景,由此从对经验现实的

---

① 参见卡尔·拉伦茨:《法学方法论》,陈爱娥译,商务印书馆2003年版,第219—221页。

关照出发,为人权法治实践提出相应的学术创见。法治型人权话语是指关于人权法的政治立场和言说表达,即在特定的时序阶段中对人权法的意识形态的基本论断。① 也可将其理解为,通过言语表达的方式来反映人权建设过程中的内在规律。因而,法治型人权话语可内在展开为"人权法实施过程中的制度话语"与"引领国家人权意识形态的观念话语"。首先,建构人权制度话语。人权法运行的各个环节的有序性、有效性以及相互之间的彼此衔接、良性互动都应成为制度话语关注的对象,② 这就意味着,人权规范在立法、执法、司法、守法、监督等环节的运行状况都可以成为法治型人权话语的"语料"。在这个话语体系中,推进人权立法保障、人权司法保障、人权执法保障为主要内容的法律制度建设,形塑了支撑话语体系的硬实力。③ 其次,建构人权观念话语。"以人民为中心的人权理念"是新时代人权建设与人权文化培育的思想旗帜和理论纲要,标志着马克思主义理论中国化进入新的境界。④ "全面建成小康社会"是将"以人民为中心的人权理念"落实到新时代中国特色社会主义人权实践进程中,使各项具体人权通过法治化的方式得到全面保障,在人权话语上集聚表达为作为最大人权的人民幸福生活。⑤ 而在各项人权中,作为首要人权的生存权与发展权则需要在"全面建成小康社会"的核心环节即"精准扶贫"的战略实施过程中得到保障和实现。最后,人权制度话语和人权

---

① 参见石东坡:《作为法治文化的言说与表达:法治话语体系初论——以法治话语体系的界定、生成与对策为对象》,《甘肃理论学刊》2014年第5期,第14页。
② 参见张文显:《法治与国家治理现代化》,《中国法学》2014年第4期,第26页。
③ 参见张文显:《法治与国家治理现代化》,《中国法学》2014年第4期,第22页。
④ 参见李怡、肖昭彬:《"以人民为中心"的发展思想的理论创新与现实意蕴》,《马克思主义研究》2017年第7期,第30页。
⑤ 参见《习近平致信纪念〈世界人权宣言〉发表70周年座谈会强调 坚持走符合国情的人权发展道路 促进人的全面发展》,《人民日报》2018年12月11日,第1版。

观念话语需要建立良性互动机制。在这二者之间,人权观念话语是人权制度话语的意识形态引领,全面指导人权制度话语的建构与言说的各个环节,而人权制度话语是人权观念话语的现实呈现,增强了人权观念话语的信服力。进而言之,法治型人权话语要求推动对中国人权保障经验的理论总结,使新时代中国人权话语体系参与建构国际人权商谈机制,提升中国在全球人权治理体系中的话语权。须指出的是,法治型人权话语与法律型人权话语的不同在于,它不仅包含了价值、事实、形式等多层次的概念以及我国人权治理的行动纲领、目的诉求以及具体方式等,而且还要看到,法治型人权话语是一种对已然发生的"历史"的重述,① 所以在此层面既要善于从新时代中国人权实践经验中发现命题资源,也要精巧排列需要被有效叙述的人权话语,才能增加其生动性和可理解性。

三、法哲学层面的升华:法理型人权话语

从新时代中国特色社会主义人权实践中需进一步提炼出法理型人权话语。法律型人权话语和法治型人权话语关注了规范与事实的双重面向,但存在于人权法学内部的固有不变的世界观前提,更是人权法学话语体系应着力建构的对象。就此而言,我们需要将法作为人类重大问题之一来看待。"人类存在(Dasein)的起源与未来的问题有意识或无意识地涉及每个人的生活方式。"② 这就意味着,"从何处来"和"到何处去"的问题关涉人类对法的根本性理解,因为起源和未来的

---

① 参见尼尔·麦考密克:《修辞与法治:一种法律推理理论》,程朝阳、孙光宁译,北京大学出版社2014年版,第284页。
② 伯恩·魏德士:《法理学》,丁晓春、吴越译,法律出版社2013年版,第183页。

问题其实就是法哲学的前提问题,即如何理解正义。正如凯尔森指出的,任何法的效力都是从这一秩序的基础规范得来的,只有基础规范是预定有效的,法律秩序的全面规范才是有效的。① 比如,单一宗教社会里将其理解为神谕,而一些多元宗教社会则认同人类的理性本质是效力的来源。于此,可以将法理型人权话语理解为对人权法的元理念、元命题、元理论的具体阐释,能够为法治实践提供一种超越特定时空语境的理论指导。那么,回到我国的人权法学领域来看,此种法理型人权话语需要包含新时代中国特色社会主义人权与法治理论中的两个源代码:其一,时代变迁中的重大人权问题往往在过去的历史上已经发生,因而以"回到马克思"的视野重新对经典文本进行阐发就具有重要的意义。其二,相较于既往的法治实践,新时代的法治任务需要处理更多的矛盾和面临更为复杂的形势,所以人权法学话语应当增加其内在包容性,以回应具体的实践问题。因此,根据马克思主义的观念脉络,我们认为,以"承认的人权"作为人权的元话语可以区分甚至超越西方自由主义的"天赋人权"话语,"承认的人权"强调主体之间的相互承认关系,提倡人权只有在家庭、市民社会和国家三种伦理生活中展开才能培育出成熟、健康的自由人格。② 另外,由于存在国内人权法治与国际人权法治这对矛盾,以"人的尊严"作为人权法学的基础性话语难以回应如"人类命运共同体"这样的宏大命

---

① 参见汉斯·凯尔森:《法与国家的一般理论》,沈宗灵译,中国大百科全书出版社 1996 年版,第 131 页。
② "承认的人权"的哲学基础是相互承认理论,其源头是黑格尔,主张文化精神维度以及社会心理层面相互承认的重要性。马克思批判性地继承了黑格尔的相互承认理论,他认为承认是一种从自身开始在对象中寻找自我的确证和肯定的过程,其前提是只有自身付出对他者的尊重才能交换他者对自身的认同。参见马克思:《1844 年经济学哲学手稿》,刘丕坤译,人民出版社 1985 年版,第 131 页;陈良斌:《论马克思承认理论的历史-逻辑谱系》,《西南大学学报(社会科学版)》2012 年第 3 期,第 21 页。

题。因而，经由权利话语到尊严话语的变迁，在新的历史环境下，尊严话语应当向一种能够同时关注到个人的生存发展以及人类社会共同演进的包容性话语迈进，即从"人的尊严"到"人的繁荣"。① 一方面是个体的繁荣，这和尊严话语具有相似的内涵，都主张个人的潜能在共同体内部能够得到充分实现。另一方面则从马克思有关人的类本质和共同思想出发，包含"人类繁荣"的维度，比如提倡政治上的互相尊重和对话商谈，文化上的多元共存和彼此承认等。② 概言之，法理型人权话语以新时代中国处理既往复杂人权实践的成果为经验参照，以未来人类世界面临的重大人权现实问题为学术关怀，从而彰显新时代中国人权法学话语体系的理念感召力。

小 结

因此，基于建构中国人权法学"三大体系"任务的视野，我们可以发现，中国人权法学学科体系、学术体系与话语体系之间的一体化构造是，逻辑上以学科体系为统领，学术体系、话语体系依次推论展开。中国人权法学学科体系包含元学科、一般学科、具体学科三类：元学科是从外部视角对人权现象进行经验性描述，一般学科是对元学科所观察到的人权现象的规范性证成，而具体学科则是对一般学科所

---

① 国内学界对"人的繁荣"话语的关注，最早见周濂《后形而上学视域下的西方权利理论》一文。他从德沃金"人类尊严二原则"出发，将之改写为"人类繁荣二原则"：一是主张每个人的生活都拥有某种特殊的客观价值；二是每个人都承担了对自我生活繁荣的责任。参见周濂：《后形而上学视域下的西方权利理论》，《中国社会科学》2012 年第 6 期，第 58 页。

② 参见宋建丽、曾晞：《人类繁荣的新范式：构建人类命运共同体》，《东岳论丛》2019 年第 3 期，第 167 页。

证立的人权的制度化安排及保障。在中国人权法学三种学科的视域下，本章提炼出人权的代际革新、合作权、融贯模式三个子命题，人权的代际革新旨在为人权证成奠定理论原理，合作权建构人权主体与人权义务主体之间的关系，有效衔接了新兴人权与人权制度保障两个阶段，融贯模式则推进了制度人权向实有人权的转换。随着对这三个命题的专门化研究，将为我国的人权理论带来新的理论气象。依此逻辑，并按照人权概念对人权话语在不同层次规约的原理，分别提炼法律型人权话语、法治型人权话语以及法理型人权话语，共同构成了人权法学话语体系。从具体到抽象的人权法学理论研究，学术体系的每个层次的阐释都会为人权法学话语体系带来新的概念语词，话语体系则通过灵活的表述形式为人权法学学术体系注入新的理论内涵。因此，在当下人权法学"三大体系"建构的问题脉络中，实现人权法学"三大体系"建构需要在三者之间依次推论。需要指出的是，本章仅以纲要式的方式进行初步的理论思考，而建构中国人权法学"三大体系"任务的完成，还需要对新时代中国人权发展过程中的重大理论问题保持持续性的学术关注。这就意味着，人权法学的研究不能在学科壁垒的内部一味回避人权法学话语带来的信息冲击，应当以回应式的建构策略来推动中国人权法学"三大体系"内部形成具有"复杂意义网络"的稳定结构。

结　语

本书旨在从理论上梳理中国人权法学的基本概念、基本问题、基本理论，论证中国人权法学的"人的存在"面相、价值基础论证范式、人权概念与人权话语关联互构，并对中国人权法学的人权话语体系从演进范式、逻辑构成，到体系表达、法理阐释、合作权构造与最大人权问题进行全面演绎，在此基础上建构中国人权法学的学科体系、学术体系与话语体系。概而言之：

现有中国人权法学在基本概念、基本问题和基本理论上均存有瑕疵，基本概念的缺陷在于拼凑、虚置和片面，基本问题的短板在于规范上的封闭与价值上的单一，基本理论的限度在于话语、制度和道路自信的缺失。基本概念可以通过价值基础、构造层次和话语表述进行完善。基本问题既需从规范层面融贯知识构成、整合实施机制，还需从价值层面深化人权法治的联系、突出中国道路的特征。基本理论则在本体理论中完成两个超越，在经验理论中以特殊支撑普遍，在治理理论中正视并坚定立场。中国人权法学的"三个基本"在逻辑结构上相互关联，在因果关系、论证方法及知识体系上分别呈现从原因到结果、从归纳到演绎、从核心到系统的变化。

就中国人权法学的"人的存在"面相来说，国际人权话语呈现"西强东弱"格局，欲冲破桎梏，亟须为中国人权话语提供法理支撑。

以"人的存在"概念为支点,对照自然、他者和共同体作为参考系,显现出"孤立的人""关系的人""权利的人"三重面相,对应三种人称视角递进演绎人之主体性、人权之世界历史性和人权话语之全面自由发展。"孤立的人"是人权的起点,和谐与道德的主体观为"生存权与发展权"的序列提供了秩序基础。"关系的人"是人权的外化,世界历史性的时空观为"人权的普遍性与特殊性"的统一奠定了价值基础。"权利的人"是人权的归宿,全面自由发展的合作观为"人民幸福生活"的实现供给了理念基础。

如何构建中国人权法学,则需要对支撑中国人权法学的内在价值,即共同价值作为人权基础范式进行学理论证。而共同价值是习近平法治思想的重要概念,也是新时代中国人权话语体系的实质基础。从人权基础论证范式的危机而言,普世价值范式存在"可能性"的危机,差异价值范式存在"正当性"的危机,需要以共识性的共同价值为基础转换人权论证范式。从共同价值范式结构而言,共同价值具有"三阶六层"的价值体系构造,共同生存、共同发展、共同幸福三个阶段是生存性、社会性、政治性的价值定位,从而赋予了首要人权、平等人权、最大人权新的内涵。就全球人权治理而言,共商、共建、共享原则是共同价值范式及其价值体系的体现,并以此为法理可以塑造出共通性、融贯性、公度性品格的人权命运共同体。共同价值范式及其价值体系,可以为中国人权法学提供一种新的基础论证支撑范式。

就中国人权法学的概念与话语关系而言,人权概念与人权话语不仅在形式上有直接勾连,而且在实质上也存在着复杂的关系。依照语言学人权能指与人权所指这对范畴,揭示出人权概念与人权话语之间的繁复交织的逻辑关联。人权概念向人权话语转换可以通过组合型模型和聚合型模型进行互构，前者对人权概念进行分解与推演，并进行简单组合；后者则有赖于对同种类型、同种性质的人权概念展开进一步的诠释，两者应当被平衡使用。从共时性与历时性的角度来看，人权概念与人权话语的转换机制应考察两者在具体社会中发生的变迁，并从中寻找语境中的历史线索。在中国人权法学语境中，人权话语的言说格局表现为官方主导、学界论证的二元主体模式，为了进一步提升人权话语权，重构中国人权法学中相辅相成、互动平衡的人权概念与人权话语的关联机制成为必要。

就中国人权法学范畴的法理而言，中国人权法学展示出，人权与公法、私法和公私交叉的互构，体现在各项具体权利构成的基本人权规范体系之中。人权法的具体法理，可以提炼为权力制约型法理、私权自治型法理与社会保障型法理。这些具体法理，不仅可以从具体权利的法律明文中推导出来，也需要在宪法和具体部门法中加以提炼。法理的内在逻辑基调决定具体法理之上还有一般法理存在。因此，人权法的一般法理，从一般法律原则可以揭示两种人权运行结构模式：防御权结构模式与合作权结构模式。这是人权在规范语境下的两种典型运行样态，处理好防御权与合作权的微妙关系，可以促进人权事业的更好发展。除具体法理、一般法理外，还存在最高维度、最根本性的普遍法理。人权法的普遍法理，所要揭示的是人权法的"法理中的法理"和"元法理"，这种普遍法理就是人权法中的"人的尊严"的规范内涵，其负载了人权法律规范体系的基础价值原理，诠释着人权法的"法之价值"与"法之美德"。

就中国人权法学的人权话语研究范式而言，中国人权法学，因应学界对本土学术话语缺失现象的反思而兴起。中国特色社会主义人权理论体系的基本形成构成了中国人权法学的内在支撑。我国人权法学关于人权话语体系的"概念阐释说"和"建构表达说",都是从权力话语范式角度来描述"西强东弱"的人权话语权现状。但由此陷入了"话语人权"的理论困境,造成我国人权话语体系规范性基础的丧失,带来了人权功能性的消退。为了缓解经验性的不足,交往共识范式主张交往理性行为作为国际话语权的斗争形式,通过真实性、真诚性和正确性的话语沟通来形成公正、合理的人权话语格局。可是,交往共识范式的局限在于理性行为和策略性行为无法完全割裂,以至于人权话语效果有限。因此,必须立足于全球化语境,从中国实践中提出新的理论来重构中国人权法学人权话语体系研究范式,正确处理经验与规范、斗争与理解、对抗与互动等关系。

就中国人权话语体系逻辑构成与体系表达而言,习近平新时代中国特色社会主义思想为建构新时代中国人权话语体系指明了方向,新时代中国人权话语体系建构是习近平新时代中国特色社会主义思想的一个重要组成部分。从背景来看,西方人权话语左右国际秩序与人权话语"西强中弱"态势是建构的背景。从理念来看,习近平新时代中国特色社会主义思想是建构的指导理念。从原则来看,主体性、平等性、差异性、开放性原则是建构的原则。从内部构造来看,人权话语构造结构、逻辑、诠释与途径是构造的内容。从表达来看,"官学民"合力表达关系、人权符号与人权话语转换是建构的表达。从功能来看,提升中国人权话语体系国际影响力、促进全球人权治理与促进概念人权向制度人权转化是建构的功能。因此,新时代中国人权话语体系的变迁,在于应对西方人权观冲击下被动的回应,中经中国政府签署联合国人权宪章,吸收与消解了西方人权观的中心视野,融通了东西方文化精华。新时代中国人权话语体系建构,是概念人权到制度人权的理论的概括,是新时代中国人权话语体系表达的基础。新时代中国人权话语体系的表达,则是中国人利用国际人权公约规范,在尊重人权共识基础上,表达中国方案的国际言说的展示。

就中国人权法学"人民为中心"的诠释而言,新时代中国人权话语体系奠基在"以人民为中心"支点上,因此新时代中国人权话语体系诠释,需要转化到"以人民为中心"新时代人权话语体系的法理分析上。我们认为,"以人民为中心"新时代人权话语体系的法理构成,可以分为道德法理、规范法理和政治法理,三者相互关联、相互支持。"以人民为中心"人权话语体系的道德法理,奠基于"每个人自由全面发展",即"人的繁荣",其意涵既包括共同体不能遮蔽个人的向度,也指明个人不能脱离社会而独立存在。"人格尊严"作为"以人民为中心"人权话语体系的规范法理,成为国家法秩序得以存在的根本规范。"相互承认"作为"以人民为中心"人权话语体系的政治法理,旨在为世界人权实践提供了中国特色的人权治理经验,并在此过程中提升了中国的国家话语权。整合道德法理、规范法理和政治法理的三重视域,可以从单一共同体的维度转变到整体结构维度,使得"以人民为中心"新时代人权话语体系获得多维度的法理支撑。

就中国人权法学的幸福生活权而言,人权是一种既包含防御性又存在合作性的权利,以斗争性方式追求人权,而忽略人权中的合作权,则会有害于对人权的全面把握。人权中的合作权,是公民与国家公权力之间的妥协和通力协作的模式。从主体间性理论来看,合作型的人权,其实现的模型、特点、原则与功能,都超越了防御型的人权。从主体性到主体间性理念的转变,人权合作权是人权事业不断进步的主要途径。幸福生活权作为最大人权,从构成要素来说,不仅具有道德权利、普遍权利和防合权利等特征,而且内蕴着人权的三大精神价值。从人权理论谱系来说,幸福生活权作为人权是一项新兴的且具有基础性、综合性、复合性特征的人权束。从基本内容架构来说，幸福生活权作为人权，其主体、内容以及性质，构成了其法权结构。首要人权是当前初级阶段的共识，具有基础性、初步性的特征，是相对性的概念。而最大人权，则具有复合性、包容性、体系性的特征，是绝对性的概念。从首要人权到最大人权，是中国人权法学不同阶段的经典表述，既是人权实践的义务和承诺，也是人权理论的总结，更是新时代中国人权法学的一项重要理论成果。

有鉴于上述，中国人权法学"三大体系"一体化的逻辑是，以学科体系为统领，学术体系、话语体系依次推论展开。从人权法学学科体系来看，需要突破人权法学科体系的范式藩篱，寻找沟通人权法内外视角的渠道，由此构建人权法学元学科、一般学科、具体学科三类学科体系。从人权法学学术体系来看，在人权法学科体系的建构工程初步完成时，需在此基础上提炼出全新的人权法学命题：人权代际革新命题、合作权命题、融贯性命题，并将其系统化为人权法学学术体系。从人权法学话语体系来看，在完成人权法学学术体系向话语体系的逻辑转换过程中，形成具有新时代中国特色的人权话语：法律型人权话语、法治型人权话语和法理型人权话语，全面提升新时代我国人权法话语体系的感召力与说服力。

参考文献

一、中文文献

卜卫:《人权话语建构与跨文化传播》,《人权》2014年第5期。
蔡名照:《坚持走符合中国国情的人权发展道路》,《人权》2014年第5期。
常健、刘一:《从五大推进原则看中国人权发展道路的特点》,《人权》2017年第1期。
陈征:《基本权利的国家保护义务》,《法学研究》2008年第1期。
陈忠林:《自由·人权·法治——人性的解读》,《现代法学》2001年第3期。
邓建新:《参与建构:中国何以言说人权》,《政法论坛》2018年第4期。
《邓小平文选》(第1—3卷),人民出版社1989、1993、1995年版。
翟郑龙:《如何理解法理?——法学理论角度的一个分析》,《法制与社会发展》2018年第6期。
董和平:《关于中国人权保障问题的若干思考》,《法学》2012年第9期。
付子堂:《建构中国自己的人权话语体系》,《人权》2015年第2期。
甘绍平:《人权伦理学》,中国发展出版社2009年版。
高鸿钧:《走向交往理性的政治哲学和法学理论(上)——哈贝马斯的民主法治思想及对中国的借鉴意义》,《政法论坛》2008年第5期。
高鸿钧:《伽达默尔的解释学与中国法律解释》,《政法论坛》2015年第3期。
龚柏华:《"三共"原则是构建人类命运共同体的国际法基石》,《东方法学》2018年第1期。
顾智明:《"人的世界历史性存在"与人的实践自觉》,《中国社会科学》2009年第2期。
管华:《人权证成范式批判》,《人权》2016年第1期。

广州大学人权理论研究课题组：《中国特色社会主义人权的理论体系论纲》，《法学研究》2015 年第 2 期。

郭忠：《论中国传统性善论和法治的兼容性——兼驳"人性恶是法治基础"的观点》，《比较法研究》2016 年第 2 期。

韩大元：《国家人权保护义务与国家人权机构的功能》，《法学论坛》2005 年第 6 期。

韩大元：《加强人权法治保障，推进人权事业的发展》，《人权》2017 年第 6 期。

韩大元：《中国共产党建党初期的人权话语及其变迁：1921—1927》，《人权》2021 年第 2 期。

韩大元：《坚持依法保障人权，健全人权法治保障机制》，《人权》2022 年第 2 期。

韩庆祥、邹诗鹏：《人学：人的问题的当代阐择》，云南人民出版社 2001 年版。

何志鹏：《人权的来源与基础探究》，《法制与社会发展》2006 年第 3 期。

何志鹏：《人权全球化基本理论研究》，科学出版社 2008 年版。

胡传胜：《自由的幻像——柏林思想研究》，南京大学出版社 2001 年版。

胡传胜：《观念的力量：与伯林对话》，四川人民出版社 2002 年版。

《胡锦涛文选》（第 1—3 卷），人民出版社 2016 年版。

化国宇：《人权需要统一根基吗——〈世界人权宣言〉起草过程中的宗教和哲学论争》，《政法论坛》2020 年第 5 期。

黄涛：《自由、权利与共同体——德国观念论的法权演绎学说》，商务印书馆 2020 年版。

《江泽民文选》（第 1—3 卷），人民出版社 2006 年版。

康华茹：《"前白皮书时代"中国国际人权话语考略——以中国政府在联合国人权委员会的法谚和立场文件为中心》，《人权研究》2021 年第 2 期。

雷磊：《法理论：历史形成、学科属性及其中国化》，《法学研究》2020 年第 2 期。

李步云：《论人权的本原》，《政法论坛》2004 年第 2 期。

李步云主编：《人权法学》，高等教育出版社 2005 年版。

李步云：《李步云选集》，高等教育出版社 2013 年版。

李超群：《马克思的"人的形象"理论及其对构建中国人权话语体系的启示》，《人权》2020年第1期。

李超群：《"以人民为中心"何以作为人权主体话语——基于马克思主义语境中"人民"概念之证成》，《人权》2021年第1期。

李君如：《新时代中国共产党人权思想的集中体现》，《人权》2019年第1期。

李君如：《新时代新征程中国人权事业全面发展的行动纲领》，《人权》2022年第6期。

李林：《新时代中国法治理论创新发展的六个向度》，《法学研究》2019年第4期。

李林：《习近平法治思想的制度逻辑》，《中国法学》2022年第4期。

李云龙：《中国开辟了发展中国家发展人权的新道路》，《人民日报》2018年8月12日。

李忠夏：《宪法变迁与宪法教义学—迈向功能分化社会的宪法观》，法律出版社2018年版。

李忠夏：《宪法学的系统论基础：是否以及如何可能》，《华东政法大学学报》2019年第3期。

廖凡：《全球治理背景下人类命运共同体的阐释与构建》，《中国法学》2018年第5期。

林来梵：《从宪法规范到规范宪法——规范宪法学的一种前言》，法律出版社2001年版。

林尚立：《建构民主——中国的理论、战略与议程》，复旦大学出版社2012年版。

刘杰：《人权：中国道路》，五洲传播出版社2014年版。

柳华文：《中国的人权发展道路》，中国社会科学出版社2018年版。

柳华文：《以人民为中心的人权发展新理念探析》，《人权》2019年第1期。

柳华文：《习近平关于人权系列论述解读》，《比较法研究》2022年第4期。

鲁广锦：《当代中国人权话语的构建维度与价值取向》，《人权》2020年第4期。

鲁广锦：《历史视域中的人权：中国的道路与贡献》，《红旗文稿》2021年第1期。

陆德生、纪荣荣等：《人权意识与人权保障》，中国长安出版社2014年版。

罗豪才、宋功德：《行政法的失衡与平衡》，《中国法学》2001 年第 2 期。

罗豪才、宋功德：《人权法的失衡与平衡》，《中国社会科学》2011 年第 3 期。

马长山：《智慧社会背景下的"第四代人权"及其保障》，《中国法学》2019 年第 5 期。

毛俊响、王欣怡：《新中国成立以来中国共产党人权话语的变迁逻辑》，《人权》2020 年第 1 期。

毛俊响：《国际人权话语权的生成路径、实质与中国的应对》，《法商研究》2017 年第 1 期。

毛俊响：《论"联合国核心人权公约"的共性》，《人权》2017 年第 6 期。

《毛泽东选集》（第 1—4 卷），人民出版社 1951、1952、1953、1960 年版。

莫纪宏：《论中国特色社会主义人权发展道路的历史逻辑、理论基础及基本特征》，《山西师范大学(社会科学版)》2022 年第 3 期。

泮伟江：《超越"错误法社会学"——卢曼法社会学理论的贡献与启示》，《中外法学》2019 年第 1 期。

齐延平：《当代中国人权观的形成机理》，《人权》2022 年第 2 期。

齐延平：《中国人权发展道路的生成逻辑、价值面向与实践机理》，《法学家》2022 年第 6 期。

齐延平：《中国人权发展道路的张力平衡结构》，《人权》2021 年第 5 期。

齐延平：《中国人权文化的正当性根基》，《法制与社会发展》2018 年第 2 期。

石佳友：《人权与人格权的关系——从人格权的独立成编出发》，《法学评论》2017 年第 6 期。

《世界人权宣言》，《人权》2008 年第 5 期。

孙世彦：《论国际人权法下国家的义务》，《法学评论》2001 年第 2 期。

孙笑侠：《汉语"人权"及其舶来后的最初三十年》，《法学》2022 年第 3 期。

唐颖侠、白冰：《人权指数的类型化研究》，《人权研究》2021 年第 1 期。

唐颖侠、史虹生：《人权指数研究：人权量化监督的现状与实践意义》，《人权》2014 年第 6 期。

汪习根：《论加强人权司法保障——党的十八届四中全会精神的人权解读》，《法学杂志》2015 年第 1 期。

汪习根:《"二战"后发展权的兴起与实现》,《人权》2015 年第 4 期。
汪习根:《马克思主义人权理论中国化及其发展》,《法制与社会发展》2019 年第 2 期。
汪习根:《走出中国特色人权发展道路》,《人民日报》2019 年 10 月 15 日,第 9 版。
汪习根:《习近平法治思想的人权价值》,《东方法学》2021 年第 1 期。
汪习根、周亚婷:《论习近平总书记关于尊重和保障人权重要论述的演进逻辑、核心要义与价值意蕴》,《人权》2022 年第 1 期。
王晨:《深入学习研究习近平法治思想原创性贡献 为加快建设社会主义法治国家而努力奋斗》,《中国法学》2022 年第 4 期。
王凤才:《承认·正义·伦理——实践哲学语境中的霍耐特政治伦理学》,上海人民出版社 2017 年版。
王林霞:《浅谈中国人权发展的独特模式及其经验意义》,《人权》2009 年第 1 期。
王韶兴:《现代化国家与强大政党建设逻辑》,《中国社会科学》2021 年第 3 期。
文正邦:《法哲学研究》,中国人民大学出版社 2011 年版。
吴晓明:《论当代中国学术话语体系的自主建构》,《中国社会科学》2011 年第 2 期。
吴彦:《法、自由与强制力——康德法哲学导论》,商务印书馆 2016 年版。
伍德志:《论人权的自我正当化及其负面后果》,《法律科学》2016 年第 4 期。
习近平:《致"纪念〈发展权利宣言〉通过三十周年国际研讨会"的贺信》,《人民日报》2016 年 12 月 5 日。
习近平:《摆脱贫困》,福建人民出版社 1992 年版。
习近平:《习近平关于依法治国论述摘编》,中共文献出版社 2015 年版。
习近平:《决胜全面建成小康社会 夺取新时代中国特色社会主义伟大胜利——在中国共产党第十九次全国代表大会上的报告》,人民出版社 2017 年版。
习近平:《以习近平同志为核心的党中央治国理政新理念新思想新战略》,人民出版社 2017 年版。
《习近平致信纪念〈世界人权宣言〉发表 70 周年座谈会强调 坚持走符合国情的人

权发展道路 促进人的全面发展》,《人民日报》2018年12月11日,第1版。

习近平:《习近平关于尊重和保障人权论述摘编》,中央文献出版社2021年版。

习近平:《在全国脱贫攻坚总结表彰大会上的讲话》,《人民日报》2021年2月26日,第2版。

习近平:《习近平谈治国理政》(第1—4卷),外文出版社2014、2017、2020、2022年版。

《习近平在中共中央政治局第三十七次集体学习时强调 坚定不移走中国人权发展道路 更好推动我国人权事业发展》,《人民日报》2022年2月27日,第1版。

夏清瑕:《个人发展权探究》,《政法论坛》2004年第6期。

夏勇:《人权概念起源——权利的历史哲学》,中国政法大学出版社2007年版。

鲜开林:《论中国特色社会主义人权理论体系的逻辑关系》,《人权》2012年第4期。

谢伏瞻:《加快构建中国特色哲学社会科学学科体系、学术体系、话语体系》,《中国社会科学》2019年第5期。

谢海定:《作为法律权利的学术自由权》,《中国法学》2005年第6期。

谢海霞:《人类命运共同体的构建与国际法的发展》,《法学论坛》2018年第1期。

熊丙万:《私法的基础:从个人主义走向合作主义》,《中国法学》2014年第3期。

熊万鹏:《人权的哲学基础》,商务印书馆2013年版。

徐显明:《人权的体系与分类》,《中国社会科学》2000年第6期。

徐显明、曲相霏:《人权主体界说》,《中国法学》2001年第2期。

徐显明:《人权法原理》,中国政法大学出版社2008年版。

严海良:《人权论证范式的变革——从主体性到关系性》,社会科学文献出版社2008年版。

严海良:《全球化世界中的人权——以拉兹为视角的展开》,法律出版社2015年版。

严海良:《作为独特权利的人权》,《人权》2021年第2期。

颜厥安：《法与实践理性》，中国政法大学出版社 2003 年版。
杨春福：《新时代中国人权事业的创新发展》，《法制与社会发展》2021 年第 3 期。
易延友：《刑事诉讼人权保障的基本立场》，《政法论坛》2015 年第 4 期。
于文豪：《试论人权法学研究的定位、内容与方法》，《人权》2017 年第 6 期。
袁正清、李志永、主父笑飞：《中国与国际人权规范重塑》，《中国社会科学》2016 年第 7 期。
张继成：《事实、命题与证据》，《中国社会科学》2001 年第 5 期。
张平华：《权利位阶论——关于权利冲突化解机制的初步探讨》，《法律科学》2007 年第 6 期。
张千帆：《为了人的尊严——中国古典政治哲学批判与重构》，中国民主法制出版社 2012 年版。
张万洪：《论人权主流化》，《法学评论》2016 年第 6 期。
张文显：《法治与国家治理现代化》，《中国法学》2014 年第 4 期。
张文显：《法理：法理学的中心主题和法学的共同关注》，《清华法学》2017 年第 4 期。
张文显：《新时代的人权法理》，《人权》2019 年第 3 期。
张文显：《在新的历史起点上推进中国特色法学体系构建》，《中国社会科学》2019 年第 10 期。
张文显：《加快构建中国特色法学体系》，《光明日报》2020 年 5 月 20 日，第 16 版。
张文显：《习近平法治思想理论体系》，《法制与社会发展》2021 年第 1 期。
张文显：《习近平法治思想实践逻辑、理论逻辑和历史逻辑》，《中国社会科学》2021 年第 3 期。
张文显：《习近平法治思想的政理、法理与哲理》，《政法论坛》2022 年第 3 期。
张文显：《论习近平法治思想鲜明特色》，《法制与社会发展》2022 年第 4 期。
张翔：《论基本权利的防御权功能》，《法学家》2005 年第 2 期。
张翔：《基本权利冲突的规范结构与解决模式》，《法商研究》2006 年第 4 期。
张翔：《基本权利的规范建构》（增订版），法律出版社 2017 年版。

张翔:《"共同富裕"作为宪法社会主义原则的规范内涵》,《法律科学》2021年第6期。

张晓玲:《论中国特色社会主义人权话语体系的核心要义》,《人权》2019年第1期。

张旭、刘鹏:《维和行动与人权保护——以国际刑法为视角的思考》,《法制与社会发展》2002年第4期。

张一兵:《回到福柯——暴力性构序与生命治安的话语构境》,上海人民出版社2016年版。

中国人权发展基金会:《人权与主权》,新世界出版社2002年版。

中国人权研究会编:《〈世界人权宣言〉与中国人权》,四川人民出版社1998年版。

周力:《人类命运共同体话语下的人权促进与保障:中国的理念与经验》,《人权》2017年第2期。

朱颖:《人类命运共同体下的多元人权观》,《人权》2017年第2期。

朱勇:《私法原则与中国民法近代化》,《法学研究》2005年第6期。

二、中文译著

阿克塞尔·霍耐特:《为承认而斗争》,曹卫东译,上海人民出版社2005年版。

阿伦特:《极权主义的起源》,林骧华译,生活·读书·新知三联书店2008年版。

阿图尔·考夫曼:《法律获取的程序——一种理性分析》,雷磊译,中国政法大学出版社2015年版。

埃里克·沃格林:《新政治科学》,段保良译,商务印书馆2018年版。

奥利斯·阿尔尼奥:《作为合理性的理性:论法律证成》,宋旭光译,中国法制出版社2020年版。

伯恩·魏德士:《法理学》,丁晓春、吴越译,法律出版社2013年版。

道恩·奥利弗:《共同价值与公私划分》,时磊译,中国人民大学出版社2017

年版。

恩斯特·卡西尔:《人论》,甘阳译,上海译文出版社 2013 年版。

费尔迪南·德·索绪尔:《普通语言学教程》,高名凯译,商务印书馆 1980 年版。

福柯:《知识考古学》,谢强等译,生活·读书·新知三联书店 1998 年版。

福柯:《福柯说权力与话语》,陈怡含编译,华中科技大学出版社 2017 年版。

格奥尔格·罗曼:《论人权》,李宏昀、周爱民译,上海人民出版社 2018 年版。

贡塔·托依布纳:《魔阵·剥削·异化——托依布纳法律社会学文集》,泮伟江、高鸿钧等译,清华大学出版社 2012 年版。

贡塔·托依布纳:《宪法的碎片:全球社会宪治》,陆宇峰译,中央编译出版社 2016 年版。

古斯拉夫·拉德布鲁赫:《法哲学》,王朴译,法律出版社 2013 年版。

汉斯·凯尔森:《法与国家的一般理论》,沈宗灵译,中国大百科全书出版社 1996 年版。

汉斯·摩根索:《国家间政治》,徐昕等译,中国人民公安大学出版社 1990 年版。

汉斯-格奥尔格·伽达默尔:《真理与方法——哲学诠释学的基本特征》,洪汉鼎译,上海译文出版社 2004 年版。

黑格尔:《哲学史讲演录》(第 4 卷),贺麟、王太庆译,商务印书馆 1978 年版。

黑格尔:《逻辑学》(下卷),杨一之译,商务印书馆 2001 年版。

霍布斯:《利维坦》,黎思复、黎廷弼译,商务印书馆 1985 年版。

卡尔·拉伦茨:《法学方法论》,陈爱娥译,商务印书馆 2003 年版。

卡尔·拉伦茨:《法学方法论》,黄家镇译,商务印书馆 2020 年版。

卡尔·马克思:《1844 年经济学哲学手稿》,人民出版社 1985 年版。

卡尔·马克思、费里德里希·恩格斯:《马克思恩格斯选集》(第 1—4 卷),人民出版社 1995 年版。

卡尔·威尔曼:《人权的道德维度》,肖君拥译,商务印书馆 2018 年版。

凯瑞·帕罗内:《昆廷·斯金纳思想研究:历史·政治·修辞》,李宏图、胡传胜译,华东师范大学出版社 2005 年版。

康德:《实践理性批判》,韩水法译,商务印书馆 2009 年版。
康德:《康德著作全集:道德形而上学奠基》(第 4 卷),李秋零编译,中国人民大学出版社 2010 年版。
康德:《纯粹理性批判(注释本)》,李秋零译注,中国人民大学出版社 2011 年版。
康德:《康德著作全集:道德形而上学》(第 6 卷),李秋零编译,中国人民大学出版社 2013 年版。
康德:《康德三大批判合集(上)》,邓晓芒译,杨祖陶校,人民出版社 2017 年版。
康拉德·黑塞:《联邦德国宪法纲要》,李辉译,商务印书馆 2007 年版。
劳伦斯·M. 弗里德曼:《人权文化——一种历史和语境的研究》,郭晓明译,中国政法大学出版社 2018 年版。
雷蒙德·瓦克斯:《法哲学:价值与事实》,谭宇生译,译林出版社 2013 年版。
卢梭:《社会契约论》,何兆武译,商务印书馆 2003 年版。
芦部信喜:《制宪权》,王贵松译,中国政法大学出版社 2012 年版。
鲁道夫·斯门德:《宪法与实在宪法》,曾韬译,商务印书馆 2020 年版。
罗伯特·阿列克西:《法:作为理性的制度化》,雷磊编译,中国法制出版社 2012 年版。
罗伯特·阿列克西:《法概念与法效力》,王鹏翔译,商务印书馆 2015 年版。
罗纳德·德沃金:《认真对待权利》,吴玉章、信春鹰译,上海三联书店 2008 年版。
洛苏尔多:《黑格尔与现代人的自由》,丁三东等译,吉林出版集团有限责任公司 2008 年版。
迈克尔·J. 桑德尔:《自由主义与正义的局限》,万俊人等译,译林出版社 2001 年版。
梅因:《古代法》,沈景一译,商务印书馆 2011 年版。
孟德斯鸠:《论法的精神》,钟书峰译,法律出版社 2020 年版。
尼尔·麦考密克:《修辞与法治:一种法律推理理论》,北京大学出版社 2014 年版。
尼克拉斯·卢曼:《社会的法律》,郑伊倩译,人民出版社 2009 年版。

皮亚杰：《皮亚杰教育论著选》，卢濬译，人民教育出版社2015年版。
史蒂芬·B.史密斯：《黑格尔的自由主义批判：语境中的权利》，杨陈译，华东师范大学2020年版。
梯利：《西方哲学史》，葛力译，商务印书馆2015年版。
托马斯·库恩：《科学革命的结构》，金吾伦、胡新和译，北京大学出版社2012年版。
威廉·狄尔泰：《精神科学引论》，艾彦译，译林出版社2012年版。
小林直树：《宪法讲义》（上），东京大学出版会1976年版。
亚当·斯密：《道德情操论》，谢宗林译，中央编译出版社2008年版。
亚里士多德：《政治学》，吴寿彭译，商务印书馆1965年版。
亚里士多德：《尼各马科伦理学》，苗力田译，中国社会科学出版社1990年版。
以赛亚·伯林：《自由论》，胡传胜译，江苏人民出版社2003年。
尤尔根·哈贝马斯：《在事实与规范之间——关于法律和民主法治国的商谈理论》，童世骏译，生活·读书·新知三联书店2014年版。
于尔根·哈贝马斯：《交往行为理论》（第1卷），曹卫东译，上海人民出版社2004年版。
于尔根·哈贝马斯：《现代性的哲学话语》，曹卫东译，译林出版社2011年版。
约翰·菲尼斯：《法哲学》，尹超译，中国政法大学出版社2017年版。
约翰·格雷：《自由主义》，曹海军译，吉林人民出版社2005年版。
约翰·罗尔斯：《作为公平的正义——正义新论》，姚大志译，上海三联书店2002年版。
约翰·斯特罗克：《结构主义以来：从列维-斯特劳斯到德里达》，渠东、李康、李猛译，辽宁教育出版社1998年版。
约翰·维特：《权利的变革：早期加尔文教中的法律、宗教和人权》，苗文龙、袁瑜琤、刘莉译，中国法制出版社2011年版。
詹姆斯·J.赫克曼、罗伯特·L.尼尔森、李·卡巴廷根编：《全球视野下的法治》，高鸿钧等译，清华大学出版社2014年版。

三、外文文献

Aaron Fellmeth, Siobhán McInerney-Lankford, "International Human Rights Law and the Concept of Good Governance", *Human Rights Quarterly*, Vol. 44, No. 1 (Feb., 2022).

Aleksander Peczenik, "A Theory of Legal Doctrine[The author]", *Ratio Juris*, Vol. 14, No. 1 (Mar., 2001).

Aleksy Tarasenko-Struc, "Kantian Constructivism and the Authority of Others", *European Journal of Philosophy*, Vol. 28, No. 1 (Mar., 2020).

Andreas von Staden, "Committed to Rights: UN Human Rights Treaties and Legal Paths for Commitment and Compliance by Audrey L. Comstock", *Human Rights Review*, Vol. 22, No. 3 (Aug., 2021).

Andrei Marmor, "The Rule of Law and its Limits", *Law and Philosophy*, Vol. 23, No. 1 (Jan., 2004).

Angeles Corella, "The Political, Legal and Moral Scope of the Universal Declaration of Human Rights: Pending Issues", *Age of Human Rights Journal*, No. 12 (2018).

Arthur F. Bentley, *The Process of Government*, Principia Press, 1949.

Benjamin Gregg, "Indigeneity as Social Construct and Political Tool", *Human Rights Quarterly*, Vol. 41, No. 4 (Nov., 2019).

Björn Ahl, "Exploring Ways of Implementing International Human Rights Treaties in China", *Netherlands Quarterly of Human Rights*, Vol. 28, No. 3 (Sept., 2010).

Björn Ahl, "The Rise of China and International Human Rights Law", *Human Rights Quarterly*, Vol. 37, No. 3 (Aug., 2015).

Catarina de Albuquerque, "Chronicle of an Announced Birth: The Coming into Life of the Optional Protocol to the International Covenant on Economic, Social and Cultural Rights—The Missing Piece of the International Bill of Human Rights", *Human Rights Quarterly*, Vol. 32, No. 1 (Feb., 2010).

Charles R. Beitz, "Human Dignity in the Theory of Human Rights: Nothing But a Phrase?", *Philosophy & Public Affairs*, Vol. 41, No. 3 (Jul., 2013).

Christine M. Korsgaard, "Kant's Formula of Humanity", *Kant-Studien*, Vol. 77, No. 1-4 (Jun., 2009).

Daniel Statman, "Humiliation, Dignity and Self-Respect", *Philosophical Psychology*, Vol. 13, No. 4 (Dec., 2000).

David Lyons, "Rights, Claimants, and Beneficiaries", *American Philosophical Quarterly*, Vol. 6, No. 3 (Jul., 1969).

David O. Brink, "Moral Realism and the Sceptical Arguments from Disagreement and Queerness", *Australasian Journal of Philosophy*, Vol. 62, No. 2 (Jun., 1984).

David Sloss, "Human Rights and Constitutional Democracy", *Human Rights Quarterly*, Vol. 39, No. 4 (Nov., 2017).

Dershowitz, *Rights from Wrongs: A Secular Theory of the Origins of Rights*, Basic Books, 2004.

Dina Mansour-Ille, "Human Rights in the Digital Age", *Human Rights Review*, Vol. 20, No. 4 (Dec., 2019).

Doris Schroeder, "Human Rights and Human Dignity", *Ethical Theory and Moral Practice*, Vol. 15, No. 3 (Jun., 2012).

Eric Mangez, Pieter Vanden Broeck, "Worlds Apart? On Niklas Luhmann and the Aociology of Education", *European Educational Research Journal*, Vol. 20, No. 6 (Oct., 2021).

Erika De Wet, "Recent Developments Concerning the Draft Optional Protocol to the International Covenant on Economic, Social and Cultural Rights", *South African Journal on Human Rights*, Vol. 13, No. 4 (Jan., 1997).

Evgnii Razumov, "Globalization as a Aocio-environmental Equilibrium: Applying Luhmann's Theory to Integrated Reporting", *SHS Web of Conferences*, Vol. 74 (Jan., 2020).

Gordon Crawford, Bård A. Andreassen, "Human Rights and Development: Putting Power and Politics at the Center", *Human Rights Quarterly*, Vol. 37, No. 3 (Aug., 2015).

H. L. A. Hart, *Bentham on Legal Rights*, Clarendon Press, 1973.

Herbert Spiegelberg, "Human Dignity: A Challenge to Contemporary Philosophy", *World Futures: Journal of General Evolution*, Vol. 9, No. 1-2 (Jun., 2010).

Hurst Hannum, "The Twilight of Human Rights Law", *Human Rights Quarterly*, Vol. 37, No. 4 (Nov., 2015).

Hutan Ashrafian, "AIonAI: A Humanitarian Law of Artificial Intelligence and Robotics", *Science and Engineering Ethics*, Vol. 21, No. 1 (Feb., 2015).

James H. Lebovic, "The Cost of Shame: International Organizations and Foreign Aid in the Punishing of Human Rights Violators", *Journal of Peace Research*, Vol. 46, No. 1 (Jan., 2009).

Jean Bethke Elshtain, "The Dignity of the Human Person and the Idea of Human Rights: Four Inquiries", *Journal of Law and Religion*, Vol. 14, No. 1 (Jun., 1999).

Jeremy Waldron, "Is the Rule of Law an Essentially Contested Concept (in Florid)?", *Law and Philosophy*, Vol. 21, No. 2 (Mar., 2002).

Joel Feinberg, Jan Narveson, "The Nature and Value of Rights", *The Journal of Value Inquiry*, Vol. 4, No. 4 (Dec., 1970).

John Kleinig, Nicholas G. Evans, "Human Flourishing, Human Dignity, and Human Rights", *Law and Philosophy*, Vol. 32, No. 5 (Sept., 2013).

Jordan David Thomas Walters, "On the Right to Have Rights", *Human Rights Quarterly*, Vol. 43, No. 2 (May, 2021).

Julio Montero, "Human Rights, Personal Responsibility, and Human Dignity: What Are Our Moral Duties to Promote the Universal Realization of Human Rights?", *Human Rights Review*, Vol. 18, No. 1 (Mar., 2017).

Katrin Kinzelbach, "An Analysis of China's Statements on Human Rights at the United Nations (2000-2010)", *Netherlands Quarterly of Human Rights*, Vol. 30, No. 3 (Sept., 2012).

Kristi Giselsson, "Rethinking Dignity", *Human Rights Review*, Vol. 19, No. 3 (Sept., 2018).

M. A. Glendon, "John P. Humphrey and the Drafting of the Universal Declaration of

Human Rights", *Journal of the History of International Law*, Vol. 2, No. 2 (Feb., 2000).

M. D. Fominskaya, "National doctrine of Human Rights in the 21st Century: Value-normative and Political-Legal Measurement", *Revista San Gregorio*, No. 12 (2018).

Margaret Gilbert, "Obligation and Joint Commitment", *Utilitas*, Vol. 11, No. 2(Jul., 1999).

Mette Lebech, "What is Human Dignity?", *Maynooth Philosophical Papers*, Vol. 2 (May., 2004).

Michael D. Barber, "Autonomy, Reciprocity, and Responsibility: Darwall and Levinas on the Second Person", *International Journal of Philosophical Studies*, Vol. 16, No. 5(Dec., 2008).

Michael K. Addo, "Practice of United Nations Human Rights Treaty Bodies in the Reconciliation of Cultural Diversity with Universal Respect for Human Rights", *Human Rights Quarterly*, Vol. 32, No. 3 (Aug., 2010).

Michael King, Chris Thornhill (eds.), *Luhmann on Law and Politics*, Oxford-Portland Oregon, 2006.

Michael O'Flaherty, "Freedom of Expression: Article 19 of the International Covenant on Civil and Political Rights and the Human Rights Committee's General Comment No 34", *Human Rights Law Review*, Vol. 12, No. 4 (Dec., 2012).

Mirko Bagaric, James Allan, "The Vacuous Concept of Dignity", *Journal of Human Rights*, Vol. 5, No. 2 (Jul., 2006).

Miro Cerar, "The Multidimensionality of Human Rights and Duties", *Human Rights Review*, Vol. 2, No. 1 (Oct., 2000).

Niklas Luhmann, "Globalization or World Society: How to Conceive of Modern Society?", *International Review of Sociology*, Vol. 7, No. 1 (Mar., 1997).

Oona A. Hathaway, "Why Do Countries Commit to Human Rights Treaties?", *Journal of Conflict Resolution*, Vol. 51, No. 4 (Aug., 2007).

Patrick Lee, Robert P. George, "The Nature and Basis of Human Dignity", *Ratio Ju-*

ris, Vol. 21, No. 2 (Jun., 2008).

Paul O'Connell, "On the Human Rights Question", *Human Rights Quarterly*, Vol. 40, No. 4 (Nov., 2018).

Paul Sourlas, "Human Dignity and the Constitution", *Jurisprudence*, Vol. 7, No. 1 (Jan., 2016).

Provost René, "Reciprocity in Human Rights and Humanitarian Law", *British Yearbook of International Law*, Vol. 65, No. 1 (Jan., 1995).

R. A. Duff, "Towards a Modest Legal Moralism", *Criminal Law and Philosophy*, Vol. 8, No. 1 (Jan., 2014).

R. Alexy, "Discourse Theory and Human Rights", *Law of Ukraine*, No. 4 (2013).

Randall Peerenboom, "Human Rights, China, and Cross-Cultural Inquiry: Philosophy, History, and Power Politics", *Philosophy East and West*, Vol. 55, No. 2 (Apr., 2005).

Remy Debes, "Dignity's Gauntlet", *Philosophical Perspectives*, Vol. 23 (Jan., 2009).

Richard Nobles, David Schiff, "Luhmann: Law, Justice, and Time", *International Journal for the Semiotics of Law—Revue internationale de Sémiotique juridique*, Vol. 27, No. 2 (Jun., 2014).

Rolf Künnemann, "A Coherent Approach to Human Rights", *Human Rights Quarterly*, Vol. 17, No. 2 (May, 1995).

S. Matthew Liao, Adam Etinson, "Political and Naturalistic Conceptions of Human Rights: A False Polemic?", *Journal of Moral Philosophy*, Vol. 9, No. 3 (Jan., 2012).

Sarah Miller, "Need, Care and Obligation", *Royal Institute of Philosophy Supplement*, Vol. 57 (Dec., 2005).

Spasimir Domaradzki, Margaryta Khvostova, David Pupovac, "Karel Vasak's Generations of Rights and the Contemporary Human Rights Discourse", *Human Rights Review*, Vol. 20, No. 2 (Dec., 2019).

T. M. Scanlon, "Thickness and Theory", *Journal of Philosophy*, Vol. 100, No. 6

(Jun., 2003).

Thomas Nagel, "Personal Rights and Public Space", *Philosophy & Public Affairs*, Vol. 24, No. 2 (Apr., 1995).

Thomas R. Kearns, "Open Texture and Judicial Law-making", *Social Theory and Practice*, Vol. 2, No. 2 (Oct., 1972).

Vladislav Valentinov, Constantine Iliopoulos, "Social Capital in Cooperatives: An Evolutionary Luhmannian Perspective", *Journal of Evolutionary Economics*, Vol. 31, No. 4 (Aug., 2021).

后　记

在本书的最后有必要写上几句话，以示交代与感谢。

人权是个伟大的名字，始终是人类共同追求的定在。因此，倡导人权，主张法治，致力于人权法学术研究，以微明宏，开拓学域，淬炼新知，传播思想，记录思考，培养学术团队，"入则，恳恳以尽责，出则，谦谦以自悔"，乃是我的人生追求与学术自勉。

虑及自己深耕人权法学术有年，深知文科学者要站在学术前沿领略高光时刻，唯一的功夫就是深度钻研学术，以学术质量取胜，才能证明你的存在。因此，即使没有学术平台，也要通过努力把自己的学术做好，生成能被学术界客观识别的一系列学术成果，以到达自己就是平台之目的。

2020年我主持了教育部人文社会科学重点研究基地重大项目"'以人民为中心'人权理念研究"（批准号：20JJD820008）、中国人权研究会部级研究重点课题"新时代中国特色人权话语体系诠释"（批准号：CSHRS2020-02ZD）与广州大学第一批科研重大研究项目"中国特色人权话语体系研究"（批准号：YM2020010）。由于议题相近，这几年来，我几乎把所有精力都投入这些项目的研究之中，本书的问世就是这些项目衍生的阶段性成果体现。这些学术成果在不同时间刊发在《中国法学》《中外法学》《中国社会科学评价》《政法论坛》《法律科学》《现代法学》《法制与社会发展》《人权》《四川大学学报(哲学社会科学版)》《学术界》《学术论坛》等期刊上,在此,非常感谢以上期刊及其主编、责编对本人的厚爱与提携。

在此,我要特别感谢我的学生林栋、闫乃鑫、李越开对本书的学术帮助与贡献。他们在师从我读研期间,接受了我门下严格的学术训练。林栋洞见如海,乃鑫品行坚韧,越开才识超拔,三年师生缘分,并肩作战,相互成就,亦师亦友,颇为珍铭。尽管林栋、乃鑫远赴他校读博,但学术研究这条路,对我们来说却是永无止境的远航。我想,既然选择了学术,就要以学术为志业,在读书中抒写情怀和热爱,在学术中彰显道义与担当。希望他们在社会上或学术上,保持良知,努力前行。

非常感谢商务印书馆王静责编为本书的出版付出的辛劳。

本书的参考文献是我指导下的"创新步云班"学生何洁铭(2021级法学212班)整理的,在此一并感谢。

本书作为学术专著,业已杀青。唯有经常铭念人权,努力通过教诲和教育促进对权利和自由的尊重,才是救赎之道。

刘志强
2022 年 12 月 17 日
于广州寒舍书房

图书在版编目 (CIP) 数据

中国人权法学理论构建 / 刘志强著 .—北京：商务印书馆，2023
ISBN 978-7-100-22659-2

Ⅰ.①中… Ⅱ.①刘… Ⅲ.①人权—法的理论—研究—中国 Ⅳ.① D920.4

中国国家版本馆 CIP 数据核字（2023）第 121737 号

权利保留，侵权必究。

中国人权法学理论构建
刘志强 著

商 务 印 书 馆 出 版
（北京王府井大街36号 邮政编码100710）
商 务 印 书 馆 发 行
南京新世纪联盟印务有限公司印刷
ISBN 978-7-100-22659-2

2023 年 11 月第 1 版　　开本 890×1240　1/32
2023 年 11 月第 1 次印刷　　印张 12¼
定价：60.00 元